PETER SCAZZERO

EMOTIONAL GESUNDE NACHFOLGE

Kraftvolles Christsein leben.
Tiefe Veränderung erfahren.

Deutsch von Heide Müller

BRUNNEN
Verlag GmbH · Giessen

Kürzungen im Vergleich zur Originalausgabe erfolgten mit Genehmigung des Autors.

Aus Gründen der besseren Lesbarkeit wird im Folgenden zumeist das generische Maskulinum verwendet. Die Entscheidung für diese Schreibweise beinhaltet keine Wertung. In der Sache sind natürlich immer beide Geschlechter gemeint.

MIX
Papier | Fördert gute Waldnutzung
FSC® C014496

2. Auflage 2024

Lektorat: Konstanze von der Pahlen
Umschlagmotive: Adobe Stock
Umschlaggestaltung: Jonathan Maul
Satz: DTP Brunnen
Druck: GGP Media GmbH, Pößneck
Gedruckt in Deutschland
ISBN Buch 978-3-7655-3729-5
ISBN E-Book 978-3-7655-7635-5
www.brunnen-verlag.de

Allen Pastoren und Leitern auf dieser Welt,
die Jesus und seiner Kirche dienen

Inhalt

Der schwierige Weg von kraftlosem Christsein zu tiefer Veränderung

Meine eigene Glaubensreise begann mit neunzehn Jahren. Ein Freund hatte mich zu einem christlichen Konzert eingeladen. Ich war so berührt, dass ich mein Leben noch am selben Abend Jesus übergab. Bald schloss ich mich der christlichen Studentenarbeit unserer Universität an und besuchte drei- bis viermal wöchentlich Bibelkreise. Ich begann, zwei bis drei Stunden am Tag in der Bibel zu lesen, erzählte freimütig das Evangelium und nahm an allen angebotenen Jüngerschaftsprogrammen teil.

Zu dieser Zeit war wohl das Wort *begierig* die beste Beschreibung für mich – ich war geistlich unersättlich und konnte gar nicht genug über Jesus erfahren. Ich wurde angeleitet, die Schrift zu studieren, zu beten und das Evangelium von der Gnade Gottes verständlich weiterzusagen. Auch lernte ich, wie ich meine geistlichen Gaben entdecken und einsetzen konnte, und entwickelte ein Herz für die Armen und Ausgegrenzten in der Welt.

Nach meinem Abschluss am College unterrichtete ich Englisch an einer Highschool und engagierte mich bei der InterVarsity Christian Fellowship, einer christlichen Studentenarbeit. In dieser überkonfessionellen Tätigkeit erwarb ich eine Reihe von praktischen Fähigkeiten im Dienst für Jesus und lernte Gottes Wort noch besser kennen.

Mein Hunger nach Gott ging so weit, dass ich begann, ganze Bücher der Bibel auswendig zu lernen – Epheser, Philipper, Kolosser. Aber das war noch gar nichts im Vergleich zu einem anderen Mitarbeiter dort, der alle sechzehn Kapitel des Römerbriefes im Kopf hatte!

Dieser tiefe Wissensdurst führte mich schließlich an zwei namhafte theologische Seminare der Vereinigten Staaten: Princeton und Gordon-Conwell. Die drei Jahre dort habe ich als sehr bereichernde Zeit in Erinnerung. Ich lernte Hebräisch und Griechisch, um die Bibel in ihren Originalsprachen lesen zu können, und studierte Kirchengeschichte, systematische Theologie und Hermeneutik. Es war ein ganz großes Geschenk, von den besten Theologen Nordamerikas lernen zu dürfen und herausgefordert zu werden.

Sechs Monate vor meinem Abschluss heirateten Geri und ich und zogen wenig später nach Costa Rica, um Spanisch zu lernen. Ein Jahr lang lebten wir dort bei einer Familie mit zehn Kindern. Es war ein Sprung ins kalte Wasser, denn sie sprachen genauso wenig Englisch wie wir Spanisch. Zurück in den Vereinigten Staaten gründeten wir im September 1987 unsere Gemeinde, die New Life Fellowship Church, in einem multiethnischen Viertel von New York City, in dem vorwiegend Migranten lebten.

Ich war ein begabter Leiter und Prediger, dazu ein begeisterter Evangelist und Lehrer. Ich liebte Jesus. Und ich sah mich selbst als Fels im Glauben und reifer Christ.

Welch ein Irrtum!

Etwas lief grundlegend schief

Zu unserem ersten Gottesdienst kamen nur ganz wenige Besucher, aber Gott bewegte in der Anfangszeit viel und unsere Gemeinde wuchs schnell. Da ich nun Spanisch sprach, begannen wir im dritten Jahr auch eine spanischsprachige Arbeit. Am Ende des sechsten Jahres war der englischsprachige Zweig auf etwa 400 Glieder angewachsen, der spanischsprachige auf 250.

Wir durften damals eine Menge lernen über Gebet und Fasten, Krankenheilung, den Kampf gegen gottfeindliche Mächte, die Gaben des Heiligen Geistes und das Hören auf Gottes Stimme. Hunderte von Menschen kamen zum persönlichen Glauben an Christus. Sie entdeckten neue, kreative Möglichkeiten, den Armen zu dienen. Wir schulten neue verantwortliche Mitarbeiter, gründeten zahlreiche Kleingruppen, betrieben eine Suppenküche für Obdachlose und halfen bei anderen Gemeindegründungen.

Aber unter der Oberfläche stand es nicht zum Besten.

Insbesondere in Konflikten traten in unserem Miteinander immer wieder dieselben unreifen, kindischen Verhaltensweisen zutage. So entschlossen wir auch waren, rassische, wirtschaftliche und kulturelle Gräben zu überbrücken – wir waren nicht fähig, schwierige Gespräche zu führen, und dies drohte unsere Gemeinschaft zu zerstören. Besonders befremdlich war jedoch die Diskrepanz, die bei manchen Säulen der Gemeinde zu beobachten war: Einerseits brannten sie für Gott; andererseits wirkten sie nach außen hin verurteilend, unsicher und lieblos.

Was ich damals nicht erkannte: Viele Dinge, mit denen wir als Gemeinde zu kämpfen hatten, waren ein Spiegel meiner persönlichen inneren Kämpfe, meiner eigenen Unreife. Meine oberflächliche Art der Nachfolge zeigte sich nun auch bei denen, für die ich Verantwortung trug.

Die Gemeinde war zwar attraktiv, ihre Leitung aber eine undankbare Aufgabe – besonders für Geri und mich. Es gab eine hohe Fluktuation unter den Haupt- und Ehrenamtlichen, noch dadurch verschärft, dass in New York City zu dieser Zeit zahlreiche neue Gemeinden entstanden. Wir sahen unsere Schwierigkeiten aber auch als Anfechtungen durch gottfeindliche Mächte. Manche versuchten, die Situation herunterzuspielen. Solche Probleme seien in jeder großen Organisation und jedem Unternehmen ganz natürlich. Aber wir waren kein Unternehmen. Wir waren eine Gemeinde.

Tief im Herzen wussten Geri und ich, dass etwas nicht stimmte. Wir waren zunehmend niedergeschlagen und empfanden die Gemeindeleitung als schwere Last. Mit einer großartigen Arbeit gewannen wir die ganze Welt für Gott, verloren dabei aber unsere Seelen (siehe Markus 8,36).

Etwas lief grundlegend schief. Insgeheim träumte ich schon vom Ruhestand – mit Mitte dreißig! Trotz ständiger geistlicher Selbstprüfung – da war weder Untreue noch Unversöhnlichkeit noch Begierde festzustellen – konnte ich die Ursache meiner Freudlosigkeit nicht ausmachen.

Unaufhaltsam in die Krise

Als 1993/94 unser spanischsprachiger Gemeindezweig eine Spaltung erlebte und scheinbar tragfähige Beziehungen plötzlich zerbrachen, zog es mir den Boden unter den Füßen weg. Nie werde ich vergessen, wie ich an einem Sonntagnachmittag in den spanischsprachigen Gottesdienst kam und zweihundert Leute fehlten. Gerade einmal fünfzig waren versammelt. Die anderen hatten sich einem unserer spanischsprachigen Pastoren angeschlossen, um mit ihm eine eigene Gemeinde zu gründen. Ich war tief erschüttert.

In den nächsten Wochen wurden die verbliebenen Glieder telefonisch bedrängt, das Haus Sauls (meine Leitung) zu verlassen und zum Haus Davids (die neue Sache, die Gott tat) überzugehen. Menschen, die ich in den vergangenen Jahren zu Christus geführt und als Pastor betreut hatte, waren auf einmal weg. Viele von ihnen würde ich nie wiedersehen.

Mit einem Mal wurde mir bewusst, dass ich ein Doppelleben führte. Nach außen hin versuchte ich, den verunsicherten Menschen, die bei New Life geblieben waren, wieder Mut zuzusprechen: „Ist es nicht erstaunlich, wie Gott unsere Sünden gebraucht, um sein Reich zu bauen? Nun haben wir zwei Gemeinden statt einer“, verkündete ich. „Jetzt können noch mehr Menschen in eine persönliche Beziehung zu Jesus kommen. Wenn sich jemand von euch dieser neuen Gemeinde anschließen möchte, dann wünsche ich ihm von Herzen Gottes Segen.“

Welch eine Lüge!

Um jeden Preis wollte ich wie Jesus sein (zumindest wie der Jesus, den ich mir vorstellte), ohne zu merken, wie ich dabei an Leib und Seele Schaden nahm.

In meinem Inneren war ich tief verletzt und wütend. Diese Gefühle steigerten sich allmählich bis zum Hass. In meinem Herzen war kein Platz für Vergebung. Ich war voller Zorn, den ich nicht loswerden konnte.

Wenn ich allein im Auto saß, löste oft schon der bloße Gedanke an das, was geschehen war, und an den Pastor, der die Spaltung herbeigeführt hatte, eine unbändige Wut aus, die mir auf den Magen schlug und sich innerhalb von Sekunden in lauten Flüchen Luft machte: „Du bist so ein @#&%!“ und „Du bist ein Voll*#%!“

Mein erster Hilferuf

„Wie konnte ich nur Pastor werden? Das war die dümmste Entscheidung meines Lebens", schrie ich zu Gott im Gebet.

Verzweifelt suchte ich nach Hilfe. Schließlich empfahl mir ein befreundeter Pastor einen christlichen Therapeuten. Im März 1994 hatten Geri und ich dort unseren ersten Termin.

Ich fühlte mich total gedemütigt, wie ein Schuljunge, der zum Direktor zitiert wird. Am liebsten wäre ich weggelaufen. „Therapie ist was für verkorkste Leute", warf ich Gott vor. „Nichts für mich. So gestört bin ich nicht!"

Das Innehalten und Nachdenken über den Zustand meiner Seele war beängstigend und befreiend zugleich. Damals führte ich meine Probleme vor allem auf das hektische, nervenaufreibende Großstadtleben zurück. Ich schob die Schuld auf alles Mögliche: auf unsere Lebenssituation im Stadtteil Queens, meinen Beruf, unsere vier kleinen Kinder, Geri, gottfeindliche Mächte, andere aus dem Leitungsteam, mangelnde Fürbitte der Gemeinde, sogar auf unser Auto (es war in drei Monaten sieben Mal aufgebrochen worden). Jedes Mal war ich mir sicher, endlich das Grundproblem erkannt zu haben.

Weit gefehlt! Denn das Grundproblem lag tief in mir. Aber dies konnte – oder wollte – ich mir damals noch nicht eingestehen.

Die nächsten zwei Jahre waren wie ein unaufhaltsamer Fall in einen Abgrund. Mir war, als würde ich ins Bodenlose stürzen. Ich schrie zu Gott um Veränderung. Doch der Himmel schien für meine Hilferufe verschlossen zu sein.

Es sollte noch schlimmer kommen.

Ich predigte zwar nach wie vor jede Woche und war weiterhin leitender Pastor, aber mein Vertrauen in meine Führungskompetenz war durch die Spaltung der spanischen Gemeinde gründlich erschüttert worden. Deshalb stellte ich zusätzliche Mitarbeiter ein und gab Leitungsaufgaben an sie ab. Hatte ich nicht kläglich versagt? In der Überzeugung, dass sie es sicher besser könnten, überließ ich ihnen den Wiederaufbau der Gemeinde.

Ich besuchte Leitungskonferenzen, um zu lernen, gegen alle gottfeindlichen Kräfte aufzustehen und eine ganze Stadt für Gott zu erreichen. Ich fuhr zu „Ermutigungstreffen" in andere Gemeinden. Wenn es einen Weg gab, mich mehr von Gott erfüllen zu lassen, wollte ich ihn finden. Ich nahm sogar an einer prophetischen Konferenz in einem anderen Bundesstaat teil und erhielt dort eine Reihe von aufrichtenden persönlichen Prophezeiungen. Ich intensivierte die frühmorgendlichen Gebetstreffen bei New Life. Ich wies Dämonen zurück, die mein Leben zerstören wollten. Ich betete um Erweckung. Ich suchte Rat bei zahlreichen landesweit bekannten Gemeindeleitern.

Und tatsächlich hatte ich das Gefühl, Fortschritte zu machen. Es mochte nach außen hin noch nicht sichtbar sein, aber es bewegte sich etwas. Das dachte ich zumindest. Für Geri jedoch hatte sich seit Beginn unserer Ehe nichts verändert – sie war unglücklich.

Geri tritt aus der Gemeinde aus

In der zweiten Januarwoche 1996 verkündete mir meine Frau, sie werde der Gemeinde den Rücken kehren. Sie sei es leid, unsere vier Kinder quasi allein großzuziehen, und habe genug von den ständigen Krisen in der Gemeinde. Ruhig und gefasst erklärte sie: „Ich verlasse unsere Gemeinde. Sie bringt mir kein neues Leben, sie bringt mich um."[1]

Nun war ich am absoluten Tiefpunkt angekommen. Ich informierte unsere Ältesten über meine erneute Krise. Sie rieten Geri und mir zu einer intensiven Auszeit, in der wir mit professioneller Hilfe versuchen sollten, unser Problem zu lösen.

Nach einigen Wochen fuhren wir in ein christliches Beratungszentrum. Es war unsere Hoffnung, den Druck, der auf uns lastete, für ein paar Tage hinter uns lassen zu können und dadurch eine objektivere Sicht auf die Gemeinde zu gewinnen. Ich hoffte, Gott würde Geri heilen; Geri hoffte, Gott würde die Gemeinde heilen; wir beide hofften, die schmerzliche Situation möglichst schnell zu überwinden.

Die folgende Woche verbrachten wir mit zwei Beratern. Diese kleine, zeitlich begrenzte christliche Gemeinschaft bot uns einen geschützten Rahmen, in dem wir es endlich wagten, unsere verborgenen Gefühle voreinander auszusprechen.

Was wir nicht erwartet hätten, war eine authentische geistliche Erfahrung mit Gott. Für mich begann es höchst seltsam. Geri und ich hatten uns bis spät am Abend unterhalten, bevor wir schlafen gegangen waren. Gegen zwei Uhr nachts weckte sie mich, stellte sich aufs Bett und begann, Klartext zu reden. Mit wenigen gewählten Worten offenbarte sie mir schonungslos, wie es ihr mit mir, unserer Ehe und der Gemeinde wirklich erging.

So schmerzhaft Geris Ausbruch war – er war eine befreiende Erfahrung für uns beide. Denn sie hatte endlich die dicke geistliche Fassade des „Gutseins" niedergerissen, die sie davon abgehalten hatte, der Wahrheit über unsere Ehe und unser Leben ins Gesicht zu sehen.

Ich hörte zu.

Sie hörte zu.

Gemeinsam betrachteten wir das Leben unserer Eltern und ihre Ehen. Ich schaute ehrlich auf unsere Gemeinde, die New Life Fellowship. Unübersehbar zeigten sich dort die wunden Punkte aus meiner Ursprungsfamilie.

Keiner von uns hatte sich je solche Gefühle gestattet.

Wir entdeckten, dass unser Glaubensleben, das wir für authentisch gehalten hatten, äußerst oberflächlich war. Obwohl wir beide schon über siebzehn Jahre Christen waren, hatte der Glaube, den wir kannten und praktizierten, unsere Persönlichkeit nur äußerlich erfasst. Angesichts meiner umfassenden Ausbildung und meiner Erfahrung mit dem Gebet und der Bibel war es für mich geradezu ein Schock zu erkennen, dass ganze Schichten meines Lebens nie von Gott erreicht worden waren.

Wie konnte das sein? Ich hatte alles getan, was mir Pastoren und Leiter über die Nachfolge Jesu beigebracht hatten. Ich war treu, hingegeben und höchst engagiert. Ich glaubte an die Kraft Gottes, sein Wort, das Gebet und die Gaben des Heiligen Geistes. Wie kam es, dass ich auf meinem Weg mit Jesus in meinem persönlichen Leben, in meiner Ehe und in meinem Dienst in einer Sackgasse gelandet war? Wo blieb die mächtige, verändernde Kraft Gottes?

Mir kam es so vor, als wäre in diesem Moment etwas in mir gestorben – in meinem persönlichen Glauben und in meiner Rolle als leitender Pastor. Aber diese Erfahrung, die mir zunächst wie das Ende erschien, erwies sich stattdessen als Beginn. Auf der Reise, die damals ihren Anfang nahm, sollten wir eine ganz neue Beziehung zu Gott entdecken, die unser Leben, unsere Ehe, unsere Familie, unsere Gemeinde und Tausende anderer Gemeinden auf der ganzen Welt verändern würde.

Ich erkannte, dass das Problem nicht der christliche Glaube an sich war, sondern vielmehr die Art, wie wir im Glauben angeleitet worden waren und anderen den Glauben vermittelten.

Christliche Fassade

Ich habe von meinem Schwiegersohn Brett eine Menge über das Maurerhandwerk gelernt. Er hat seine Ausbildung in einem der ältesten Handwerke der Welt vor fünf Jahren als Lehrling unter einem erfahrenen Maurermeister aufgenommen und erst vor Kurzem seine Gesellenprüfung abgelegt. Bis er einmal selbst Meister ist, könnten gut und gern noch weitere sieben Jahre oder mehr vergehen!

Wenn man bedenkt, wie lang und kostspielig der Weg vom Lehrling über den Gesellen zum Meister ist, dann ist es nicht verwunderlich, dass es in diesem Handwerk relativ wenige Meister gibt. Aber ein Bauwerk, das von Meisterhand aus massiven Steinen erbaut ist, kann Tausende von Jahren überstehen, selbst bei extremen Wetterbedingungen. Wir sehen das an den Pyramiden in Ägypten, an mittelalterlichen Burgen und an solide gebauten Stein-Bauernhäusern der Neuzeit.

Doch das Bauen mit Naturstein ist teuer. Schon allein der Abbau und Transport, das Schneiden und Behauen der Steine sind sehr zeitaufwendig und kostspielig. Zudem ist auf der Baustelle die Fachkompetenz eines Maurermeisters unverzichtbar. Kein Wunder, dass die Bauindustrie mit den Jahren billigere Alternativen entwickelt hat. Da die Leute jedoch auf die Optik echter Steine Wert legen, arbeiten Bauunternehmen oft mit Fassadenverkleidungen.

Es gibt zwei grundlegende Arten der Verkleidung – Naturstein und Kunststein.

Natursteinverkleidungen bestehen aus leichten, nur 2 bis 12 Zentimeter dicken geschnittenen Steinplatten, die auf die Außenwand eines Gebäudes aufgebracht werden. Geri und ich haben kürzlich eine kleine Fläche rund um unseren Hauseingang mit Stein verkleiden lassen. Es sieht echt aus und fühlt sich auch so an – wie massive Steine mit tragender Funktion. Die Leute sind beeindruckt. Dabei ist es nur eine dünne Steinverkleidung, die von Handwerkern ohne jegliche Maurererfahrung angebracht wurde.

Kunststeinverkleidungen hingegen bestehen aus industriell hergestellten Materialien wie Zement. Optik und Oberflächenstruktur echter Steine werden nachgeahmt, jedoch ohne die hohen Kosten einer Natursteinverkleidung (und erst recht eines ganzen Hauses aus massivem Naturstein). Kunststeinverkleidungen lassen sich schnell und einfach anbringen. Es gibt sogar Bausätze für Heimwerker. Schauen Sie sich einfach ein YouTube-Video an und schon können Sie loslegen.

An dieser Stelle mögen Sie sich fragen, warum ich mich so ausführlich über Mauerwerk und Verkleidungen auslasse. Die Antwort ist einfach: *Die Art, wie Nachfolge heute in unseren Gemeinden gelebt wird, gleicht oft einer geistlichen Fassadenverkleidung.*

Oberflächlich gesehen sieht alles echt aus. Die Gemeindeglieder sind lebensfroh und optimistisch, erfüllt von dem Glauben, dass Jesus sie durch Krisen und Täler führt. Berührende Anbetungslieder und ansprechend aufbereitete Botschaften richten sie geistlich auf. Gläubige geben bewegende Zeugnisse. Wir sorgen für eine warme, einladende Atmosphäre in unseren Kleingruppen und bei Wochenendfreizeiten und alle haben das Gefühl, gemeinsam mit Gott zu neuen Ufern unterwegs zu sein.

Das Problem ist, dass all dies mit dem massiven, tragenden Stein der Nachfolge, wie Jesus sie gemeint hat, wenig zu tun hat. Nach außen hin scheint unser Glaube schweren Stürmen und dem Test der Zeit widerstehen zu können, aber das ist eine Täuschung. Ja, viele von uns nehmen am Gottesdienst teil, hören aufmerksam den Predigten zu und besuchen Kleingruppen. Wir dienen oft treu in verschiedenen Bereichen und spenden großzügig. Und doch bleibt unsere Verwandlung in Christus Fassade, wie eine dünne Verkleidung auf einem Leben, das unter der Oberfläche noch nicht berührt worden ist.

Christliche Fassade ist eine gute Beschreibung für die ersten siebzehn Jahre meines Lebens als Jesus-Nachfolger. Nach außen sah alles tadellos aus. Tatsächlich jedoch bestanden gewaltige Defizite in meiner Nachfolge und meiner Art, die Gemeinde zu leiten. Das fiel eine Zeit lang kaum auf, weil meine Gaben und mein Eifer viel von dem überdeckten, was unter der Oberfläche fehlte. Aber schon bald sollten mein eigenes Glaubensleben und das unserer Gemeinde schonungslos als dünne Verkleidung entlarvt werden.

Der massive Stein emotional gesunder Nachfolge

Emotional gesunde Nachfolge ermutigt dazu, die Fassade unseres oberflächlichen Christseins einzureißen und zu einem echten, ganzheitlichen Glauben zu finden, der trägt wie massiver Stein.

Zugegeben, der Prozess ist anstrengend, aufwendig und kostspielig. Aber wie beim Bauen mit Naturstein entsteht etwas sehr Widerstandsfähiges.

In ihrem Kern ist unser Modell der emotional gesunden Nachfolge eine biblische Theologie, die jeden Bereich einer Gemeinde, christlichen Arbeit oder Organisation erfasst. Diese Art gelebten Glaubens hält selbst starken Stürmen stand, sodass Menschen auch inmitten von Krisen und Umbrüchen wachsen und reifen können. Genauer gesagt: Emotional gesunde Nachfolge …

- entschleunigt unser Leben, sodass wir inmitten der Hektik und Ablenkung des Alltags in einer tiefen persönlichen Beziehung zu Jesus leben können.
- bietet Richtlinien, um zu erkennen, wie stark die Werte und Ziele unserer westlichen Kultur dem radikalen Aufruf Jesu entgegenstehen, uns selbst zu verleugnen, unser Kreuz auf uns zu nehmen und ihm zu folgen.
- ermöglicht es, Grenzen als Geschenk von Gott anzunehmen, statt dagegen anzukämpfen.
- klammert in der Nachfolge Jesu Traurigkeit und Verlust nicht aus. Dadurch verpassen wir nicht mehr die Schätze, die Gott darin verborgen hat.
- bietet klare Kriterien, um unsere geistliche Reife an unserer zunehmenden Liebesfähigkeit zu messen.

- bringt unsere Herkunftsfamilie und unsere persönliche Geschichte in Zusammenhang mit unserer Nachfolge heute. Wir tun nicht mehr so, als könnten wir eingefahrene Muster und Traumata aus der Vergangenheit im Handumdrehen heilen.
- sieht in unserer Schwäche und Verwundbarkeit einen Schlüssel zu Gottes Kraft, aus der seine Liebe in die Welt fließen kann.

Unser Ziel ist es, von einem traditionellen hin zu einem transformativen, das heißt einem umgestaltenden Nachfolgemodell zu gelangen, das Menschen tiefe Veränderung erleben lässt. Die folgende Grafik veranschaulicht den Unterschied zwischen den beiden Modellen.

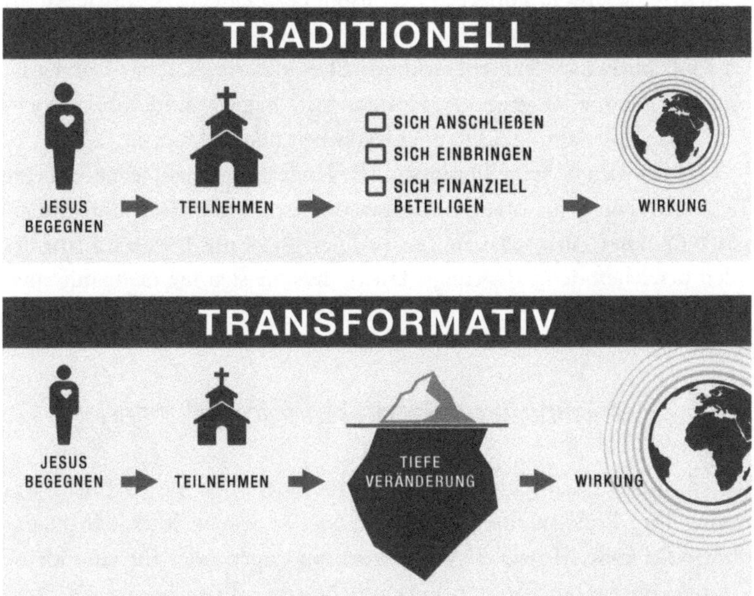

Wir haben dieses transformative Modell (das wir emotional gesunde Nachfolge nennen) schon vor Jahrzehnten eingeführt und seither ständig weiterentwickelt. Unsere Gemeinde dient uns dabei als fruchtbarer Boden, auf dem wir es praktizieren und verfeinern können. Hier muss es sich immer wieder bewähren. Denn es ist keine kleine Aufgabe, in einer Gemeinschaft mit Menschen aus mehr als fünfundsiebzig Nationen Brücken zu bauen über Ethnie, Klasse und Geschlecht hinweg.

Wir sind sehr dankbar, dass wir schon Tausenden von Gemeinden in Nordamerika und auf der ganzen Welt emotional gesunde Nachfolge nahebringen durften. Wertvolle Einsichten und Rückmeldungen aus unterschiedlichsten Umfeldern haben das, was Sie auf den folgenden Seiten lesen werden, beeinflusst, differenziert und präzisiert.

Meine Hoffnung beim Schreiben dieses Buches ist, dass Sie es wagen, anders zu bauen – sowohl persönlich als auch in Ihrer Gemeinde. Emotional gesunde Nachfolge bietet eine neue Sichtweise, einen Paradigmenwechsel, eine Vision, um gegen den Strom der Zeit eine geistliche Kultur aufzubauen, die jeden Aspekt des Gemeinde- und Gemeinschaftslebens erfasst – Leitung und Teamentwicklung, Ehe- und Singlearbeit, Erziehung, Verkündigung, Kleingruppen, Gottesdienst, Jugend- und Kinderarbeit, Zurüstung, Verwaltung, Öffentlichkeitsarbeit und vieles mehr.

Machen wir uns keine Illusionen. Die Umsetzung ist auf jeden Fall eine Herausforderung. Sie braucht viel Zeit und ist unweigerlich mit Schmerzen verbunden. Aber seien Sie gewiss: Diese Reise mit Jesus wird zu einer solch bereichernden Erfahrung werden, dass Sie sich nie mehr mit einer christlichen Fassade zufriedengeben wollen.

„Emotional gesunde Nachfolge" lesen

Als ich dieses Buch schrieb, hatte ich auf jeder Seite Sie im Blick. Was immer Ihre Rolle in Ihrer Gemeinde oder in Ihrem Werk sein mag – ob Sie für viele Menschen Verantwortung tragen oder für eine kleine Gruppe, ob Sie mit Kindern, Jugendlichen oder Erwachsenen arbeiten, ob Sie haupt- oder ehrenamtlich engagiert sind –, ich stellte mir beim Schreiben vor, dass Sie mir an meinem Schreibtisch bei einer Tasse Kaffee gegenübersäßen. Ich liebe die Kirche und weiß, mit welchen Schwierigkeiten und Herausforderungen Leitungsaufgaben in der heutigen Welt verbunden sind.

Es ist meine Hoffnung, dass Sie und Ihr Team beim Lesen geistlich, theologisch und emotional angeregt und gestärkt werden.

Die Kapitel in diesem Buch sind in zwei Teile gegliedert:

Teil 1: Wo wir in der Nachfolge stehen
Teil 2: Die sieben Kennzeichen emotional gesunder Nachfolge

In Teil 1 werden wir vier Hauptursachen kraftloser Nachfolge herausarbeiten: Wir nehmen emotionale Unreife hin; wir stellen unser Tun für Gott über unser Sein vor Gott; wir lassen das reiche Erbe der Kirchengeschichte außer Acht und wir haben ein falsches Verständnis von Erfolg.

Sie werden auch Gelegenheit haben, online einen Test zur Beurteilung Ihrer emotionalen bzw. geistlichen Reife durchzuführen. Dadurch können Sie besser einschätzen, wo Sie momentan in der Nachfolge Jesu stehen.

In Teil 2 werden wir die sieben Kennzeichen emotional gesunder Nachfolge untersuchen: Erst sein, dann tun; dem gekreuzigten – nicht dem verwestlichten – Jesus folgen; Grenzen als Gottes Geschenk annehmen; die Schätze entdecken, die in Schmerz und Verlust verborgen sind; die Liebe zum wichtigsten Maßstab der Reife machen; die Macht der Vergangenheit brechen; Leiten aus Schwäche und Verletzlichkeit heraus.

Wenn wir tief veränderte Christen mit Multiplikationspotenzial werden möchten, dann müssen diese theologischen Wirklichkeiten Teil unseres Lebens und unserer Gemeindekultur werden. Dazu werde ich Ihnen eine Strategie vorstellen, die Ihnen dabei hilft, emotional gesunde Nachfolge umzusetzen – zuerst bei sich selbst und in Ihrem Team, dann auch in der ganzen Gemeinde.

Ich empfehle Ihnen, langsam zu lesen. Lassen Sie es zu, dass das Buch Sie liest. Mit anderen Worten: Bitten Sie den Heiligen Geist, Ihnen eine Vision davon zu schenken, wie Ihre Gemeinde oder Ihre christliche Arbeit ein Ort der Verwandlung sein und an Christi Auftrag teilhaben kann, das Evangelium in die Welt zu tragen. Halten Sie inne und hören Sie auf Gottes Stimme. Vielleicht möchten Sie Tagebuch führen. Und vor allem: Reagieren Sie auf die Einladungen, die Gott auf dem Weg an Sie richtet. Nutzen Sie auch gern den Begleitkurs für Kleingruppen, den es zu diesem Buch gibt.[2]

Es ist mein Gebet, dass Gott Ihnen auf der Reise durch diese Seiten ganz neu begegnet. Möge er Sie ausrüsten, Ihren Dienst als persönlich veränderte Menschen zu tun, sodass die Erde voll werde „von Erkenntnis der Ehre des HERRN, wie Wasser das Meer bedeckt“ (Habakuk 2,14 LUT).

Teil 1

Wo wir in der Nachfolge stehen

Kapitel eins Vier Irrtümer, die echte Nachfolge verhindern

In seinem Bestseller *Der Mann, der seine Frau mit einem Hut verwechselte* erzählt Oliver Sachs die Geschichte einer Frau, die jahrzehntelang in einem Familiensystem lebte, das sie blockierte und unreif bleiben ließ.[1]

Madeleine kam 1980 im Alter von sechzig Jahren in das St. Benedict's Hospital. Sie war blind und mit einer zerebralen Kinderlähmung auf die Welt gekommen. Ihr ganzes Leben lang war sie von ihrer Familie beschützt, umsorgt und behütet worden. Was Sacks, ihren betreuenden Neurologen, besonders erschütterte, war, dass sie außergewöhnlich intelligent war. Sie sprach frei und eloquent, konnte aber nichts mit ihren Händen tun.

„‚Sie haben außerordentlich viel gelesen', sagte [er], ‚Sie beherrschen die Blindenschrift wohl sehr gut?'

‚Nein, überhaupt nicht', antwortete sie. ‚Ich lasse mir alles von anderen Leuten vorlesen … In Blindenschrift kann ich kein einziges Wort entziffern. Ich kann mit meinen Händen *überhaupt nichts* anfangen. Sie sind völlig nutzlos.'

Sie hielt sie verächtlich hoch. ‚Nutzlose, überflüssige Teigklumpen – sie fühlen sich nicht einmal so an, als gehörten sie mir.'"

Dies erschien Sacks sonderbar. Er dachte sich: „Eine zerebrale Kinderlähmung ergreift normalerweise nicht die Hände … Ihre Hände hätten eigentlich völlig normale Hände sein müssen – und doch waren sie es nicht. Konnte es sein, dass sie funktionslos – ‚nutzlos' – waren, weil sie sie nie gebraucht hatte? … War ihr stets alles abgenommen worden, sodass es nicht zu einer normalen Entwicklung der Hände hatte kommen können?"

Madeleine konnte sich nicht erinnern, jemals ihre Hände gebraucht zu haben. Denn Sacks schreibt: „Sie hatte nie selbst gegessen, war nie allein auf die Toilette gegangen, hatte sich nie selbst etwas genommen."

Sie lebte sechzig Jahre wie ein Mensch ohne Hände.

Das brachte Sacks auf die Idee, ein Experiment zu wagen: Er wies das Pflegepersonal an, Madeleine das Essen zu bringen, es jedoch scheinbar versehentlich ein Stückchen außerhalb ihrer Reichweite hinzustellen.

Er schreibt: „Und eines Tages geschah etwas, was noch nie zuvor geschehen war: Anstatt passiv und ergeben zu warten, streckte sie hungrig und ungeduldig den Arm aus, tastete auf dem Tisch umher, spürte einen Teigkringel auf und führte ihn zum Mund. Dies war das erste Mal in sechzig Jahren, dass sie ihre Hände gebrauchte – ihre erste manuelle Handlung."

Von da an machte Madeleine schnelle Fortschritte. Sie streckte ihre Hände aus, um die ganze Welt zu berühren, und betastete verschiedene Nahrungsmittel, Behälter und Werkzeuge. Sie bat um Ton und fing an, Modelle und Skulpturen zu formen und menschliche Gesichter und Gestalten zu erforschen.

Über ihre Hände schreibt Sacks: „Man spürte, dass dies nicht die tastenden Hände irgendeiner blinden Frau waren, sondern die einer blinden Künstlerin, eines reflektierenden, schöpferischen Geistes, der sich der ganzen sinnlichen und spirituellen Realität der Welt gerade erst geöffnet hatte."

Madeleines Kunst entwickelte sich so weit, dass sie innerhalb eines Jahres in der Region als „die blinde Bildhauerin von St. Benedict's" bekannt wurde.

Wer hätte gedacht, dass im Inneren dieser Sechzigjährigen eine so erstaunliche Persönlichkeit und eine solch große Künstlerin steckte? Im Körper einer Frau, die nicht nur an vielfältigen physischen Einschränkungen gelitten hatte, sondern auch „behindert" worden war – ausgerechnet von denen, die dachten, sie würden für sie sorgen.

Dies ist eine beeindruckende Geschichte. Sie zeigt aber auch eine beunruhigende Dynamik, die auf ganz ähnliche Weise in unseren Gemeinden zu beobachten ist. Allzu viele Christen sind in ihrer Nachfolge so sehr „behütet" worden, dass sie geistlich nahezu „behindert" sind. Deshalb übernehmen sie unkritisch einen Glauben, der Freiheit und Fülle in Jesus verspricht, ohne zu merken, wie gefangen sie bleiben und wie unbiblisch sie mit sich selbst und anderen umgehen. Darauf angesprochen, zucken sie mit den Schultern, als wollten sie sagen: „Daran kann ich ja doch nichts ändern. So bin ich eben."

Dieses Problem, das ich als kraftlose Nachfolge bezeichne, ist nicht neu, aber es ist heute schwerwiegender als noch vor Jahren.[2]

Das soll nicht heißen, dass es keine Versuche gegeben hätte, dieser Dynamik entgegenzuwirken. In meiner Arbeit mit Gemeinden auf der ganzen Welt habe ich durchaus viele ermutigende Bemühungen erlebt, diese notvolle Situation anzugehen – Gebetsversammlungen für Erweckung, bewusst gestaltetes Gemeindeleben, Wiederhinwendung zur Bibel, größere Anstrengungen im Kampf gegen gottfeindliche Mächte, begeisternde Gottesdienste, Wiederentdeckung der übernatürlichen Kraft Gottes, verstärktes Engagement für die Armen und Ausgegrenzten und vieles mehr.

All dies ist wertvoll. Aber nichts davon geht wirklich auf die grundlegende Frage ein: *Welche fundamentalen Irrtümer verhindern echte, ernsthafte Nachfolge und halten Menschen davon ab, geistlich zu reifen?*

Mit anderen Worten: Was läuft in unseren Gemeinden systematisch schief, sodass Menschen im Stadium geistlicher Unreife stecken bleiben? In den letzten fünfundzwanzig Jahren hatte ich reichlich Gelegenheit, lange und intensiv über diese Frage nachzudenken – in meiner Tätigkeit als leitender Pastor einer Ortsgemeinde und in meiner weltweiten Arbeit mit verschiedenen Konfessionen und Bewegungen in städtischen, vorstädtischen und ländlichen Gebieten über rassische, kulturelle und wirtschaftliche Grenzen hinweg. In diesem Prozess bin ich zu der Überzeugung gelangt: Wenn wir Menschen zu einem tragfähigen, tiefen Glauben führen möchten, müssen wir vier fundamentale Irrtümer korrigieren:

1. Wir nehmen emotionale Unreife hin.
2. Wir stellen unser *Tun für* Gott über unser *Sein vor* Gott.
3. Wir lassen das reiche Erbe der Kirchengeschichte außer Acht.
4. Wir haben ein falsches Verständnis von Erfolg.

Es ist entscheidend, dass wir die Hintergründe und Auswirkungen eines jeden Irrtums verstehen. Warum ist das so wichtig? Wenn wir den Ernst der Lage nicht sehen, werden wir nicht ausdauernd an einer langfristigen Lösung arbeiten. Die aber ist nötig, um den weitreichenden Schaden, den diese Irrtümer in unseren Gemeinden anrichten, von Grund auf zu beheben.

Beginnen wir also bei den Wurzeln. Unsere Art, Glauben zu vermitteln, bringt allzu oft Christen hervor, die wenig von der Ganzheit, Menschlichkeit und dem Wesen Jesu widerspiegeln.[3]

Irrtum 1: Wir nehmen emotionale Unreife hin.

Im Laufe der Zeit sind unsere Erwartungen an ein „geistliches Leben" so unklar geworden, dass wir für viele krasse Widersprüche blind geworden sind:

- Wir können in der Öffentlichkeit begnadete Redner für Gott sein, aber zu Hause die Rolle eines distanzierten Ehepartners oder zornigen Elternteils einnehmen.
- Wir können in der Gemeinde mitarbeiten und trotzdem unbelehrbar, unsicher und abweisend sein.
- Wir können regelmäßig beten und fasten und gleichzeitig eine Neigung haben, andere ständig zu kritisieren, was wir als Urteilsvermögen rechtfertigen.
- Wir können Menschen „für Gott" leiten, ohne zu merken, dass unser Hauptmotiv in Wirklichkeit ein ungesundes Bedürfnis nach Bewunderung ist.
- Wir können von der unfreundlichen Bemerkung eines Gemeindeglieds tief verletzt sein und trotzdem schweigen, weil wir Konflikte um jeden Preis vermeiden wollen.
- Wir können an unterschiedlichen Stellen in der Gemeinde mitarbeiten und dabei Groll mit uns herumtragen, da für eine gesunde Selbstfürsorge zu wenig Zeit bleibt.
- Wir können für einen großen Gemeindebereich verantwortlich sein, es dabei aber an Transparenz fehlen lassen und persönliche Schwierigkeiten oder Schwächen allein ausfechten.

All dies sind offenkundige Beispiele emotionaler Unreife, und doch sehen wir die eklatanten Widersprüche darin nicht. Wie kann das sein? Das Problem ist, dass wir die emotionale Gesundheit von der geistlichen Gesundheit abgekoppelt haben. Aber wie kommen wir darauf, dass es möglich sein könnte, geistlich reif zu sein und gleichzeitig emotional unreif zu bleiben? Die Antwort ist vielschichtig; ich möchte hier insbesondere auf zwei wichtige Gründe eingehen.

Unsere vier Irrtümer

1. **Wir nehmen emotionale Unreife hin.**
2. Wir stellen unser *Tun für* Gott über unser *Sein vor* Gott.
3. Wir lassen das reiche Erbe der Kirchengeschichte außer Acht.
4. Wir haben ein falsches Verständnis von Erfolg.

Grund 1: Wir messen unsere Liebe zu Gott nicht mehr am Grad unserer Liebe zum Nächsten.

Die Liebe zu Gott und die Liebe zum Nächsten hängen untrennbar zusammen. Das hat Jesus immer wieder betont. Als er nach dem einen größten Gebot gefragt wurde, nannte Jesus zwei – liebe Gott *und* liebe deinen Nächsten wie dich selbst (siehe Matthäus 22,34-40).

Genauso argumentierte der Apostel Paulus in seinem ersten Brief an die Gemeinde in Korinth. Er warnte, dass ein noch so fester Glaube, eine noch so verschwenderische Großzügigkeit und noch so große geistliche Gaben ohne Liebe *nichts* wert sind (siehe 1. Korinther 13,1-3). Mit anderen Worten: Wenn die Menschen um uns herum uns ständig als unnahbar, kalt, unsicher, abweisend, starr oder verurteilend erleben, dann erklärt uns die Bibel für geistlich unreif.

Der radikalste Ausdruck von Jesu Lehre über die Liebe war auch einer seiner elementarsten Grundsätze: „Liebt eure Feinde, und betet für die, die euch verfolgen. … Wenn ihr nur die liebt, die euch Liebe erweisen, was für einen Lohn habt ihr dafür zu erwarten? Tun das nicht sogar Leute wie die Zolleinnehmer?“ (Matthäus 5,44.46). Für Jesus waren Feinde keine Störfaktoren im geistlichen Leben, sondern oft gerade das Werkzeug, durch das wir eine tiefere Gemeinschaft mit Gott erfahren können. Das ist einer der Gründe, warum er strenge Warnungen aussprach wie: „Verurteilt niemand, damit auch ihr nicht verurteilt werdet" (Matthäus 7,1). Jesus wusste, dass wir uns um die schwierige Aufgabe, Menschen zu lieben, gerne herumdrücken würden.

Damit stellte Jesus die Lehre der Rabbiner aus dem ersten Jahrhundert – die die Beziehung zu Gott für viel wichtiger hielten als die Beziehung zu anderen – radikal auf den Kopf. Nach Überzeugung der Rabbiner sollte ein Mensch, der beim Beten merkte, dass ein anderer etwas gegen ihn hatte, zuerst in Ruhe sein Gebet zu Ende bringen (da Gott schließlich immer vorgehe) und sich erst dann mit der anderen Person versöhnen. Jesus kehrte diese Lehre um und sagte: „Wenn du also deine Gabe zum Altar bringst und dir dort einfällt, dass dein Bruder etwas gegen dich hat, dann lass deine Gabe dort vor dem Altar; geh und versöhne dich zuerst mit deinem Bruder! Danach komm und bring Gott deine Gabe dar" (Matthäus 5,23-24).

Jesus lehrte und lebte selbst vor, dass unsere Liebe zu Gott an unserer Liebe zum Nächsten gemessen wird. Er war in dieser Hinsicht so eindeutig, dass es für seine Nachfolger eigentlich sonnenklar hätte sein müssen. Doch das war es nicht – genauso wenig wie für uns heute.

Leider fehlte auch mir dieses biblische Verständnis gelebter Nachfolge in der Anfangszeit meines Christseins und meiner Entwicklung zum Leiter völlig. Dass ich meine Liebe zu Gott damals nicht am Grad meiner Liebe zum Nächsten maß, behinderte mein geistliches und emotionales Wachstum in den ersten siebzehn Jahren meines Glaubenslebens entscheidend. Ich absolvierte zwar diszipliniert geistliche Übungen, aber die Menschen um mich herum (allen voran meine Frau Geri) erlebten mich beileibe nicht von Jahr zu Jahr liebevoller. Ganz im Gegenteil: Je mehr Verantwortung ich als leitender Pastor trug, desto ungeduldiger und gereizter wurde ich gegenüber denen, die anderer Meinung waren oder meine Bemühungen, Gottes Reich zu bauen, bremsen wollten.

Grund 2: Wir erheben alles Geistliche und misstrauen dem Emotionalen.

Die meisten Christen geben dem geistlichen Aspekt Vorrang vor jedem anderen Aspekt unseres gottgegebenen Menschseins – dem körperlichen, dem emotionalen, dem sozialen und dem intellektuellen.

Diese Priorisierung des Geistlichen geht auf den griechischen Philosophen Platon zurück, der mehrere Jahrhunderte vor Christus lebte. Sein Einfluss auf zahlreiche namhafte Persönlichkeiten der Kirchengeschichte wirkt bis heute nach.[4] Seine Botschaft, die später das Denken in der frühen Kirche prägte, lautete im Wesentlichen: Der Körper ist schlecht; der Geist ist gut. Mit anderen Worten: Jeder Aspekt unseres Menschseins, der nicht geistlich ist, sei zumindest verdächtig, einschließlich der Gefühle. Emotional zu sein sei, wenn nicht gerade sündhaft, so doch auf jeden Fall schlechter, als geistlich zu sein. Dieses Denken beschränkt die akzeptierte Bandbreite unseres Lebens in Gott stark auf bestimmte geistliche Praktiken wie Beten, Lesen der Heiligen Schrift, den Dienst an anderen oder den Gottesdienstbesuch.

Das Problem ist: Wir sind viel mehr als geistliche Wesen. In 1. Mose 1,26-27 steht, dass wir nach Gottes Ebenbild geschaffen sind – ganz und doch vielschichtig. Diese Ganzheit schließt natürlich den geistlichen Aspekt unseres Seins mit ein, aber genauso den körperlichen, den emotionalen, den sozialen und den intellektuellen.

FÜNF ASPEKTE DES MENSCHSEINS

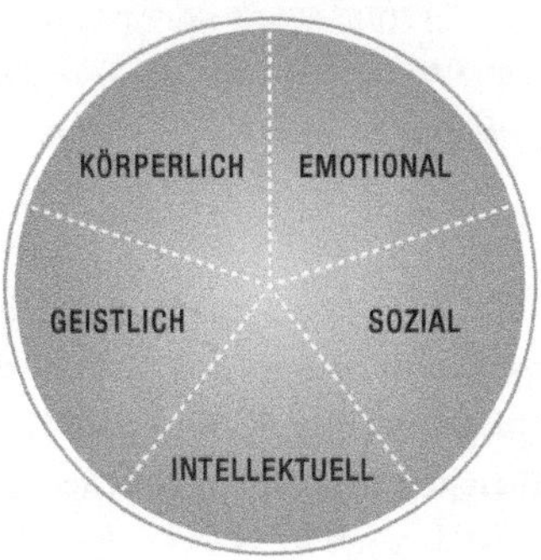

Wenn wir uns nicht als ganze Menschen verstehen, sind ungesunde Entwicklungen unvermeidlich. Aus irgendeinem Grund erheben wir jedoch beharrlich den geistlichen über den emotionalen Aspekt. Im Laufe der Zeit hat dieses unbiblische Denken zu einer Sichtweise geführt, die

Gefühle (besonders Traurigkeit, Angst und Wut) nicht nur als dem Geistlichen untergeordnet, sondern als *widergeistlich* betrachtet. In den Köpfen vieler ist das Ausblenden von Gefühlen sogar zu einer Tugend erhoben worden. Wut unterdrücken, Schmerz ignorieren, Depressionen überspielen, vor Einsamkeit weglaufen, Zweifel unterdrücken und Sexualität verneinen – all dies wird in der Gestaltung unseres geistlichen Lebens heute als durchaus vertretbar angesehen.

Viele christliche Leiter, die ich treffe, sind emotional erstarrt. Sie nehmen ihre Gefühle wenig oder gar nicht wahr. Auf die Frage, wie sie sich fühlen, verwenden sie vielleicht die Worte „Ich fühle", aber worüber sie dann sprechen, sind eher Tatsachen oder Gedanken. Ihre Gefühle sind in einem Tiefschlaf. Körpersprache, Tonfall und Mimik deuten zwar darauf hin, dass sie Emotionen haben, diese aber dringen nicht bis ins Bewusstsein vor und können deshalb auch nicht benannt werden.

Diesen Menschen entgeht die reiche Dimension, die sich in unserer Beziehung zu Jesus eröffnet, wenn wir unsere Gefühle als wesentlichen Aspekt unseres Menschseins annehmen. In ihrem Buch *The Cry of the Soul* (etwa: Der Schrei der Seele) drücken der Psychologe Dan Allender und der Theologe Tremper Longman III es so aus:

> *Unsere Gefühle zu ignorieren heißt, der Wirklichkeit den Rücken zu kehren; das Hören auf unsere Gefühle führt uns in die Wirklichkeit hinein. Und die Wirklichkeit ist der Ort, an dem wir Gott begegnen … Gefühle sind die Sprache der Seele. Sie sind der Schrei, der dem Herzen eine Stimme gibt. … Und doch stellen wir uns oft taub – durch emotionale Verleugnung, Verdrängung oder emotionalen Rückzug. Wenn wir unsere starken Gefühle vernachlässigen, belügen wir uns selbst und lassen uns eine wunderbare Gelegenheit entgehen, Gott kennenzulernen.*[5]

Leider betonten die Gemeinden, die mich geprägt haben, so nachdrücklich die Sündhaftigkeit meines Herzens und meiner Emotionen, dass ich es anfangs tatsächlich als Sünde empfand, wenn ich mir erlaubte zu fühlen. Ich fragte mich sogar, ob ich vielleicht Verrat am christlichen Glauben beging. Später allerdings entdeckte ich, dass ich in Wirklichkeit die unbiblischen Überzeugungen verriet, die die Kirche in puncto Gefühle entwickelt hatte.

Ich glaubte fest daran, dass Jesus sowohl ganz Gott als auch ganz Mensch war. Dennoch dachte ich selten über die Menschlichkeit Jesu nach – oder auch über meine eigene Menschlichkeit. Die Tagebucheinträge und geschriebenen Gebete aus meinen frühen Jahren als Christ und Pastor zeigen deutlich, dass der Jesus, den ich damals anbetete und dem ich folgte, gar nicht so sehr menschlich war.

Genauso wenig wie ich selbst.

Ich überging meine menschlichen Grenzen und riss mich zusammen, um mehr und mehr für Gott zu tun. Negative Gefühle wie Wut oder Depressionen betrachtete ich als gottfeindlich und verdrängte sie. Ich unterlag dem Irrtum, es sei geistlicher, den ganzen Tag mit Gebet und Bibellesen zu verbringen, als das Haus zu putzen, Geri zuzuhören, die Kinder zu wickeln oder für meinen Körper zu sorgen.

Der Jesus, den ich anbetete, war in erster Linie Gott und nicht so sehr ein menschliches Wesen. Irgendwie gingen die Geschichten, in denen Jesus seine Gefühle frei und ohne Scham ausdrückte, an mir vorbei. Er vergoss Tränen (siehe Lukas 19,41), er trauerte (siehe Markus 14,34), er war zornig (siehe Markus 3,5), er empfand Mitleid (siehe Lukas 7,13), er zeigte Erstaunen und Verwunderung (siehe Lukas 7,9).

Siebzehn Jahre ließ ich in meiner Suche nach Gott die emotionale Komponente völlig außer Acht. In dem rein geistlichen Verständnis von Nachfolge in den Gemeinden und Werken, die meinen Glauben geprägt hatten, kam dieser Aspekt nicht vor. Sie waren auch nicht dazu ausgebildet, mir in diesem Bereich zu helfen. Ich konnte noch so viele Bücher lesen und noch so viele Seminare besuchen. Solange ich den emotionalen Anteil von Gottes Ebenbild in mir nicht wahrnahm und anerkannte, würde ich noch die nächsten siebzehn oder gar fünfzig Jahre emotional ein Kleinkind bleiben. Das geistliche Fundament, auf dem ich mein Leben aufgebaut und das ich anderen vermittelt hatte, war eingebrochen. Und das ließ sich vor den Menschen, die mir nahestanden, nicht mehr verbergen.

Irrtum 2: Wir stellen unser *Tun für* Gott über unser *Sein vor* Gott.

Wenn wir haupt- oder ehrenamtlich in der Gemeinde mitarbeiten, ist es eine unserer größten Herausforderungen, unser *Tun für* Gott und unser *Sein vor* ihm in eine gesunde Balance zu bringen. In unserem Bemühen, Gott zu dienen, kommt bei den meisten von uns letztlich die Beziehung zu ihm zu kurz. Wir haben es immer eilig und wollen am liebsten jede freie Minute bestmöglich nutzen. So sind wir am Abend erschöpft von dem Versuch, unaufhörlich die Bedürfnisse anderer zu befriedigen. Und als ob wir nicht schon überlastet genug wären, füllen wir auch noch unsere „freie Zeit" mit irgendwelchen Aktivitäten.

Unsere vier Irrtümer

1. Wir nehmen emotionale Unreife hin.
2. **Wir stellen unser *Tun für* Gott über unser *Sein vor* Gott.**
3. Wir lassen das reiche Erbe der Kirchengeschichte außer Acht.
4. Wir haben ein falsches Verständnis von Erfolg.

Einige von uns sind tatsächlich süchtig – nicht nach Drogen oder Alkohol, sondern nach dem Adrenalinrausch, etwas zu *tun*. Wir lesen vielleicht etwas über das Bedürfnis, uns auszuruhen und aufzutanken, aber wir befürchten, dass vieles ohne uns nicht laufen würde. Also machen wir einfach weiter. Und in diesem gehetzten und ausgelaugten Zustand haben wir wenig Zeit oder Energie übrig, um unsere Beziehung zu Gott, zu uns selbst oder zu anderen zu pflegen. Kein Wunder, dass wir in unserem Leben keine Veränderung erfahren. Denn das Einzige, was wir denen zu bieten haben, für die wir Verantwortung tragen, ist unsere oberflächliche Art, Nachfolge zu leben.

Mit der Zeit wird das Vorrecht, anderen zu dienen, stattdessen zu einer Last, die unserer eigenen Seele zunehmend Gewalt antut. Die unzähligen Bedürfnisse, die ständig auf uns einströmen, machen uns reizbar. Wir werden nachtragend und fühlen uns in unserer misslichen Lage gefangen. Gott scheint weit weg zu sein.

So ging es mir in meinen ersten Jahren als leitender Pastor. Ich hatte viel zu viel zu tun und war ständig unter Zeitdruck. Abgesehen von der Predigtvorbereitung nahm ich mir wenig Zeit zum Nachdenken über die

Schrift und zur Stille vor Gott. Ich betrachtete selten vor Gott mein Versagen und meine Schwächen. Mit Jesus zusammen zu sein und mich einfach an ihm zu erfreuen, ganz ohne den Zweck, anderen Menschen damit zu dienen, war ein Luxus, den ich mir nicht leisten konnte.

Die Herausforderung, das geistliche Leben zwischen dem *Tun für* Gott und dem *Sein vor* ihm zu gestalten, ist nicht neu und betrifft auch nicht nur Christen in Verantwortung. Sie ist mindestens so alt wie die Heilige Schrift selbst und wird besonders in der bekannten Geschichte von Maria und Martha deutlich.

> *[Martha] hatte eine Schwester, die Maria hieß. Maria setzte sich dem Herrn zu Füßen und hörte ihm zu. Martha hingegen machte sich viel Arbeit, um für das Wohl ihrer Gäste zu sorgen. Schließlich stellte sie sich vor Jesus hin und sagte: „Herr, findest du es richtig, dass meine Schwester mich die ganze Arbeit allein tun lässt? Sag ihr doch, sie soll mir helfen!" „Martha, Martha", erwiderte der Herr, „du bist wegen so vielem in Sorge und Unruhe, aber notwendig ist nur eines. Maria hat das Bessere gewählt, und das soll ihr nicht genommen werden."*
> *Lukas 10,39-42*

Martha dient Jesus tatkräftig, aber sie begegnet ihm nicht. Ihr Leben ist in diesem Moment von Pflichten bestimmt – von Sollen und Müssen, von Druck und Ablenkung. Durch das treue Erfüllen ihrer Pflichten hat sie sich selbst von ihrer Liebe zu Jesus losgelöst. Denn Marthas Problem reicht weit über ihre momentane Geschäftigkeit hinaus. Ihr ganzes Leben ist ziellos und gespalten. Vermutlich wäre Martha immer noch abgelenkt gewesen, selbst wenn sie sich die Zeit genommen hätte, zu Jesu Füßen zu sitzen. Sie ist empfindlich, reizbar und besorgt. Ihr Leben ist nicht im Lot. Ganz deutlich zeigt sich dies daran, dass sie sogar versucht, Jesus Anweisungen zu erteilen: „Sag ihr doch, sie soll mir helfen!"

Maria hingegen ist auf andere Weise aktiv. Sie sitzt Jesus zu Füßen und hört ihm zu. Ihr Augenmerk liegt darauf, bei Jesus zu sein, die Gemeinschaft mit ihm zu genießen und ihn zu lieben. Sie ist aufmerksam, offen und freut sich an seiner Gegenwart. In einer entschleunigten Spiritualität stellt sie das *Zusammensein mit* Jesus über das *Tun für* Jesus.

Maria hat eine Mitte in ihrem Leben – Jesus. Selbst wenn sie aufgestanden wäre, um bei der Hausarbeit zu helfen, wäre sie dabei wahrscheinlich nicht so besorgt, nervös oder abgelenkt gewesen wie ihre Schwester. Warum nicht? Weil sie ihr Leben so weit entschleunigt hat, dass sie es immer wieder auf Jesus ausrichten kann. Darin besteht ihre bessere Wahl.

Als ich Christ wurde, hatte ich viel von Maria. Ich verliebte mich geradezu in Jesus. Die Zeit, die ich allein mit ihm verbrachte, in der Bibel las und betete, war mir sehr wertvoll. Doch es dauerte gar nicht lange, bis mein *Tun für* Jesus und mein *Sein vor* ihm aus dem Gleichgewicht gerieten. Ich wollte zwar mehr Zeit mit ihm verbringen, aber es gab einfach zu viel zu tun. Meine schiefe Waage sah etwa so aus:

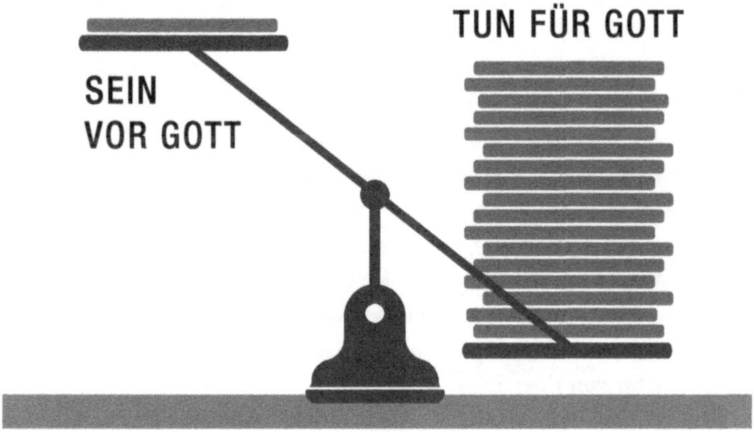

Ich fühlte mich oft nicht im Lot. Schon früh hatte ich gelernt, wie wichtig stille Zeit oder Andachten sind, um meine persönliche Beziehung zu Christus zu pflegen. Aber diese Botschaft kam einfach nicht an gegen eine andere Überzeugung, die sich tief in meinem Denken festgesetzt hatte – dass ich Jesus mit meinen Gaben aktiv dienen und viel für ihn tun sollte. Die Aufforderung zum Dienen übertrumpfte die Aufforderung, innezuhalten und mir Zeit für Gott zu nehmen.

Wenn wir andere im Glauben begleiten oder sie leiten, dann geben wir im Wesentlichen das weiter, was wir sind – genauer gesagt, was wir in Gott sind: unser inneres Wesen, unsere Präsenz und unseren Weg mit Jesus. Wir können aber nur das geben, was wir besitzen, nämlich das Leben, das wir tatsächlich jeden Tag leben. Wie könnte es auch anders sein?

Was also haben wir zu geben?

Leider lautet die Antwort bei vielen von uns: nicht viel. Eine Arbeit *für Gott,* die nicht aus einer tiefen inneren Verbundenheit *mit Gott* genährt wird, muss letztlich vergehen – und wir mit ihr. Mit der Zeit gründen wir unseren Wert und unsere Bestätigung mehr auf Erfolg oder Misserfolg in unserem Dienst für Gott als auf seine Liebe zu uns. Und langsam, fast unmerklich gehen dabei in unserem Leben mit Christus der Friede, die Klarheit und die Weite verloren.

Irrtum 3: Wir lassen das reiche Erbe der Kirchengeschichte außer Acht.

Unwissenheit in jeder Form – sei es in Bezug auf Finanzen, Gesundheit, Geschichte, Theologie oder in anderen Dingen – fordert in unserem Leben und unserem Bemühen, andere für den Glauben zu gewinnen, nicht selten einen schweren Tribut. Sie hat die Macht, uns zu prägen und unser Leben auf zerstörerische Weise zu lenken, ohne dass wir uns dessen bewusst sind.

Unsere vier Irrtümer

1. Wir nehmen emotionale Unreife hin.
2. Wir stellen unser *Tun für* Gott über unser *Sein vor* Gott.
3. **Wir lassen das reiche Erbe der Kirchengeschichte außer Acht.**
4. Wir haben ein falsches Verständnis von Erfolg.

Auch für die Kirche als Ganzes hat die Unkenntnis ihrer eigenen Geschichte weitreichende Folgen. Denn Wissenslücken haben zu Fehlinformationen und Missverständnissen geführt, die auch unsere Theologie und unser Verständnis von Nachfolge entscheidend geprägt haben. Biblische Schätze sind uns langfristig abhandengekommen.

Doch dies muss kein Dauerzustand bleiben. Wenn wir bereit sind, zu lernen und unsere falschen Vorstellungen korrigieren zu lassen, wird dies unsere Weltsicht verändern und unsere Gemeinden entscheidend voranbringen.

Welche Wahrheiten können wir den Missverständnissen entgegensetzen? Ich möchte hier drei nennen, die eine ganze Truhe voller geistlicher Schätze eröffnen. Sie lauten:

1. Wir sind nur eine Strömung im breiten Fluss Gottes.
2. Wir sind eine weltweite Kirche mit drei Glaubensrichtungen.
3. Wir sind eine Bewegung mit unseren eigenen dunklen Ecken und blinden Flecken.

Ich möchte bei dem Punkt beginnen, aus dem die anderen beiden folgen – bei der Erkenntnis, dass wir nur eine Strömung im breiten Fluss Gottes sind.

Wahrheit 1: Wir sind nur eine Strömung im breiten Fluss Gottes.

Ich bin in der protestantisch-evangelikalen Tradition zum Glauben an Jesus Christus gekommen – genauer gesagt, durch die pfingstlerische Strömung der Kirche. Die Wurzeln des Protestantismus als Ganzes reichen fünfhundert Jahre zurück bis zu der von Martin Luther angestoßenen Reformation. Im Laufe der Jahrhunderte wurde die evangelikale Bewegung von einer Vielzahl christlicher Persönlichkeiten und Strömungen geprägt, darunter John Calvin, Jonathan Edwards, die Großen Erweckungen des 18. und 19. Jahrhunderts, Charles Finney, Sojourner Truth, William J. Seymour, Aimee Semple McPherson und Billy Graham. Zu den wunderbaren Merkmalen dieser Bewegung gehören:

- eine Verpflichtung, Menschen in eine persönliche Beziehung zu Jesus zu führen,
- ein Schwerpunkt darauf, die Welt aktiv mit dem Evangelium zu erreichen,
- eine tiefe Überzeugung von der Heiligen Schrift als dem Wort Gottes,
- das Kreuz Christi als zentrales Element.[6]

Ich schätze die evangelikale Bewegung in der Geschichte des Christentums sehr und wäre ohne sie heute weder Leiter noch Autor.[7] Doch ich leide auch schon seit Langem daran, dass sie die guten Vermächtnisse der Kirchengeschichte als Ganzes aus dem Blick verloren hat. Denn das hat unter anderem den zweiten unserer vier Irrtümer nach sich gezogen – die Überbetonung unserer Arbeit *für* Gott im Vergleich zu unserer Zeit *mit* Gott. Bei mir führte das zu der irrigen Vorstellung, Produktivität im Dienst sei mit geistlicher Reife gleichzusetzen. Damit rief ich jahrelang Menschen in eine kraftlose Christus-Nachfolge und baute mit ihnen genauso kraftlose Gemeinden.

Wir müssen zu unseren Wurzeln zurückkehren – nicht nur zu unseren Wurzeln als Evangelikale, sondern zu unseren Wurzeln als Teil des globalen, historischen Leibes Christi. Das erfordert die Bereitschaft zu lernen – von Christen aus der Kirchengeschichte, aber auch von heute lebenden Christen auf der ganzen Welt, die vielleicht ganz anders sind als wir. Und dabei brauchen wir keineswegs die charakteristischen Merkmale und Gaben aufzugeben, die unsere eigene Tradition in die globale Kirche und ihre Mission einbringt.

Wahrheit 2: Wir sind eine weltweite Kirche mit drei Glaubensrichtungen.

Die weltweite christliche Kirche kennt heute drei wesentliche Glaubensrichtungen – die orthodoxe, die römisch-katholische und die protestantische. In den ersten 1054 Jahren der Christenheit gab es jedoch nur eine Kirche. Wenn theologische Probleme oder Spaltungen auftraten, kamen Bischöfe und Führer aus den fünf großen Städten des Römischen und Byzantinischen Reiches – Alexandria, Rom, Jerusalem, Antiochia und Konstantinopel – zusammen, um darüber zu beraten. Diese Versammlungen wurden als ökumenische Konzilien bekannt. Ihr Ziel war es, heikle theologische Fragen zu klären, wie z. B. die Dreifaltigkeit und das Wesen Jesu als vollkommener Gott und zugleich vollkommener Mensch.

Das erste Konzil fand statt, als der römische Kaiser Konstantin die Bischöfe in die griechische Stadt Nicäa berief, um die Lehre für die gesamte Kirche festzuschreiben. Das Ergebnis war das Nizänische Glaubensbekenntnis von 325 n. Chr. Ein zweites Konzil von Bischöfen kam 381 n. Chr. in Konstantinopel (dem heutigen Istanbul) zusammen, um das Schriftstück zu überarbeiten und zu erweitern. Dort entstand die endgültige Version des Nizänischen Glaubensbekenntnisses, wie wir es heute kennen.

Das Nizänische Glaubensbekenntnis ist deshalb so bedeutend, weil sich der biblische christliche Glaube seit über sechzehnhundert Jahren darauf gründet. Die drei Haupt-Glaubensrichtungen der christlichen Kirche – die römisch-katholische, die protestantische und die orthodoxe Kirche – sind sich darin einig, dass dieses Glaubensbekenntnis oder diese „Glaubensregel" eine Grundlage für die richtige Auslegung der Heiligen Schrift darstellt. Nach Ansicht aller drei Kirchen bewegt sich jede Person oder Gruppe, die nicht mit dem Nizänischen Glaubensbekenntnis übereinstimmt, außerhalb der Grenzen des christlichen Glaubens. Weltweit wird in manchen Kirchen dieses Glaubensbekenntnis bis zum heutigen Tag Woche für Woche gesprochen. Häufig ist im Gottesdienst jedoch das (kürzere) apostolische Glaubensbekenntnis an seine Stelle getreten, das in allen westlichen Kirchen anerkannt ist.

1054 kam es zur Spaltung in eine östliche (orthodoxe) und eine westliche (römisch-katholische) Kirche. Dieses sogenannte Große Schisma war der Höhepunkt eines schon mehrere Jahrhunderte schwelenden Streits über komplexe politische, kulturelle, sprachliche und theologische Belange. Das Maß war voll, als der Bischof von Rom ohne Rücksprache mit den anderen Kirchen das Nizänische Glaubensbekenntnis änderte. Damit erklärte er sich in Fragen der Lehre und des Glaubens für unfehlbar. Er und Kirchenführer aus den anderen Städten exkommunizierten sich daraufhin gegenseitig. Von da an bestimmte der Wohnort, wer zur östlichen und wer zur westlichen Kirche gehörte.

Auf das Schisma folgten die militärischen Kreuzzüge der römisch-katholischen Kirche, die im späten elften Jahrhundert begannen. Bei der Rückeroberung Jerusalems von den Muslimen griffen die Kreuzritter auf ihrem Weg auch die Ostkirchen an und plünderten sie. Die Belagerung und Ausraubung der Kirchen, Klöster und Stifte Konstantinopels im Jahr 1204 schlug eine tiefe Wunde, die bis heute nicht ganz verheilt ist.

Die Ost- und die Westkirche sprachen über neunhundert Jahre lang praktisch nicht miteinander.

Korruption und der Verfall der römisch-katholischen Kirche führten später zu einem zweiten großen Schisma, der protestantischen Reformation im Jahr 1517. Anstelle der Autorität des Papstes trat im Protestantismus die Autorität der Heiligen Schrift. Nun durfte jeder Einzelne die Bibel selbst lesen und auslegen. Dies war ein großer Durchbruch, denn die Menschen hatten nun durch die Heilige Schrift direkten Zugang zu Jesus. Aber es hatte auch eine Kehrseite: In den folgenden Jahrhunderten spalteten sich über dreihunderttausend Gruppierungen von der protestantischen Kirche ab, denn die Gründung eigener protestantischer Gemeinden ohne Verbindung zur größeren, historischen Kirche war nun wesentlich leichter möglich.

Ich möchte aus der Geschichte zwei sehr wichtige Lehren ziehen, die wir uns vor Augen halten müssen, wenn wir tief veränderte Christus-Nachfolger gewinnen möchten.

Die ersten 1054 Jahre der Kirche sind uns allen gemeinsam – Orthodoxen, Katholiken und Protestanten. Ich begegne vielen Christen, die diese Geschichte ausblenden und so tun, als sei die Kirche irgendwie direkt von der Apostelgeschichte zur protestantischen Reformation gesprungen. Ihrer Ansicht nach können eigentlich nur evangelikale oder charismatische Protestanten echte Christen sein. Diese Menschen übersehen, dass die Verfasser des Glaubensbekenntnisses von Nizäa jede Kirche für ketzerisch erklärten, die sich selbst für die einzig wahre Kirche hielt. Die frühe Geschichte der Kirche ist ein wesentlicher Teil auch der protestantischen Geschichte – unserer Kirchenfamilie – mit all ihren Schattenseiten.

Wir haben viel von den Brüdern und Schwestern zu lernen, die vor uns lebten – besonders von denen, die ganz anders waren als wir. Die protestantische Tradition ist nicht die ganze Kirche. Wahre Gläubige sind diejenigen, die eine lebendige Beziehung zu Jesus Christus haben und darauf vertrauen, dass er für unsere Sünden gestorben und auferstanden ist, um uns neues Leben zu geben. Niemand muss in unsere Kirche gehen oder zu unserer Tradition gehören, um einen authentischen Glauben zu haben. Wir können von orthodoxen und römisch-katholischen Gläubigen viel über Gott und das christliche Leben lernen, auch wenn jede Tradition – nicht zuletzt auch unsere eigene – ihre Probleme und Kontroversen hat. Eine oft zitierte Maxime zur Überwindung theologischer Unterschiede bringt es auf den Punkt: „Im Wesentlichen Einheit, im Unwesentlichen Freiheit, in allem die Liebe."

Wahrheit 3: Wir sind eine Bewegung mit unseren eigenen dunklen Ecken und blinden Flecken.

Im theologischen Seminar wurden meine Mitstudenten und ich in Kirchengeschichte unterrichtet, jedoch vor allem aus protestantischer Sicht. An der orthodoxen und der römisch-katholischen Tradition wurden hauptsächlich Probleme und Missstände betont.

Wenn Jesus sagt: „Ein guter Baum kann keine schlechten Früchte tragen" (Matthäus 7,18), dann will er damit sagen, dass unser Tun aus unserem Sein kommt. Das bedeutet, dass aus tiefen, gesunden Wurzeln ganz natürlich gute Früchte wachsen. Die schlechte Frucht, die sich in Form von ständigen Skandalen zeigt, deutet darauf hin, dass mit den Wurzeln unserer Nachfolge etwas Grundlegendes nicht stimmt. Dabei trägt die Isolierung unserer Ortsgemeinden, Konfessionen und Bewegungen ganz entscheidend zu unserer Misere bei. Wir schneiden uns absichtlich und dabei völlig unnötig von unserer reichen Geschichte und der Weisheit der Kirche als Ganzes ab.

Wenn Gott auf seine Gemeinde in der Welt schaut, sieht er keine Konfessionen, geschweige denn Tausende von Ortsgemeinden, die durch zahlreiche theologische Spaltungen zersplittert sind. Er sieht eine Kirche mit einer langen, reichen Geschichte, die Kontinente umspannt und Kulturgrenzen überwindet. Wir sind Teil dieser globalen, historischen Kirche, auch wenn wir zu einer bestimmten Zeit in der Geschichte, in einem bestimmten Land in eine bestimmte christliche Tradition hineingeboren wurden.

Sosehr ich unsere Strömung der Kirche liebe – ich erkenne auch, dass der Protestantismus seine Schattenseiten hat. Unsere Betonung auf Erweckung – darauf, dass es die Entscheidung eines jeden Einzelnen ist,

Christus anzunehmen – hat zu einem Zwei-Klassen-Christentum geführt: Gläubige und Nachfolger. Wir haben jetzt eine große Anzahl von „Gläubigen“, die Jesus als ihren Herrn und Erlöser angenommen haben, aber keine „Jünger“ sind, die ihm nachfolgen. Gleichzeitig sind unsere Initiativen, Menschen in die Nachfolge zu führen, zu kopflastig. Sie betonen die Erneuerung des Verstandes durch die Schrift und vernachlässigen dabei andere wichtige Elemente einer umfassenden biblischen Spiritualität – wie z. B. die geistlichen Übungen der Stille, des Schweigens, der Einsamkeit und des Wartens auf Gott.

Wenn wir Menschen in eine gesunde, ganzheitliche Nachfolge führen wollen, müssen wir uns bewusst darum bemühen zu lernen – sowohl aus unserer Geschichte als auch von Christen, die ganz anders sind als wir.

Irrtum 4: Wir haben ein falsches Verständnis von Erfolg.

Für die meisten von uns steht es außer Frage: Mehr ist mehr. Wir wollen dickere Bankkonten, größeren Einfluss, mehr Follower auf Facebook, größere Häuser, höhere Budgets, steigende Gewinne, mehr Mitarbeiter, wachsende Gemeinden. Können Sie sich ein Unternehmen, eine Behörde oder eine gemeinnützige Organisation vorstellen, die nicht versucht, zu wachsen und an Einfluss zu gewinnen? Die Logik ist einfach: Wer nicht wächst, dessen Scheitern ist schon vorprogrammiert.

Ist es verwunderlich, dass dieses Denken auch vor der Kirche nicht haltmacht? Wir messen unseren Erfolg an den Zahlen: an Besucherzahlen, an Spendeneingängen, an der Anzahl der Hauskreise, der Mitarbeiter, der Neubekehrten oder der Täuflinge. Wenn die Zahlen steigen und mehr Menschen in der Gemeinde aktiv sind, sehen wir uns auf der Erfolgsspur. Gehen die Zahlen hingegen zurück, beklagen wir unseren Misserfolg. Ich will damit nicht sagen, dass es per se falsch ist,

UNSERE VIER IRRTÜMER

1. Wir nehmen emotionale Unreife hin.
2. Wir stellen unser *Tun für* Gott über unser *Sein vor* Gott.
3. Wir lassen das reiche Erbe der Kirchengeschichte außer Acht.
4. **Wir haben ein falsches Verständnis von Erfolg.**

unseren Fortschritt an Zahlen zu messen. Aber wenn Zahlen unser *einziger* Indikator für Erfolg sind, dann wird es bedenklich.

Sie fragen sich vielleicht: „Wenn Erfolg sich nicht an Zahlen messen lässt, woran dann?"

Ich würde diese Frage so beantworten: *Erfolg nach biblischem Verständnis ist, die Person zu werden, zu der Gott Sie beruft, und das zu tun, wozu Gott Sie beruft – auf seine Weise und nach seinem Zeitplan.* Das bedeutet, dass eine Gemeinde oder ein christliches Werk zahlenmäßig wachsen und dennoch scheitern kann. Genauso kann es sein, dass eine Gemeinde kleiner wird und doch erfolgreich ist.

Alles, was sich in Zahlen messen lässt – steigende Besucherzahlen, aufwendigere, bessere Programme, ein höheres Budget –, muss hinter dem Hören auf Jesus zurückstehen. Jesus ruft uns dazu auf, in ihm zu bleiben und in ihm zu wachsen (siehe Johannes 15,1-8). Wie dieses Bleiben und Wachsen aussieht, hängt von unserer individuellen Berufung ab. Bei einem hauptamtlichen Gemeindepastor wird es sich anders zeigen als bei dem Leiter eines gemeinnützigen Werkes oder gar einem Geschäftsmann auf dem freien Markt.

Eines der besten Bilder für Erfolg in der Bibel ist für mich Johannes der Täufer. Johannes wurde in eine hoch angesehene Familie hineingeboren. Sein Vater, Zacharias, war ein gebildeter, allgemein geachteter levitischer Priester. Von seinem ältesten Sohn, Johannes, wurde erwartet, in seine Fußstapfen zu treten. Aber das tat er nicht.

Stattdessen zog Johannes in die Wüste, um bei Gott zu sein.

Johannes' eigentliches Wirken währte nicht einmal zwei Jahre. Und doch sagte Jesus über ihn: „Unter allen Menschen, die je geboren wurden, hat es keinen Größeren gegeben als Johannes den Täufer" (Matthäus 11,11).

Wir kennen die Einzelheiten nicht, aber wir wissen, dass Johannes mehrere Jahre in der Gemeinschaft mit Gott verbrachte, bevor er an die Öffentlichkeit trat. Inmitten schrecklicher Ereignisse in der Welt um ihn herum blieb Johannes tief in Gott verwurzelt. Anstatt überstürzt auf jede Not zu reagieren, wartete er auf Gott. Er ließ den Kern seines Wesens vom Wort Gottes durchdringen und wurde dadurch selbst zu der Botschaft, die er schließlich predigte.

Johannes begann sein Wirken nicht im Stadtzentrum von Jerusalem, sondern mitten in der Wüste – die Menschen mussten weite Strecken zurücklegen, um zu ihm zu kommen. Er aß und kleidete sich seltsam und machte einen ungehobelten, schroffen, beinahe fanatischen Eindruck. Trotzdem berichtet der jüdische Geschichtsschreiber Josephus, dass Tausende herbeiströmten, um ihn zu sehen und zu hören.

Was vielleicht an Johannes dem Täufer am meisten auffällt: Er war völlig frei von dem Bedürfnis, etwas darzustellen oder Eindruck zu machen. Er tat nichts, um Zustimmung zu gewinnen oder Missbilligung zu vermeiden. Die religiösen Führer aus Jerusalem waren die mächtigsten Persönlichkeiten unter den Juden des ersten Jahrhunderts. Dennoch predigte Johannes nicht, um ihre Aufmerksamkeit oder Anerkennung zu erlangen. Stattdessen sprach er sie persönlich an und rief sie zur Umkehr auf. Die Frage, ob sie beeindruckt waren, lag ihm völlig fern; genauso die Sorge, sie zu verprellen.

Die religiösen Führer waren gebildet. Johannes nicht.

Sie waren reich und angesehen. Johannes nicht.

Sie waren mächtig in den Augen der Welt. Johannes nicht.

Aber all dies kümmerte ihn nicht.

Wir neigen dazu, angesehenen Menschen Respekt zu erweisen. Ihnen gegenüber werden oft unsere Unsicherheiten offenbar. Aber Johannes redete den Mächtigen nicht nach dem Mund. Dass die religiösen Führer fünfmal am Tag beteten, große Teile der Heiligen Schrift auswendig konnten und zweimal in der Woche fasteten, hielt ihn nicht davon ab, sie als Schlangenbrut zu bezeichnen (siehe Lukas 3,7). Er hatte kein Problem damit, die Dinge beim Namen zu nennen – nämlich dass ihre Beziehung zu Gott oberflächlich war und sie mehr nach eigener Macht und Ehre als nach dem Reich Gottes strebten.

Ohne sich zu entschuldigen, rief Johannes sie zusammen mit dem Rest des Volkes Gottes zu einem Akt der Demut auf. Als sichtbares Zeichen der Umkehr sollten sie im Wasser des Jordans untertauchen. Dieses Ritualbad war eigentlich für die Bekehrung von Heiden zum Judentum reserviert, für unreine Außenseiter, die reingewaschen werden mussten!

Johannes war sich darüber im Klaren, wer er war (er wusste um sein wahres Selbst in Gott), und darüber, wer er nicht war (ein falsches Selbst). Unmissverständlich erklärte er seine Identität:

- Ich bin nicht der Messias.
- Ich bin nicht Elia. Ich bin nicht der Prophet.
- Ich bin eine Stimme, die in der Wüste ruft: Ebnet den Weg für den Herrn!
- Ich taufe mit Wasser. Aber mitten unter euch steht einer, den ihr nicht kennt. Es ist der, der nach mir kommt. Ich bin nicht einmal würdig, ihm die Riemen seiner Sandalen zu öffnen (siehe Johannes 1,20-27).

Damit besaß Johannes eine Autorität und Ausstrahlung, wie sie das Volk Israel seit Jahrhunderten nicht mehr erlebt hatte. Dennoch nahm die Anzahl seiner Anhänger stetig ab, am Ende rasant. Und in diesem Moment bekräftigte er seinen Nachfolgern: „Ein Mensch kann sich nicht das Geringste selber nehmen; es muss ihm vom Himmel her gegeben werden" (Johannes 3,27). Dies war Johannes' Verständnis von Erfolg.

In den meisten christlichen Leitungskreisen heute würde Johannes wohl kaum als erfolgreich angesehen werden. (Aber das ginge den Propheten Jeremia, Amos, Jesaja, Habakuk oder sogar Jesus auch nicht anders!) Und doch stellt die Bibel Johannes als Vorbild hin und macht deutlich, dass Gott seinen Dienst guthieß.

Wenn wir ein falsches Verständnis von Erfolg haben, stecken wir viel Energie in Dinge wie besonders attraktive Gottesdienste, Öffentlichkeitsarbeit und die Vorbereitung ausgefeilter Predigten. Für unsere eigene Beziehung zu Jesus und die individuelle geistliche Begleitung anderer bleibt wenig Raum, vor allem angesichts des geringen und zögerlichen Ertrags, den wir uns davon versprechen.

Mit der wenigen Zeit, die uns noch bleibt, tun wir das Nächstbeste: Wir rufen die Menschen nach Schema F – standardisiert und messbar – in die Nachfolge. Unser Ansatz ähnelt eher einem Fließband in einer Fabrik als der Art von beziehungsorientierter Nachfolge, die Jesus uns vorgelebt hat. Wir neigen dazu, die Menschen über einen Kamm zu scheren. Jesus hatte immer den Einzelnen im Blick.

Diese beiden Ansätze in Bezug auf die Nachfolge sind in der folgenden Grafik gegenübergestellt.

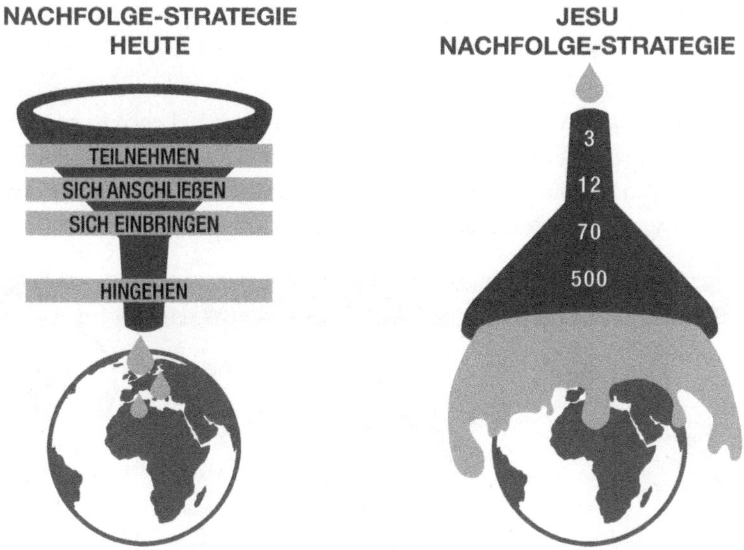

Jesus lehrte zwar große Gruppen, aber er wusste, dass sich nicht alle Menschen auf die gleiche Weise in die Nachfolge rufen lassen. Er wählte sich gerade einmal zwölf Jünger aus der Menge aus, die dann ganz persönlich und individuell in seine Schule gingen – und dies über einen bestimmten Zeitraum. Drei Jahre, um genau zu sein. Jesus wusste, dass in der Nachfolge nichts überstürzt werden kann.

Schaffen einer Gemeindekultur, die Leben tiefgreifend verändert

Kehren wir zu der Frage zurück, die wir am Anfang des Kapitels gestellt haben: *Welche fundamentalen Irrtümer verhindern echte, ernsthafte Nachfolge und halten Menschen davon ab, geistlich zu reifen?* Wir haben uns vier Irrtümer genauer angesehen:

- Irrtum 1: Wir nehmen emotionale Unreife hin.
- Irrtum 2: Wir stellen unser Tun für Gott über unser Sein vor Gott.

- Irrtum 3: Wir lassen das reiche Erbe der Kirchengeschichte außer Acht.
- Irrtum 4: Wir haben ein falsches Verständnis von Erfolg.

Es ist wichtig, diese Irrtümer zuerst in unserem eigenen Leben zu korrigieren, bevor wir andere ermutigen, dasselbe zu tun. So können wir gesunde Gemeinden auf biblischer Grundlage bauen, in denen Menschen tiefe Veränderung erfahren und echte Nachfolge leben.

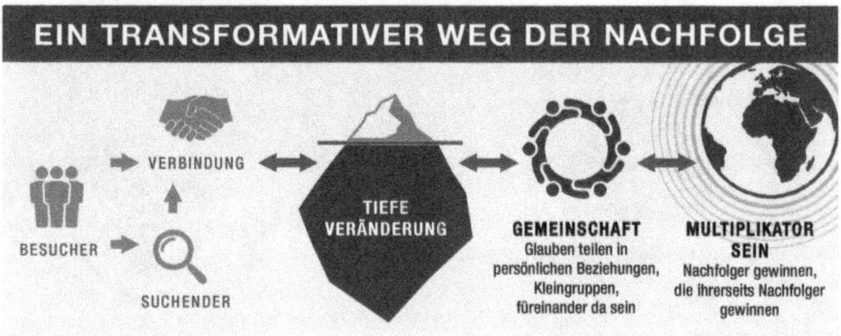

Beachten Sie die Entwicklung. Die meisten Menschen beginnen ihre Glaubensreise als Besucher einer Gemeinde oder Gemeinschaft. Für Suchende werden oft Glaubenskurse angeboten oder sie können im persönlichen Gespräch den Glauben an Jesus kennenlernen. Das langfristige Ziel ist es, Menschen zu helfen, in unseren Gemeinden tiefe Veränderung zu erfahren, damit sie zum letzten Kreis auf der rechten Seite gelangen können. Hier führen sie selbst andere Menschen zu Christus und bauen so an Gottes Reich in dieser Welt mit, wie Jesus es geboten hat (siehe Matthäus 28,18-20).

Tiefe Veränderung – darum geht es bei emotional gesunder Nachfolge. In Teil 2 werden wir uns sieben Kennzeichen lebensverändernder biblischer Nachfolge genauer ansehen.

- Erst sein, dann tun
- Dem gekreuzigten – nicht dem verwestlichten – Jesus folgen
- Grenzen als Gottes Geschenk annehmen
- Die Schätze entdecken, die in Trauer und Verlust verborgen sind

- Liebe zum Maßstab geistlicher Reife machen
- Die Macht der Vergangenheit brechen
- Aus Schwachheit und Verletzlichkeit heraus leben und leiten

Wohlgemerkt: Jedes dieser Kennzeichen ist eingebettet in den biblischen Kontext der Gemeinschaft. Dazu gehören persönliche Beziehungen, in denen Glauben gelebt und geteilt wird, der vertraute Rahmen einer Kleingruppe und das Füreinander-da-Sein.

Emotional gesunde Nachfolge – ein Fragebogen

Bevor wir die sieben Kennzeichen näher kennenlernen, lade ich Sie ein, in einem Selbsteinschätzungstest herauszufinden, wo Sie in Ihrem Glaubensleben stehen. Diese Bestandsaufnahme hat schon Zehntausenden von Menschen auf der ganzen Welt geholfen, ein realistisches Bild ihres gegenwärtigen emotionalen und geistlichen Zustands zu gewinnen, und sie motiviert, sich auf die Reise in eine emotional gesunde Nachfolge zu machen.

Was kommt Ihnen in den Sinn, wenn Sie an emotional gesunde Nachfolger denken? Wie würden Sie solche Menschen beschreiben? Ich werde in diesem Buch auf viele unterschiedliche Facetten eingehen. Dennoch ist das, was wir grundsätzlich unter emotional gesunden Christen verstehen, einfacher und gleichzeitig vielschichtiger, als Sie vielleicht erwarten:

Emotional gesunde Nachfolger haben ihr Leben entschleunigt, um *bei Jesus* zu sein, lassen sich *von Jesus* tief verändern und geben ihr Leben *für Jesus* als Geschenk an die Welt.

Es sind Menschen, die der Geschäftigkeit und Eile abgeschworen haben, um ihr ganzes Leben an einem neuen Mittelpunkt auszurichten – ihre persönliche Beziehung *zu Jesus* –, um Rhythmen zu entwickeln, Grenzen zu setzen und ihm zu folgen, wohin auch immer er sie führt. Gleichzeitig öffnen sie willentlich ihr Innerstes – ihre Geschichte, ihre Orientierungslosigkeit, ihre Bereiche der Zerbrochenheit und ihre Beziehungen –, um sich *von Jesus* grundlegend verändern zu lassen. Und sie sind sich zutiefst bewusst, dass alles, was sie haben und was sie sind, ein Geschenk ist. So ist es ihr brennender Wunsch, ihre Gaben einzusetzen, um *für Jesus* der Welt zum Segen zu werden.

Unter www.glaubensriesen.de → *Für Mitarbeiter* können Sie einen Fragebogen ausfüllen. Er soll Ihnen helfen, Ihre eigene geistliche und emotionale Reife einzuschätzen.

Teil 2

Die sieben Kennzeichen gesunder Nachfolge

Kapitel zwei Erst sein, dann tun

Zu viele Nachfolger Jesu sind chronisch überlastet und tun mehr für Jesus, als aus der Verbundenheit mit ihm möglich ist. Sie sind ständig unter Zeitdruck. Trotzdem sagen sie fast immer Ja, wenn sie jemand um etwas bittet, ohne wirklich nach Gottes Willen zu fragen. Überarbeitet und erschöpft zu sein, ist für sie „normal".

Der Gedanke, ihr Glaubensleben zu entschleunigen, sodass ihr *Tun für* Jesus aus ihrem *Sein vor* Jesus fließt, ist ihnen fremd. Aber wie sieht das im täglichen Leben aus? Was unterscheidet einen Christen, der in erster Linie etwas tun will, von einem, der das *Sein* in den Mittelpunkt stellt? Um dies deutlich zu machen, möchte ich Sie einladen, zwei Versionen eines Pastors namens Christopher an einem typischen Vormittag zu begleiten.

Christopher: Ein vom *Tun* bestimmter Leiter

Der Wecker klingelt um 6:30 Uhr. Christopher springt unter die Dusche und zieht sich schnell an, um noch ein paar Minuten stille Zeit unterzubringen, bevor er seine beiden Söhne, sieben und zehn Jahre alt, für die Schule wecken muss. Das gestrige Abendessen mit der Familie ist einem wichtigen Treffen zum Opfer gefallen und die anschließende Schulung für Hauskreisleiter hat eine ganze Stunde länger gedauert als veranschlagt. Als er nach Hause kam, waren alle schon im Bett.

Vermutlich hatte Sophia, seine Frau, am Abend ziemlich Stress: kochen, aufräumen, Hausaufgaben beaufsichtigen und die beiden Jungs ins Bett bringen sind schon anstrengend genug, wenn beide Eltern zu Hause sind.

Christopher plagt ein schlechtes Gewissen und er will wenigstens heute Morgen seine Vaterpflichten erfüllen. Vielleicht verzeiht ihm Sophia dann, dass er so spät heimgekommen ist.

Beim Frühstück aber herrscht dicke Luft. Sophia ist sauer und Christopher meidet den Augenkontakt. Die Spannungen zwischen ihnen sind mit Händen zu greifen. Aber die Jungs müssen ohnehin gleich in die Schule. Also nimmt Christopher sich vor, für seine Frau zu beten und sie mittags anzurufen.

Gut, dass Sophia an der Schule ihrer Söhne unterrichtet und sie mitnehmen kann. Als die drei aus dem Haus sind, packt Christopher schnell seinen Laptop und ein paar Unterlagen zusammen, um zur Teamsitzung um 9 Uhr nicht zu spät zu kommen.

Mit einem kurzen Gebet – „Herr, schenk, dass heute nicht so viel Verkehr ist" – verlässt er das Haus.

Im Auto kritzelt Christopher kurz noch ein paar Notizen auf die Rückseite eines Ordners. Während der zwanzig Minuten Fahrt kann er sich die Tagesordnung für die Sitzung noch einmal durch den Kopf gehen lassen, die er am Vorabend grob skizziert hat. Er legt den Ordner auf den Beifahrersitz, für den Fall, dass ihm noch ein Gedanke kommt.

Eigentlich ist Christopher gerne pünktlich, aber an diesem Morgen ist viel Verkehr. Er tritt kräftiger aufs Gas und nimmt es mit dem Tempolimit nicht mehr so genau – in der Hoffnung, nicht geblitzt zu werden.

Auf dem Parkplatz klingelt sein Handy. Die Gemeindesekretärin erinnert ihn daran, dass sein Bericht für den Kirchenvorstand bis 16 Uhr fertig sein muss.

„Kein Problem", versichert er ihr. Schließlich hat er etwas Zeit dafür eingeplant. Lange wird es sowieso nicht dauern. Denn er hat seine Gedanken ja bereits im Kopf und muss sie nur noch tippen.

Vor dem Aussteigen beantwortet er kurz eine SMS von einem ehrenamtlichen Mitarbeiter und wirft einen Blick in seine Social-Media-Accounts. Er reagiert gleich noch auf ein paar Kommentare zu seinem jüngsten Post, um niemanden zu verprellen.

Um 8:58 Uhr trifft Christopher leicht genervt im Sitzungsraum ein.

Dennoch begrüßt er sein Team mit einem herzlichen Lächeln und bittet eine Mitarbeiterin, mit einem Gebet zu beginnen. Dann werden die Punkte auf der Tagesordnung abgearbeitet.

Klingt doch wie ein ganz normaler Morgen, oder? Es geht aber auch anders.

Christopher: Ein vom *Sein* bestimmter Leiter

Der Wecker klingelt um 6:30 Uhr. Christopher duscht, zieht sich an und nimmt sich zwanzig Minuten Zeit für die Stille, bevor er seine Söhne, sieben und zehn Jahre alt, für die Schule weckt. Anstatt seinem Bibelleseplan zu folgen, der pro Tag vier Kapitel vorsieht, beginnt er mit fünf Minuten Schweigen vor Gott. Nachdem er am Vorabend spät nach Hause gekommen ist und einen vollen Tag mit mehreren Sitzungen vor sich hat, spürt er eine leichte Unruhe in seinem Körper. Er atmet tief ein und aus, bittet Gott, ihn mit seiner Liebe zu erfüllen, und überlässt seinen Willen dem Willen Gottes.

Dann nimmt er sich einige Minuten Zeit, um Psalm 130 zu lesen, und verweilt im Gebet bei verschiedenen Versen. Er legt Gott auch jede einzelne Sitzung hin und bittet ihn um seine Weisheit und Leitung.

Als ihm noch fünf Minuten verbleiben, schließt er die Augen und holt tief Luft. Irgendetwas beunruhigt ihn beim Gedanken an die Hauskreisleiterschulung, die am Abend mit einer Stunde Verspätung geendet hat. Er öffnet sein Tagebuch und notiert: „Hauskreisleiterschulung – ich war danach ausgelaugt und deprimiert. Keine Ahnung, warum. Mussten wir so lange überziehen?“ Als er von seinem Stuhl aufsteht, nimmt er sich vor, morgen wieder darüber zu schreiben. „Was könnte Gott mir dadurch sagen?“

Er wirft noch einmal einen Blick auf die Tagesordnung für seine Teamsitzung um 9 Uhr und nimmt zwei Änderungen vor – er wird mit einer Zeit der Stille beginnen (weil er sie selbst braucht) und um Rückmeldung zur gestrigen Schulung bitten. Er dankt Gott auch, dass er am nächsten Tag seinen ersten Termin erst mittags hat und dass sie als Familie am Freitag ihren Ruhetag haben.

Da Christopher und Sophia beide in Vollzeit arbeiten und zwei Söhne haben, erstellen sie immer sonntagabends einen Wochenplan, den sie bei Bedarf anpassen. Deshalb hat Christopher am Abend zuvor einen Termin verschoben, um zum Essen mit seiner Familie zu Hause sein zu können.

Dennoch spürt er leichte Spannungen beim Frühstück. Er nimmt seine eigene Unruhe wahr und kennt seinen Hang, vor Konflikten davonzulaufen. Ob Sophia sich wohl noch ärgert, weil er gestern Abend so spät nach Hause gekommen ist?

Christopher stellt Blickkontakt mit Sophia her. „Wie geht es dir?", fragt er. „Ist alles okay?"

„Nein, nicht so wirklich", antwortet sie. „Es wäre mir lieber gewesen, wenn du mir Bescheid gesagt hättest, als du gemerkt hast, dass es später wird. Es war echt schwierig für mich. Maria aus dem Hauskreis hat angerufen. Sie will nicht mehr kommen, hat aber nicht gesagt, warum … Das macht mir ganz schön zu schaffen."

Christopher spürt, wie sein Körper sich anspannt. Ein Teil von ihm würde sich am liebsten vor dem Gespräch drücken oder sich rechtfertigen, warum er nicht angerufen hat, aber er betet kurz: „Herr, hilf mir!"

Als Sophia sich abwendet, um das Geschirr wegzuräumen, geht Christopher auf sie zu und sagt: „Erzähl mir mehr, Sophia. Was ist passiert?"

Sie reden noch fünf Minuten darüber, warum Marias Anruf Sophia so aufgewühlt hat.

„Es war gedankenlos von mir, dir nicht Bescheid zu sagen. Verzeihst du mir?", fragt Christopher.

Sophia nickt und lächelt.

„Ich würde dir gerne länger zuhören, aber wir müssen beide in ein paar Minuten los. Können wir in Ruhe weiterreden, wenn du heute Nachmittag aus der Schule kommst, oder nach dem Abendessen?"

„Das wäre schön", antwortet sie. Sie einigen sich auf eine Zeit.

Christopher umarmt Sophia, bevor er seinen Laptop und ein paar Akten zusammensucht. Dann macht er sich auf den Weg zur Kirche. Er hat noch genügend Zeit, um auch bei dichtem Verkehr pünktlich zu sein. So braucht er sich nicht zu beeilen und betet auf dem Weg für Sophia. Seine Tagesordnung für die Sitzung steht.

Auf dem Parkplatz klingelt sein Handy. Die Gemeindesekretärin erinnert ihn daran, dass sein Bericht für den Kirchenvorstand bis 16 Uhr fertig sein muss.

„Kein Problem", sagt Christopher und verspricht ihr den Bericht bis Mittag. Er hat ihn bereits aufgesetzt und will ihn nach der Teambesprechung nur noch einmal durchlesen.

Auf dem Parkplatz überlegt er, ob er auf seinem Handy nach neuen Nachrichten schauen soll, entscheidet sich aber dagegen. Wenn er zu viele Dinge gleichzeitig tut, kann er nicht ganz für sein Team präsent sein und auf Gottes Willen hören.

Christopher betritt den Sitzungsraum um 8:58 Uhr und begrüßt alle einzeln. Er freut sich auf die Zeit der Stille zu Beginn mit dem Psalm aus seiner Morgenandacht und auf die Rückmeldungen der anderen zur gestrigen Schulung.

Christophers Tag verläuft in jeder Hinsicht anders, weil ihm das *Sein* wichtiger ist als das *Tun*.

Erst sein, dann tun – was bedeutet das?

Menschen, die das *Sein über das Tun* stellen, handeln aus einer emotionalen und geistlichen Fülle heraus. Sie sind sich ihrer selbst, anderer Menschen und Gottes tief bewusst. Ihr *Sein vor* Gott trägt ihr *Tun für* Gott.

Gesunde Nachfolger Jesu leben konsequent aus dieser Fülle, und das wirkt sich auf jeden Aspekt ihres Lebens aus. *Emotionale Fülle* zeigt sich vor allem an einem hohen Maß an Bewusstheit. Sie nehmen ihre Gefühle wahr und wissen um ihre Schwächen und Grenzen. Sie sind sich darüber im Klaren, wie ihre Vergangenheit ihr Heute beeinflusst und wie andere Menschen sie erleben. Sie können sich in die Gefühle und Sichtweisen anderer hineinversetzen. Und diese Reife zeigt sich in allem, was sie tun.

Geistliche Fülle zeigt sich in einem gesunden Gleichgewicht zwischen ihrem *Sein vor* Gott und ihrem *Tun für* Gott. Gesunde Nachfolger achten darauf, nicht über ihre geistlichen, körperlichen und emotionalen Reserven zu leben. Sie empfangen *von* Gott mehr, als sie *für* ihn tun, und freuen sich an dem Jesus, zu dem sie andere einladen. Regelmäßiges Innehalten im Tagesablauf hilft ihnen, mit den Anforderungen und dem Druck umzugehen, die jede verantwortliche Mitarbeit im Reich Gottes und erst recht jede Leitungsaufgabe mit sich bringen. Ihr Kelch ist voll, nicht leer, weil sie beständig von Gott die Liebe empfangen, die sie an andere weitergeben. Sie nehmen Erschöpfung wahr und passen ihren Zeitplan wenn nötig an.

Gesunde Nachfolger wissen, dass ihre Präsenz – vor Gott, vor sich selbst und vor anderen – das größte Geschenk ist, das sie anzubieten haben. Deshalb achten sie beständig darauf, nicht mehr zu *tun* als zu *sein*.

Zurück zu Maria und Martha

In Kapitel 1 haben wir uns anhand der Geschichte von Maria und Martha kurz mit der *Dynamik zwischen Tun und Sein* beschäftigt (siehe Lukas 10,38-42). Martha dient Jesus tatkräftig, aber der Druck und die Anforderungen ihrer Arbeit lenken sie von ihm ab. Sie ist zerstreut und unkonzentriert, reizbar und ängstlich. Ihre Gastfreundschaft ist zwar lobenswert, aber ihr Tun fließt nicht aus der Gemeinschaft mit Jesus. Ihr geistliches Leben ist unausgeglichen. Maria hingegen sitzt zu den Füßen Jesu und hört ihm zu. Sie stellt ihr *Sein vor* Jesus über ihr *Tun für* ihn. Beachten Sie den Kontrast in den beiden Diagrammen hier:

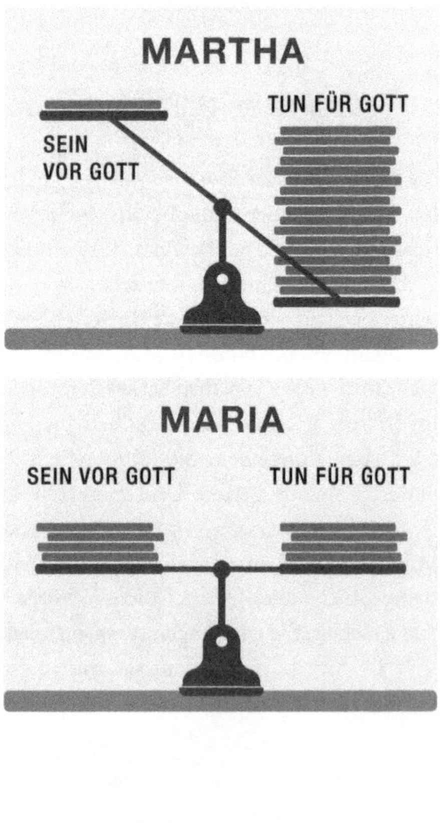

Jesus macht deutlich, dass Maria die bessere Wahl getroffen hat – zu seinen Füßen zu sitzen und ihm zuzuhören –, und das wird ihr nicht genommen werden (siehe Lukas 10,42).

Die Geschichte von Maria und Martha zeigt eine lebenswichtige Wahrheit: Das aktive Leben in der Welt für Gott kann nur dann wirklich strömen, wenn es aus einer tiefen Gemeinschaft mit Gott gespeist wird.

Wenn wir unser *Tun für* Gott und unser *Sein vor* ihm in Einklang bringen, werden wir zu einem Spiegel seiner Schönheit, Harmonie und Klarheit und erfahren in unserem geistlichen Leben Freude und Erfüllung. Schalten wir also einen Gang zurück und nehmen uns Zeit für Gott, dann wird auch unser Tun von einer tiefen, innigen Gemeinschaft mit Gott durchdrungen und das Leben Christi kann durch uns zu anderen fließen. Dies wird sich ganz selbstverständlich auch darin zeigen, wie wir Menschen für Christus gewinnen und gesunde Gemeinden bauen.

Jesus und die frühe Kirche: *Tun für* Gott aus einem tiefen *Sein vor* Gott heraus

Der Grundsatz *Erst sein, dann tun* hat seine Wurzeln bereits im Neuen Testament und in der Geschichte der frühen Christenheit. Hier ein paar Beispiele.

Jesus. Seine ersten fast dreißig Jahre lebte Jesus im Verborgenen, um seine Identität tief im Einssein mit dem Vater zu gründen. In der Zeit seines Wirkens zog er sich dann regelmäßig zurück, um mit dem Vater allein zu sein (siehe Lukas 5,15-16).

Als Jesus sich die Zwölf als engsten Kreis auswählte, folgte er dem gleichen Muster. In der Gemeinschaft mit ihm wurden sie für ihren späteren Dienst ausgerüstet: „Sie sollten *ständig bei ihm sein,* und er wollte sie aussenden, damit sie seine Botschaft verkündeten und in seiner Vollmacht die Dämonen austrieben" (Markus 3,14-15, Hervorhebung vom Verf.).

Die Zwölf. Nach Jesu Tod und Auferstehung setzen die Zwölf das Prinzip *Erst sein, dann tun* auch in der Leitung der Urgemeinde fort. Ihre Aufmerksamkeit dem Gebet und dem Dienst am Wort zu widmen, hatte Vorrang vor allem anderen (siehe Apostelgeschichte 6,2-4). Selbst als die Gemeinde ein gewaltiges Wachstum erlebte, blieben die Jünger trotz unaufhörlicher Anforderungen und Probleme, die ihr Dienst mit sich brachte, tief in Jesus gegründet.

Die frühe Kirche. In den ersten dreihundert Jahren der Kirchengeschichte entwickelten Gemeindeleiter ein sogenanntes „Katechumenat", ein anspruchsvolles Ausbildungsprogramm in der Nachfolge Jesu. Warum war dies nötig? Zu verschiedenen Zeiten und in verschiedenen Regionen waren Gläubige schweren Verfolgungen durch das Römische Reich ausgesetzt. Christen, die den Glauben verleugneten, anstatt den Märtyrertod zu sterben (sie wurden als „Abtrünnige" bezeichnet), stellten ein ernsthaftes Problem dar, wenn sie nach dem Abflauen der Verfolgung in die Gemeinschaft zurückkehren wollten. Die frühe Kirche erkannte, dass es nicht ausreichen würde, die Menschen einfach dazu zu bringen, sich christlich zu verhalten – den Gottesdienst zu besuchen, zu evangelisieren und an der Gemeinschaft teilzunehmen. Also zeigten sie den Gläubigen einen klaren Weg auf, wie sie in ihrem *Sein mit Jesus* wachsen und dann in ihrem Zeugnis und Leben *für ihn* standhaft bleiben konnten.

Theologen von der frühen Kirche bis ins Mittelalter. Vom zweiten bis zum siebten Jahrhundert waren die meisten der acht größten Pastoren und Leiter (die als Kirchenlehrer bezeichnet werden) – Athanasius, Gregor von Nazianz, Basilius der Große, Ambrosius, Hieronymus, Johannes Chrysostomus, Augustinus und Gregor der Große – zunächst Mönche, deren Leben ganz im Gebet und im *Sein vor* Gott verankert war.[1] Ihr Dienst floss aus dieser Fülle und ihren Erfahrungen mit Jesus heraus.

Menschen in unseren Gemeinden in die Nachfolge führen

Als ich zum Glauben an Jesus kam, wurde mir eine Menge beigebracht. Ich lernte zu beten, die Bibel zu lesen, das Evangelium weiterzusagen, meine geistlichen Gaben zu entdecken und einzusetzen, eine Kleingruppe zu leiten und vieles mehr. Mit wachsender Verantwortung als leitender Pastor wurde die Liste länger. Ich musste zum Beispiel lernen, Aufgaben zu delegieren, Visionen zu vermitteln und effektiv zu lehren. Eines jedoch blieb außen vor: Ich hatte nie gelernt, aus meinem Sein heraus zu leiten. Folglich betonten wir auch bei New Life das Tun so stark, dass wir es versäumten, Menschen zu lehren, mit Jesus – und mit sich selbst – zusammen zu sein.

Wir unterstrichen zwar die Aufforderung: „Folgt meinem Beispiel, so wie ich dem Beispiel folge, das Christus uns gegeben hat" (1. Korinther 11,1), aber damit meinten wir vor allem, bestimmte Dinge zu tun und treu zu bleiben. Jahrelang entwickelte ich Schulungen, um Menschen zu unterweisen, wie sie etwas für Jesus tun können. Wir gingen einfach davon aus, dass ihr Sein dabei schon nicht auf der Strecke bleiben würde.

Dies war ein traditionelles Modell von Nachfolge: vorhersehbar, berechenbar, messbar. Es ließ sich beinahe jedem vermitteln.

Emotional gesunde Nachfolge stellt jedoch das *Sein* über das *Tun,* um Menschen nicht nur an der Oberfläche zu erreichen. In der Grafik werden die Unterschiede zu traditioneller Nachfolge deutlich.

TRADITIONELLE NACHFOLGE	EMOTIONAL GESUNDE NACHFOLGE
1. Ich tue. Du siehst zu. Wir reden. 2. Ich tue. Du hilfst. Wir reden. 3. Du tust. Ich helfe. Wir reden. 4. Du tust. Ich sehe zu. Wir reden. 5. Du tust. Jemand anders sieht zu.	1. Ich bin. Du siehst zu. Wir reden. 2. Ich bin. Du bist. Wir reden. 3. Ich tue aus meinem Sein heraus. Du siehst zu. Wir reden. 4. Du tust aus deinem Sein heraus. Ich sehe zu. Wir reden. 5. Du bist. Jemand anders sieht zu.

In einer Leitungskultur, die das *Sein* über *das Tun* stellt, geben wir den Menschen mehr Zeit, in die Nachfolge Jesu hineinzuwachsen, und verschieben radikal die Prioritäten. Unsere Gespräche verlaufen anders und wir stellen andere Fragen. Wir werden nachdenklicher und prüfen uns selbst regelmäßig: „Will ich wirklich, dass die Menschen meine Art zu leben nachahmen? Wo rede ich von Dingen, die ich nicht lebe?"

Diese drei Aussagen fassen den Ansatz *Erst sein, dann tun* zusammen:

1. Wir können nichts geben, was wir nicht selbst besitzen.
2. Was wir tun, ist wichtig, aber wer wir sind, ist noch wichtiger.
3. Das, was wir sind, werden wir an andere weitergeben.

Dies zu predigen und zu lehren, ist leicht. Es zu leben aber ist eine Herausforderung.

Erst sein, dann tun – warum ist das heute so schwer?

Erst sein, dann tun – dieser Grundsatz ist heute noch genauso revolutionär wie zu der Zeit, als Jesus vor 2000 Jahren die Zwölf um sich versammelte, und er läuft auch unserer heutigen Kultur entgegen, möglicherweise aus anderen Gründen. Die größte Herausforderung liegt darin, dass wir uns dabei mit unserem falschen Selbst auseinandersetzen müssen. Dieses Selbst ist nicht grundsätzlich schlecht oder bewusst unaufrichtig. Das Problem ist, dass es sich auf Äußerlichkeiten gründet: Aussehen, Bildung, Begabungen, Erfolge … alles, was dazu dient, uns zu schützen und unser Selbstwertgefühl zu stärken. Werfen wir einen Blick darauf, wie das falsche Selbst in der Gemeindearbeit aussehen könnte.

Frank ist ein junger, begabter Prediger und Pastor. In seinem christlichen Elternhaus wurde er immer angespornt, seine Berufung zu leben. Das Motto seiner Familie war: „Das Bessere ist der Feind des Guten." Also setzte Frank alles daran, auf jedem Gebiet – von der Leichtathletik über die Wissenschaft bis hin zur Kirche – Herausragendes zu leisten.

Nachdem er sich in den hauptamtlichen Dienst berufen gefühlt und ein theologisches Seminar besucht hatte, gründete Frank eine Gemeinde, die schon bald wuchs und florierte. Drei Jahre nach der Gründung besuchte er bei Geri und mir den Kurs *Emotional gesunde Spiritualität*. Dabei ging Frank ein Licht auf. Er drückte es damals so aus:

Wenn ich einen Raum betrete, stelle ich mir unbewusst die Frage: Wie muss ich sein, damit ich mit diesen Leuten in Beziehung treten kann? Das klingt erst einmal selbstlos, aber das ist es wohl nicht. Denn dahinter steckt der Versuch, die Bedürfnisse und Erwartungen anderer zu erfüllen. Wenn ich einfach ich selbst bin, reicht es womöglich nicht aus, um eine Verbindung oder Freundschaft aufzubauen.

Ich habe furchtbare Angst vor Zurückweisung. Deshalb gehe ich lieber auf Nummer sicher, anstatt Ablehnung zu riskieren. Ohne mir dessen bewusst zu sein, passe ich sofort mein Verhalten und meine Worte an, um den Bedürfnissen der Anwesenden so gut wie möglich zu entsprechen.

Ich trage also im Grunde den ganzen Tag irgendwelche Masken. Zwar nicht aus Böswilligkeit, aber das macht es nicht besser. Wenn ich bewusst innehalte und Zeit alleine mit Gott verbringe, dann antwortet er auf meine unbewusste Frage; „Wer muss ich sein, damit wir in Beziehung treten können?" mit einer Gegenfrage: „Wo bist du, mein Sohn?"

Ich habe keine Ahnung, was ich darauf sagen soll, weil ich nicht weiß, wo ich bin oder wer ich bin oder wie ich bin – außer müde. Denn ich habe (in meinem Tun) schon so lange Masken für andere getragen, dass ich vergessen habe, wie mein wahres Gesicht (mein Sein) eigentlich aussieht.

So schmerzhaft Franks Selbstkonfrontation war, sie brachte ihn auf den Weg zur Wahrheit. Denn er begann, seine Gefühle wahrzunehmen – insbesondere die schwierigeren wie Wut, Traurigkeit und Angst –, und merkte, wie er dazu neigte, anderen eine Fassade zu zeigen, die nicht seinem innersten Wesen entsprach. Genau das verstehen wir unter einem falschen Selbst. Die Auswirkungen dieser Erkenntnis waren umwälzend, auf Frank selbst, auf seine Ehe und auf seine Arbeit als leitender Pastor.

Die Schrift fordert uns auf, das „alte Selbst" oder falsche Selbst abzulegen, um authentisch in unserem „neuen Selbst" oder wahren Selbst zu leben (siehe Epheser 4,22.24). Aber woher sollen wir eigentlich wissen, ob wir aus einem falschen Selbst heraus leben? Manchmal haben wir unser falsches Selbst so verinnerlicht, dass wir es nicht einmal mehr bemerken. Die äußeren Anzeichen des falschen Selbst sind zwar relativ leicht zu erkennen – Selbstschutz, Besitzdenken, Manipulation, Selbstdarstellung und das Bedürfnis, uns vor anderen zu profilieren. Doch wenn wir diesem falschen Selbst einen religiösen Anstrich geben, wird es umso schwieriger, es zu zerschlagen.[2]

Wie also können wir unser falsches Selbst entlarven? Ein kleiner Test, den Sie online unter www.glaubensriesen.de → *Für Mitarbeiter* finden, kann ein Anfang sein.

Das wahre Selbst ist das genaue Gegenteil des falschen Selbst. David Benner, ein christlicher Autor und Psychologe, beschreibt es als „Ihr ganzes Selbst, wie Sie von Gott geschaffen wurden … das einzigartige Gesicht Gottes, das von Ewigkeit her für Sie vorgesehen ist“[3]. Gott lädt uns ein, unser falsches Selbst Schicht für Schicht abzutragen, damit die „Saat des wahren Selbst“, die er in uns gelegt hat, zum Vorschein kommen kann. Dies mag uns unmöglich erscheinen. Doch bedenken wir, dass der Gott des Universums in uns Wohnung genommen (siehe Johannes 14,23) und uns genau die Herrlichkeit gegeben hat, die er auch Jesus gegeben hat (siehe Johannes 17,21-23). Wenn wir uns dem Heiligen Geist öffnen, werden wir erleben, dass Gott in uns tut, was wir selbst nicht vermögen.

Aber wie können wir uns von der Angst befreien, unserem falschen Selbst ins Auge zu sehen? Wie bringen wir das *Sein vor Jesus* und das *Tun für ihn* so zusammen, dass wir in unserem geistlichen Leben Fülle, Zuversicht und Frieden erfahren anstatt Leere, Mutlosigkeit und Sorge?

Vielleicht liegt Ihnen jetzt die Frage auf der Zunge: „Pete, soll ich etwa den ganzen Tag herumsitzen und beten? Soll ich vielleicht kündigen und meine Verantwortung in der Gemeinde einfach hinwerfen?“

Eine gute Frage.

Vier Schritte, das *Sein vor* Gott über das *Tun für* Gott zu stellen

Der Lebensstil, vor Gott zu sein, bevor man etwas für ihn tut, ist so alt wie die Heilige Schrift selbst. In 2000 Jahren Kirchengeschichte ist viel darüber geschrieben worden. Vor diesem Hintergrund sind die sechsundzwanzig Jahre, die ich mich schon intensiv damit beschäftige und es praktiziere, ein kleiner Zeitraum. Trotzdem habe ich in dem unerschöpflichen Fundus ein paar kleine Edelsteine entdeckt. Vier davon haben mir ganz wesentlich geholfen, diese neue Lebensweise zu verstehen und mir zu eigen zu machen. Um *vor Gott zu sein,* bevor wir etwas *für Gott tun,* müssen wir: eine Grundsatzentscheidung treffen, unsere Gefühle spüren, der Stille Raum geben und mit Jesus im Gespräch bleiben.

Ich bete, dass jeder dieser Edelsteine Sie motivieren und ermutigen möge, sich auf den Weg zu machen und Ihr Leben neu auszurichten. Widerstehen Sie Tag für Tag dem enormen Druck, unaufhörlich etwas zu tun, anstatt Mensch zu sein.

1. Eine Grundsatzentscheidung treffen

> **Vier Schritte, das *Sein vor* Gott über das *Tun für* Gott zu stellen**
>
> 1. **Eine Grundsatzentscheidung treffen**
> 2. Gefühle spüren
> 3. Der Stille Raum geben
> 4. Im Gespräch mit Jesus bleiben

Kurz nachdem ich zum ersten Mal von dem Grundsatz *Erst sein, dann tun* gehört hatte, las ich etwas über die Wüstenväter aus dem dritten bis fünften Jahrhundert. Sofort erkannte ich, dass sie damals schon den gleichen Herausforderungen gegenüberstanden wie wir heute – in ihrem persönlichen Leben genauso wie in ihrem Dienst für Gott. Auch damals war die Kirche kraftlos geworden und hatte sich an die vorherrschende Kultur angepasst.

Die Reaktion der Wüstenväter war radikal und außergewöhnlich: Sie flohen in die Wüste Ägyptens, um *vor Gott zu sein.* Als ein Zwanzigjähriger namens Antonius im Jahr 270 n. Chr. beschloss, in die Wüste zu gehen, um alleine mit Gott zu leben, löste er damit eine ganze Bewegung aus. Viele christliche Männer und Frauen folgten seinem Beispiel. Sie verließen ihre Städte und Dörfer am Nildelta, um ein heiliges Leben zu führen, fernab der weltlichen Kultur, die auch weite Teile der Kirche durchdrungen hatte.

Sie nahmen sich Mose, Elia und Johannes den Täufer zum Vorbild, Glaubensväter, die auch viel Zeit allein mit Gott in der Wüste verbracht hatten. Im Laufe der Zeit bildeten sie Gemeinschaften und gingen als Wüstenväter und -mütter in die Geschichte ein.[4]

Vom einfachen Volk bis hin zu Kaisern strömten die Menschen damals in die Wüste, weil sie sich von den Wüstenvätern und -müttern Führung und Weisheit erhofften. Denn mit ihrem tiefen Wissen über Gott und das menschliche Herz waren diese gewissermaßen die Psychologen und geistlichen Leiter ihrer Zeit. Schließlich wurden ihre Einsichten aufgeschrieben. Wir kennen sie noch heute als die „Weisheiten der Wüstenväter und -mütter".

Wenn ich raten dürfte, was Sie gerade denken, dann würde ich etwa darauf tippen: „Pete, ich sehe den Zusammenhang nicht. Sollen wir jetzt alle buchstäblich in die Wüste ziehen?" Natürlich nicht. *Aber die Entscheidung, die wir treffen müssen, hat eine ähnliche Tragweite. Sie erfordert nämlich einen glatten, radikalen Bruch mit unseren gewohnten Routinen und Rhythmen.*

Die Grundsatzentscheidung besteht darin, uns aus unserer Abhängigkeit zu befreien – nicht von Drogen oder Alkohol, sondern von Aufgaben und *Tun*. Wir müssen unserem Überengagement und unserer Hetze entfliehen und lernen, das *Sein über das Tun* zu stellen. Diese Entscheidung erfordert eine tiefe innere Entschlossenheit: „Ich *will* mich auf diesen Weg machen, egal, was es kostet. Ich *kann* gar nicht anders."

Täuschen Sie sich nicht: Diese Entscheidung ist wirklich radikal!

Schon früh am Morgen hatte Christopher den festen Entschluss gefasst, das *Sein über das Tun* zu stellen. Als der vom *Tun* bestimmte Leiter in unserem ersten Szenario ging Christopher unbedacht und gehetzt in seinen Tag. Er war ständig unter Zeitdruck. Dies zeigte sich an allen Ecken und Enden – an seiner starren Form der Morgenandacht, an seinem Hang, Konflikte zu vermeiden, und der mangelnden Vorbereitung seiner Teamsitzung.

Der Christopher, der vom *Sein* bestimmt ist, hat mit seinem Pendant, der das *Tun voranstellt,* kaum etwas gemein. Er ist maßvoll, bedächtig, präsent und in Verbindung zu sich selbst, zu Gott und zu anderen. Sein Innenleben spiegelt den ganzen Tag über den Frieden Gottes wider. Da er aus der Mitte heraus lebt, sieht er klar, wo seine Grenzen liegen, und erkennt im Tagesverlauf Gottes Prioritäten für sich.

2. Gefühle spüren

In meiner Kindheit wurde mir beigebracht, Gefühle – insbesondere Wut, Traurigkeit und Angst – zu unterdrücken.

In meinem geistlichen Leben lag mein Augenmerk immer auf Gemeindewachstum. Ich wollte nach draußen gehen, Menschen für Christus gewinnen, sie in die verantwortliche Mitarbeit führen und selbst lernen, ein besserer Leiter zu werden. Aber ich erkannte nicht, dass es in meiner Beziehung zu Christus ganz wesentlich ist, vor Gott auf meine Gefühle zu hören. Als christlicher Leiter war ich mehr darauf geeicht, zu organisieren, Probleme zu lösen und Dinge zu *tun,* als diese schwierige Reise nach innen anzutreten.

Also tat ich es nicht.

Ich schaute selten auf das Chaos in meinem Inneren, auf meine Gedanken und Gefühle. Allein schon die Vorstellung, diesen Weg der Selbstbesinnung oder Selbstbeobachtung zu beschreiten, war beängstigend. Ich fürchtete eine Art inneren Dammbruch, bei dem ich selbst mitsamt meiner Arbeit für Gott untergehen würde. Was hätte ich denn davon, meine schlimmsten Gedanken, Begierden und inneren Wutausbrüche zu betrachten? Ich glaubte aufrichtig, dass es gottgefälliger sei, sie zu unterdrücken und meinen Sinn auf das zu richten, was im Himmel ist (siehe Kolosser 3,2).

Mein geistliches Leben war zu sehr auf den Himmel ausgerichtet.

Im Gegensatz dazu waren die Wüstenväter und -mütter, unter anderem Arsenius, im Grunde sehr geerdet.[5] Sie verlangten eine Auseinandersetzung mit unseren inneren Kämpfen und Schatten – mit den ungezähmten Emotionen, den nicht ganz reinen Motiven und Gedanken, die unser Verhalten prägen.[6] Denn sie hatten eines verstanden: Nur Christen, die den Mut haben, sich der ungeschminkten Wahrheit über sich selbst zu stellen, anstatt vor ihr wegzulaufen, können zu reifen Nachfolgern werden.

Evagrius von Pontus, ein anderer Wüstenvater, brachte es auf den Punkt: „Willst du Gott erkennen, lerne vorher dich selber kennen.“ *Mit anderen Worten: Der Weg zu Gott führt unweigerlich über die Selbsterkenntnis.*

Es ist schon erstaunlich: In der ganzen Heiligen Schrift begegnen wir Menschen, die keine Hemmungen haben, ihre Gefühle frei auszudrücken – wir lesen von Moses Ängsten in der Wüste, Hiobs Hadern mit Gott, Davids ungeschminkten Emotionen in den Psalmen und Jeremias Depressionen –, aber irgendwie kommen wir nicht auf den Gedanken, dass dies auch für uns gelten könnte.

Sobald ich anfange, darüber nachzudenken, was ich tue, wie ich mich fühle und wie es sich auf andere auswirkt, stelle ich mir die schwierigen „Warum"-Fragen. Zum Beispiel:

- *Warum bin ich immer so gehetzt?*
- *Warum bin ich so ungeduldig?*
- *Warum bin ich nur so unruhig?*
- *Warum bin ich so wütend, und warum meinte ich, mich verteidigen zu müssen, als Lisa mir sagte, dass sie darüber nachdenkt, aus der Gemeinde auszutreten?*
- *Warum gehe ich Konflikten aus dem Weg?*

Als ich anfing, mir meine Emotionen zu gestatten, waren sie so unterentwickelt, dass ich über zwei Jahre lang eine Art „Gefühlstraining" absolvierte. In meiner stillen Zeit schrieb ich jeden Morgen in mein Tagebuch, was ich am Tag zuvor gefühlt hatte. Und ich war schonungslos ehrlich. *Warum habe ich mich gestern in diesem Gespräch so unwohl gefühlt? Warum war ich so wütend, dass Martin nie nach meiner Sicht gefragt, sondern einfach über meine Meinung geurteilt hat?*

Schon bald entdeckte ich eine wichtige Wahrheit: Wenn wir keine Verbindung zu dem haben, was in uns vorgeht, leben wir nicht in der Wirklichkeit, sondern in der Illusion oder Verleugnung. Und wenn wir nicht in der Wirklichkeit leben, sind wir geistlich nicht präsent. Denn das authentische geistliche Leben ist keine Flucht vor der Wirklichkeit, sondern im Gegenteil eine vollkommene Hingabe an sie.

Dieses Vernachlässigen unseres Innenlebens lässt uns leider vieles verpassen, was Gott uns schenken möchte. Denn wir sind gar nicht offen dafür, dass er durch Gefühle wie Traurigkeit, Depression, Wut, einen unglücklichen Ehepartner oder durch Situationen, denen wir uns hilflos ausgeliefert fühlen, zu uns sprechen könnte. In unserem Denken redet Gott durch die Bibel, durch Gebet, Predigten, ein prophetisches Wort und manchmal auch durch Umstände – aber doch bestimmt nicht durch unsere Gefühle!

Innezuhalten und unsere Gefühle wahrzunehmen, ist aber ganz wesentlich in einem Lebensstil, der das *Sein über das Tun* stellt. Dazu müssen wir überlegen, welche Praktiken (wie z. B. Tagebuchschreiben) uns helfen könnten, unsere Gefühle lebendig werden zu lassen, und dann diese Gefühle einbeziehen, wenn wir nach Gottes Willen fragen.

3. Der Stille Raum geben

Vier Schritte, das *Sein vor* Gott über das *Tun für* Gott zu stellen

1. Eine Grundsatzentscheidung treffen
2. Gefühle spüren
3. **Der Stille Raum geben**
4. Im Gespräch mit Jesus bleiben

Wenn wir aus unserem *Sein vor* Gott etwas *für* Gott *tun* wollen, müssen wir uns in Stille üben. Nur Stille und Schweigen können unsere Beziehung zu ihm nähren. Ohne bewusste Stille vor dem Herrn ist es nahezu unmöglich, geistlich erwachsen zu werden und damit zu einem *Tun für* Gott zu gelangen, das von einem *Sein vor* Gott getragen ist. Denn wir sind viel zu stark abgelenkt. Wir haben den Kopf voller Pläne und lassen uns so sehr von Sorge gefangen nehmen, dass in unserem Inneren wenig Raum bleibt, den Gott füllen könnte.

Ich kann es gar nicht genug betonen: *Wenn wir Stille und Schweigen in unserem Leben Raum geben, werden wir Veränderung erleben: in unserem persönlichen Glaubensleben genauso wie in unserer Art, anderen zu dienen.* Ich möchte Ihnen ein paar Gründe nennen:

In der Stille lassen wir los und unterstellen unseren Willen dem Willen Gottes. Im Kern lädt uns Gott dazu ein, das Steuerrad unseres Lebens aus der Hand zu geben – uns immer wieder von der Illusion zu befreien, das Zentrum des Universums zu sein. Im Gebet geben wir unseren Wunsch nach Kontrolle, Anerkennung und Sicherheit auf.

Als ich anfing, Stille zu praktizieren, merkte ich, dass hinter den meisten meiner Bitten die Angst vor Kontrollverlust stand. Ich war so damit beschäftigt, Gott aufzuzählen, was er für mich tun sollte, dass die Freude an der Gemeinschaft mit ihm oft verloren ging.

Ein Pastor fragte mich kürzlich: „Pete, als Leiter haben wir doch eine Verantwortung, für die Menschen, die uns anvertraut sind, zu beten. Es scheint mir, dass dafür zu wenig Raum bleibt, wenn wir den Schwerpunkt auf Stille und Schweigen legen."

Ich antwortete: „Schweigen wird unsere Fürbitte tatsächlich verändern! Denn viele Gebete für die Menschen um uns herum entspringen unserem eigenen Willen. In der Stille lassen wir unsere eigennützigen Gedanken los und halten nicht mehr krampfhaft an unseren Vorstellungen fest. Wir beten mit einer ganz anderen Haltung. Anstatt Gott mit unseren Wünschen zu bestürmen, vertrauen wir uns seinem Willen an."

Kaum etwas fällt uns im Leben schwerer, als uns in den Willen Gottes zu fügen. Und gleichzeitig ist es das Wunderbarste, was wir tun können. In meiner eigenen Praxis der Stille stelle ich mir die Liebe Gottes manchmal als Fluss vor, in dem ich schwimme. Anstatt ständig zu versuchen, gegen den Strom zu schwimmen, sage ich Ja zu dieser Liebe und lasse mich dorthin tragen, wo Gott will.

In der Stille lassen wir unsere Pläne und Vorstellungen los, sodass die Gemeinschaft mit Gott zum Herzstück unseres Lebens werden kann. Ziel unseres Gebets ist nicht, etwas von Gott zu bekommen, zum Beispiel ein Wort der Ermutigung oder Führung, sondern einfach *vor ihm zu sein.* In Gottes Gegenwart still zu sein, das *ist* Gebet.

Die Stille lässt uns innehalten, um Gottes Liebe ohne Ablenkung zu empfangen. Wir erkennen, dass unser bloßes Dasein allein schon ein Ausdruck seiner Großzügigkeit und Liebe ist, die uns zufließt. Jetzt haben wir Raum, diese Liebe zu empfangen und unser ganzes Sein von ihr durchdringen zu lassen, Schicht für Schicht.

In der Stille lassen wir los, sodass Gott uns in der Tiefe unseres Wesens verwandeln kann. Thomas Keating vergleicht Gottes Werk in uns mit der Arbeit von Archäologen, die den Boden Schicht für Schicht ausgraben, um verborgene Strukturen und Schätze freizulegen. Der Heilige Geist ist wie ein göttlicher Archäologe, der sich durch die Schichten unseres Lebens gräbt.

Er durchdringt unsere ganze Lebensgeschichte auf der Suche nach dem

Grundstein unseres frühesten Gefühlslebens. Dabei trennt er das Wesentliche vom Unwesentlichen, den Müll von den Schätzen. Keating beschreibt diese Erfahrung so:

> *Wenn wir uns also dem Zentrum nähern, wo Gott schon auf uns wartet, kann das natürlich zunächst einmal unangenehm werden. Dies warnt uns, dass die geistliche Reise weder eine Erfolgsgeschichte noch ein Karrieresprung ist. Für das falsche Selbst besteht sie vielmehr aus einer Reihe von Demütigungen.*[7]

Jede wahre geistliche Reise konfrontiert uns früher oder später mit den härtesten Wahrheiten unseres Lebens, mit den Ungeheuern in uns, unseren Schatten und Schutzmauern, unserer Willkür und unseren inneren Dämonen. Wenn wir Gott aus diesen Dimensionen unseres Selbst aussperren – die uns manchmal nicht einmal bewusst sind –, dann projizieren wir sie unweigerlich nach außen auf andere Menschen.

In der Stille lassen wir los und öffnen uns für Gottes Stimme. Stellen Sie sich vor, Sie haben eine Beziehung zu einem Menschen, der unaufhörlich auf Sie einredet. Worte. Worte. Worte. Bitten. Bitten. Bitten. Ist diese Beziehung nicht äußerst einseitig? Wenn wir in unserem Gebetsleben bewusst der Stille Raum geben, treten wir in eine wechselseitige Beziehung ein, in der wir mit Gott Gemeinschaft haben, uns von ihm halten lassen und auf ihn hören können. Vor Gott zu schweigen – sei es täglich zwei Minuten, fünf Minuten, zwanzig Minuten oder mehr –, wird unsere Beziehung zu Gott in Christus grundlegend verändern.

Es ist zwar nicht das Ziel der stillen Zeit, eine Botschaft von Gott zu empfangen. Dennoch erlebe ich es oft, dass Gott mich zu besseren Entscheidungen anstößt, mich einlädt, Ängste loszulassen, oder mit mir über einen blinden Fleck in einem bestimmten Bereich meines Lebens spricht. Ich staune immer wieder, wie viel Gott mir sagen will, wenn ich den Lärm um mich herum, aber auch den Lärm in meinem Inneren ausblende.

4. Im Gespräch mit Jesus bleiben

Vier Schritte, das *Sein vor* Gott über das *Tun für* Gott zu stellen

1. Eine Grundsatzentscheidung treffen
2. Gefühle spüren
3. Der Stille Raum geben
4. **Im Gespräch mit Jesus bleiben**

Ein zentrales Thema des klösterlichen Lebens ist, allein in seine Zelle (eine einfache Hütte oder ein Zimmer) zu gehen, in die Stille vor Gott zu kommen und in seiner Gegenwart zu verweilen. Die Zelle ist ein geschützter Raum für die Begegnung mit ihm. Der Sinn dieses Alleinseins mit Gott ist nicht nur, diese begrenzte Zeit dem Gebet zu widmen, sondern ein Mensch zu werden, der zu jeder Zeit betet. Wer beständig betet, für den ist Gottes Gegenwart zu jeder Zeit natürlich und vertraut – bei der Arbeit, beim Spielen, beim Kochen, beim Leiten einer Versammlung, beim Autofahren, beim Besuch bei Freunden, aber auch im Gottesdienst, beim Beten und Bibellesen. Mit anderen Worten, es geht darum, sich ständig Gottes Gegenwart bewusst zu sein, an ihn zu denken und in ihm zu verweilen, und zwar in jeder wachen Stunde.

Erst bei Einkehrzeiten mit Mönchen habe ich verstanden, wie die Aufforderung „Hört niemals auf zu beten" (1. Thessalonicher 5,17 Hfa) gemeint ist.

Mein Gebetsleben und meine Tätigkeit als leitender Pastor waren bis dahin in heilige und weltliche Bereiche aufgeteilt. Ich hatte zwar Zeit für Andachten, Bibelstudium und Gebet reserviert, den längsten Teil des Tages aber verbrachte ich, ohne an Gott zu denken oder das Gespräch mit ihm zu suchen. Dies änderte sich grundlegend, als ich das eigentliche Ziel des christlichen Lebens erkannte – den ganzen Tag, in allem, was ich tue, in Jesus zu bleiben und Gemeinschaft mit ihm zu haben.

Das große Problem war jedoch, dass mein *Tun für* Jesus oft nicht mehr mit meinem *Sein vor* oder meinem Bleiben in Jesus im Einklang stand. Ein kleiner Auslöser oder ein schwieriges Gespräch konnte mich schon aus der Bahn bringen. Also habe ich zehn Anzeichen identifiziert, an denen ich erkennen kann, wenn ich meine Mitte bei ihm aus den Augen verloren habe. Wenn möglich halte ich dann inne, atme ein paarmal tief durch und ziehe mich für eine Weile in die Stille zurück, um wieder auf den richtigen Weg zu kommen.

Ich hoffe, dass einige dieser Anzeichen hilfreich für Sie sind, möchte Sie aber auch ermutigen, je nach Ihrer Lebenssituation und Ihren wunden Punkten weitere zu finden.

Ich weiß, dass mein Tun nicht mehr mit meinem Sein in Einklang steht, wenn …

____ ich den unaufhörlichen Zeitdruck nicht abschütteln kann.
____ ich Stress, Sorge und körperliche Anspannung nicht beachte.[8]
____ ich mir Sorgen mache, was andere von mir denken.
____ ich mich von Zukunftsangst bestimmen lasse.
____ ich es immer eilig habe.
____ ich oft abweisend und leicht gekränkt bin.
____ ich zerstreut und abgelenkt bin.
____ ich oft vorschnell urteile.
____ ich mich nicht mit anderen über deren Erfolge freuen kann und mich manchmal sogar dadurch bedroht fühle.
____ ich mehr rede als zuhöre.

Nun haben wir uns also mit vier Schritten beschäftigt, um *vor Gott zu sein,* bevor wir etwas *für Gott tun:* eine Grundsatzentscheidung treffen, Gefühle spüren, der Stille Raum geben und im Gespräch mit Jesus bleiben. Und doch haben wir kaum an der Oberfläche gekratzt!

Wenn Sie darüber nachdenken möchten, was es für Sie bedeuten könnte, *Ihr Sein über Ihr Tun* zu stellen, lade ich Sie ein, mit einem oder zweien dieser Punkte zu beginnen. Diese Schritte werden Ihnen auf Ihrer Reise eine Hilfe sein. Aber vor allem: Bleiben Sie in Jesus, hören Sie auf ihn und lassen Sie sich bei dieser schwierigen, aber wichtigen Veränderung Ihres geistlichen Lebens von ihm führen.

Einen Schutzraum schaffen, um das *Sein über das Tun* zu stellen

Es erfordert Kreativität und Ausdauer, aber auch den Mut zum Ausprobieren, um vom bloßen Praktizieren geistlicher Übungen tatsächlich zum *Sein vor* Gott zu gelangen, aus dem all unser *Tun für* ihn fließen kann. Jeder, der es versucht hat, merkt schnell, dass es ernsthaftes Nachdenken und Vorausplanung erfordert.

Um diese erfüllende neue Lebensweise einüben zu können, müssen wir einen Schutzraum schaffen – unsere Grenzen. Ich möchte Ihnen dazu ein paar Richtlinien an die Hand geben.

Formulieren Sie eine neue Zielsetzung für Ihr Leben. In den ersten zehn Jahren meiner Reise räumte ich zunächst dem *Sein vor* Gott in meinem eigenen Leben oberste Priorität ein. Ich setzte mir zum Ziel, *in meiner Nachfolge zu wachsen und zu reifen und andere aus einer tiefen Verbundenheit mit Jesus zu führen.* Meine wichtigste Aufgabe also bestand darin, zu *sein.* Allmählich vermittelte ich diesen Lebensstil auch anderen Mitarbeitern. Wir schufen eine Gemeindekultur, in der in Seelsorge und geistlicher Begleitung regelmäßig gefragt wird: „Wie geht es dir mit deinem *Tun* und deinem *Sein?* Hast du einen guten Rhythmus für dich gefunden?"

Feiern Sie den Ruhetag. Wir halten jede Woche vierundzwanzig Stunden inne und ruhen, weil Gott auf dem Thron sitzt und uns versichert, dass die Welt nicht zusammenbricht, wenn wir unsere Arbeit niederlegen. Gott kümmert sich um das Universum, und dies ganz ohne unser Zutun.

Wenn wir schlafen, ist er am Werk. Jesus selbst möchte unsere Ruhe sein und wir gehen auf einen ewigen Sabbat zu, an dem wir ihn von Angesicht zu Angesicht sehen. Dennoch ist das Feiern des Sabbats hier auf der Erde eine zentrale geistliche Praxis, die uns hilft, in Christus zu reifen. Der Sabbat rettet uns zwar nicht – genauso wenig wie andere geistliche Praktiken wie Bibellesen, Gebet, Gemeinschaft oder Gottesdienst. Aber wenn wir diese Kernpraktiken vernachlässigen, können wir kaum geistlich wachsen. Der Sabbat ist eine von Gottes guten Gaben an uns, mit denen er uns seine Liebe erweisen möchte.[9]

Entdecken Sie den alten Schatz des Stundengebets. Das Stundengebet (oder Tagzeitengebet) hat in der Bibel eine lange Tradition. Wir finden es schon bei David, der sieben feste Gebetszeiten am Tag pflegte (siehe Psalm 119,164); bei Daniel, der dreimal am Tag betete (Daniel 6,10); und bei frommen Juden zur Zeit Jesu, die ebenfalls dreimal am Tag beteten. Das Stundengebet gibt unserem Tag einen Rhythmus. Wenn wir unsere Arbeit zu bestimmten Zeiten unterbrechen, hilft uns das, den ganzen Tag über vor Gott präsent zu sein.

Seit ich vor fast zwanzig Jahren begann, drei- bis viermal am Tag zum Gebet innezuhalten, hat sich mein geistliches Leben tief verändert. Es ist wie ein Anker und macht mir die Gegenwart Jesu in all meinem Tun so bewusst wie kaum etwas anderes.[10]

Eine Lebensregel entwerfen. Einfach ausgedrückt, ist eine Lebensregel ein bewusst gefasster Plan, Gott in den Mittelpunkt all unseres Tuns zu stellen. Dazu gehört unsere ganz eigene Auswahl an geistlichen Übungen, die uns Struktur und Richtung verleihen, damit wir in allem, was wir tun, auf Gott hören und uns an ihn erinnern. Eine Lebensregel ist ein mächtiges Werkzeug, das auf die Wüstenväter und -mütter im dritten bis fünften Jahrhundert zurückgeht. Sie kann uns helfen, unser Leben so zu gestalten, dass die Liebe Jesu über allen anderen Dingen steht.[11]

Lernen Sie von vertrauenswürdigen Weggefährten, die Ihnen Vorbild sind. Neben dem Engagement in einer christlichen Gemeinschaft brauchen wir auf jeder Etappe unserer Reise reife Begleiter. Dies kann ein Hauskreis, ein Seelsorger, geistlicher Begleiter oder Mentor sein. Manchmal werden wir auch die Hilfe professioneller Berater oder Therapeuten in Anspruch nehmen müssen, um Umbrüche zu bewältigen. Diese Menschen können uns neue Wege aufzeigen und für unsere Fragen ein offenes Ohr schenken. Ohne reife Begleiter treten wir leicht auf der Stelle oder schlagen eine Richtung ein, die in dem Augenblick wenig hilfreich ist.

Experimentieren Sie und nehmen Sie Anpassungen vor. Wenn Sie neue Praktiken integrieren, um Ihr Leben zu entschleunigen und *Ihr Tun* mit *Ihrem Sein* in Einklang zu bringen, dann erwarten Sie nicht, dass alles sofort reibungslos läuft. Prüfen Sie nach einigen Wochen, wo Sie noch Anpassungen vornehmen müssen. Ich verspreche Ihnen: Es wird mit der Zeit immer leichter. Nach etwa sechs Monaten sollten Sie ungefähr wissen, welche Kernpraktiken am hilfreichsten für Sie sind. Denken Sie immer daran: Gott hat jeden von uns anders gemacht. Ihre Balance zwischen *Tun* und *Sein* sieht sicher anders aus als meine. Jeder Mensch ist einzigartig – in seiner Persönlichkeit, seinem Temperament, seiner Lebenssituation, seinen Leidenschaften und seiner Berufung.

Haben Sie Geduld mit sich selbst

Das *Sein über das Tun zu stellen,* ist eine Grundsatzentscheidung, ob innerhalb oder außerhalb der Kirche. Sie werden merken, dass Sie dabei gegen einen mächtigen Strom schwimmen. Aber der größte Widerstand, auf den Sie stoßen werden, wird zweifellos aus Ihrem eigenen Inneren kommen! So war es zumindest bei mir.

Deshalb möchte ich Sie ermutigen, klein zu beginnen und Gott um seine Führung zu bitten. Und haben Sie Geduld mit sich selbst. Lernen Sie, auf Gott zu warten, und halten Sie sich an seiner Liebe fest, wenn der Weg steinig wird. Wann immer Sie es wagen, aus Liebe zu Christus Ihrem falschen Selbst zu sterben und Ihr *Sein* über Ihr *Tun* zu stellen, wird Ihr wahres Selbst zu neuem Leben in Christus auferstehen. Aus persönlicher Erfahrung kann ich Ihnen versprechen: Sie werden gestärkt und gereift aus diesem Prozess hervorgehen und entdecken, dass Gott Sie auf neue, frischere Weiden führen möchte.

Kapitel drei
Dem gekreuzigten – nicht dem verwestlichten – Jesus folgen

Die Beziehung der Kirche zur Kultur im weiteren Sinne ist ein herausforderndes Thema, schon seit Jesus sein Wirken begann. Heute dominiert die westliche Kultur unsere Welt, bis dahin, dass wir sogar Jesus in unseren Kirchen und Gemeinden „verwestlichen". Was heißt das? Wir folgen ihm deshalb, weil er unser Leben besser und angenehmer macht.

Das Problem dabei ist: Die meisten von uns sind so stark von der westlichen Kultur geprägt, dass wir gar nicht merken, wie verzerrt unsere Sicht von Jesus eigentlich ist. Denn es ist schwierig, etwas als falsch zu entlarven, was gut aussieht, uns ein gutes Gefühl gibt und scheinbar so viel Gutes bewirkt – das meinen wir zumindest.

Wie also zeigt es sich, wenn wir einem verwestlichten Jesus folgen? Es ist gar nicht so leicht zu erkennen. Am besten werfen wir dazu einen Blick ins Neue Testament. Am Beispiel von Petrus sehen wir, dass es das Phänomen der „Wohlfühl-Nachfolge" damals schon gab.

Gibt es Nachfolge Jesu am Kreuz vorbei?

Erst in der zweiten Hälfte seines Wirkens erklärte Jesus seinen Jüngern deutlich die zentrale Bedeutung des Kreuzes für sein Leben und seinen Auftrag. Lesen wir, wie entsetzt Petrus war:

> *Da nahm ihn Petrus beiseite und versuchte mit aller Macht, ihn davon abzubringen. „Niemals, Herr!", sagte er. „Auf keinen Fall darf so etwas mit dir geschehen!"*
>
> *Aber Jesus wandte sich um und sagte zu Petrus: „Geh weg von mir, Satan! Du willst mich zu Fall bringen. Was du denkst, kommt nicht von Gott, sondern ist menschlich!"*
>
> *Matthäus 16,22-23*

An diesem Punkt hat Petrus das Evangelium nur zur Hälfte verstanden. Wie so manche von uns ist er *christuszentriert,* aber nicht *kreuzzentriert.* Petrus hat eine hohe Meinung von Jesus als dem Messias. Er ist fasziniert von ihm als dem wundertätigen, triumphierenden Retter. Petrus möchte Jesus wirklich folgen – immerhin hat er dafür alles hinter sich gelassen. Aber er will einem Jesus folgen, der das Kreuz umgeht, anstatt es auf sich zu nehmen.

Petrus hat eine feste, kulturell geprägte Vorstellung davon, wie Gott in der Welt wirkt – und darin hat Jesu Tod am Kreuz keinen Platz. Alles in ihm sträubt sich gegen das Leid und den Schmerz, die damit verbunden sind. Doch Jesus möchte Petrus auf eine tiefere geistliche Reise mitnehmen.

Petrus ist in unserem Text nicht neugierig. Er stellt Jesus keine Fragen, um seinen Horizont zu erweitern. Nein, er reagiert aufgebracht und abwehrend.

Petrus stellt sich hier *vor* Jesus hin und befiehlt ihm, nicht so töricht zu reden. Bis zu diesem Punkt hatte die Nachfolge Jesu Petrus ein Gefühl von Macht, Kontrolle und Einfluss gegeben. Das sieht er nun ernsthaft bedroht. Also weist er Jesus zurecht und schreibt ihm vor, was er tun soll.

Jesu Reaktion könnte nicht schroffer sein: „Geh weg von mir, Satan!" Und er setzt sogar noch einen drauf: „Wenn jemand mein Jünger sein will, muss er sich selbst verleugnen, sein Kreuz auf sich nehmen und mir nachfolgen" (Matthäus 16,24). Jesus ist sich also nicht nur darüber im Klaren, dass sein Tod am Kreuz notwendig ist, um unsere Schuld wegzunehmen, sondern er ruft jeden Jünger zu einem vom Kreuz geprägten Lebensstil auf.

Mit seiner Aussage: „Was in den Augen der Menschen groß ist, das ist Gott ein Gräuel" (Lukas 16,15) stellt er die Weltsicht der Zwölf auf den

Kopf. „Gräuel" ist ein äußerst deutliches Wort, um zu beschreiben, was Gott von den Dingen hält, denen wir oft so viel Wert beimessen. Er weiß, dass unser Denken oft zu klein, zu oberflächlich und zu verzerrt ist, um seine Wege zu verstehen.

Aber was bedeutet es denn nun für uns – in unserer Kultur und unserem Umfeld –, dem gekreuzigten Jesus zu folgen?

Wohlgemerkt, dieser westliche Einfluss auf unser Glaubensleben ist oft nicht so leicht auszumachen. Betrachten wir an zwei Beispielen den Unterschied zwischen einer christuszentrierten Nachfolge, die das Kreuz zu umgehen versucht, und einer kreuzzentrierten Nachfolge, die es annimmt.

Marlene und Alex: Nachfolger, die das Kreuz umgehen

Marlene arbeitet ehrenamtlich im Hauskreisleiterteam ihrer Gemeinde mit. Sie ist verheiratet und hat drei kleine Kinder. Marlene nimmt gerne an den monatlichen Teamsitzungen teil und leitet begeistert ihren Hauskreis. In der Gemeinde sind Marlene und ihr Mann Jonathan als Vorbilder im Glauben sehr angesehen. Und doch gibt es in ihrer Ehe seit einem Jahr ungelöste Spannungen. Die Verhaltensprobleme ihres jüngsten Sohnes in der Schule haben den Konflikt noch verstärkt. Marlene aber scheut sich, mit anderen über diese Probleme zu sprechen. Denn sie möchte niemanden in dem Glauben erschüttern, dass Jesus unser Leben besser macht.

Alex, ein siebenunddreißigjähriger leitender Pastor, ist wortgewandt und kommunikationsstark. Für seine tiefgründigen Predigten ist er sogar über die Gemeinde hinaus bekannt und geschätzt. Er steht gerne am Predigtpult, aber das tägliche Geschäft der Gemeindeleitung empfindet er zunehmend als mühsam. Alex ist dankbar, dass er die geistliche Begleitung seiner ehrenamtlichen Mitarbeiter delegieren konnte, sodass er nun mehr Zeit hat, seine Predigten noch besser auszufeilen. Er glaubt, dass Gott für alle Menschen, die Jesus nachfolgen, ein „gutes Leben" bereithält.

Ganz zweifellos lieben Marlene und Alex Jesus. Schließlich dreht sich ihr ganzes Leben um ihn und sein Werk. Aber wenn das Kreuz tatsächlich der Mittelpunkt ihrer Nachfolge wäre, würden sie ihre Aufgaben anders wahrnehmen. Es ist eine Sache zu glauben, dass Jesus für unsere Sünden gestorben und von den Toten auferstanden ist. Eine ganz andere ist es, das Kreuz nicht nur für das wichtigste Ereignis der Weltgeschichte zu halten, sondern unser ganzes Leben daran auszurichten.

Wie könnte es aussehen, wenn Marlene und Alex die zentrale Bedeutung des Kreuzes für ihre Nachfolge begreifen würden? Schauen wir es uns an – diesmal als kreuzzentrierte Nachfolger.

Marlene und Alex: Nachfolger, die das Kreuz annehmen

Marlene. Anstatt ihre Probleme vor anderen zu verstecken, um ein gutes Vorbild zu sein, kann Marlene offen über den Schmerz und die Schwierigkeiten sprechen, die sie in ihrer Ehe und als Mutter erlebt. Der Weg zum Kreuz führt für sie über Ehrlichkeit, Verletzlichkeit und Demut. Sie gibt zu, dass sie nicht immer für andere stark sein kann, sondern auch selbst verwundet ist und Hilfe nötig hat.

Alex. Alex bereitet seine Predigten immer noch sorgfältig vor, aber er hat aufgehört, sich mit geschliffenen Worten und überraschenden „Aha"-Momenten beliebt machen zu wollen. Den Weg des Kreuzes zu gehen, heißt für ihn, seine Prioritäten neu zu setzen, um mehr Zeit für die gewöhnlichen, alltäglichen Aufgaben eines Gemeindepastors zu haben, anstatt nach dem Applaus eines wachsenden Publikums zu heischen. Er muss sich auch daran erinnern, dass das „gute Leben aus Gott", von dem in der Bibel die Rede ist, Leid, Rückschläge und die Kreuzigung des eigenen Stolzes einschließt.

Vermutlich werden alle, die mit verantwortlichen Aufgaben betraut sind, zumindest anfangs vor diesem ganz anderen Weg zurückschrecken. Das war jedenfalls meine erste Reaktion, als Gott mich allmählich von einer christuszentrierten hin zu einer kreuzzentrierten Sichtweise führte.

Weltliche Nachfolge gegenüber christusgemäßer Nachfolge

Um zu verstehen, was es heißt, kreuzzentriert zu leben – dem gekreuzigten Jesus in unserem Umfeld und unserer Zeit zu folgen[1] –, sehen wir uns am besten an, was Jesus einerseits und die religiösen Führer seiner Zeit andererseits über Nachfolge lehrten und vorlebten. Dabei werden wir auf vier grundsätzliche Unterschiede stoßen:

Weltliche Nachfolge	Christusgemäße Nachfolge
Du musst beliebt sein.	Heische nicht nach Beifall. (Du bist von mir geliebt.)
Du musst groß sein.	Nein zum Größenwahn. (Sei groß in meinen Augen.)
Du musst erfolgreich sein.	Nein zum Erfolgswahn. (Sei erfolgreich in meinen Augen.)
Vermeide Leid und Scheitern.	Nimm Leid und Scheitern an. (Sei mir treu.)

Wie wir sehen werden, überschneiden sich diese Kennzeichen und erklären sich gegenseitig. Trotzdem sind sie es wert, einzeln betrachtet zu werden. Jede dieser vier Facetten weltlicher Nachfolge mag noch so stark und tief in unseren Kirchen verwurzelt sein – Jesus lehrte seine Jünger, sie kategorisch abzulehnen. Und dies gilt auch für uns. Denn sie sind nicht nur trügerisch und kurzlebig, sondern sie schaden uns selbst genauso wie den Menschen, die uns anvertraut sind.

Beginnen möchte ich mit dem Verlangen, beliebt und anerkannt zu sein. Dahinter steht die Sorge, was andere wohl von uns denken.

1. Du musst beliebt sein / Heische nicht nach Beifall

Ich erinnere mich noch lebhaft an ein Gespräch mit dem Pastor einer großen, bekannten Gemeinde, als ich selbst noch ein ganz junger Pastor war. Gerade hatte ich ihm von unserem Engagement für die Versöhnung zwischen den Ethnien und unserer Arbeit unter den Armen erzählt. Mit einem breiten Lächeln empfahl er mir, meinen Schwerpunkt doch wie er lieber auf Gemeindewachstum zu legen. „Pete, du begreifst es einfach nicht", stellte er fest. „Wenn ich mit ein paar anderen Pastoren einen Raum betrete, dann ist es wie die Teilung des Roten Meeres. Und warum wohl? Wegen unserer schieren Größe. Wenn du willst, dass die Leute dir zuhören, dann brauchst du Massen hinter dir." Ich dachte: *Dieser Pastor ist ein frommer Mann. In seiner Gemeinde sind schon viele zum Glauben gekommen. Auch ich habe eine Menge von ihm gelernt.* Gleichzeitig spürte ich, dass an seinem Ratschlag etwas faul war. Ich war verunsichert.

> **Weltliche Nachfolge gegenüber christusgemäßer Nachfolge**
>
> 1. **Du musst beliebt sein / Heische nicht nach Beifall**
> 2. Du musst groß sein / Nein zum Größenwahn
> 3. Du musst erfolgreich sein / Nein zum Erfolgswahn
> 4. Vermeide Leid und Scheitern / Nimm Leid und Scheitern an

Eine gängige Definition von „beliebt" ist, „von vielen Menschen gemocht, geschätzt oder bewundert zu werden". Und ganz ehrlich: Wer möchte nicht gerne beliebt sein? Das Problem ist, dass dieses Verlangen uns dazu bringt, mit Worten oder Taten andere Menschen beeindrucken zu wollen. Auch manche Entscheidung wird von diesen Gedanken getrieben.

Ich habe Jahrzehnte gebraucht, um zu begreifen, wie gefährlich das Streben nach Beliebtheit und Bewunderung ist. In der Bibel ist es eine der drei Versuchungen, mit denen der Teufel einen Keil zwischen Jesus und den Vater treiben will. Satan zitiert die Heilige Schrift und fordert Jesus auf, sich von der höchsten Stelle des Tempels hinunterzustürzen, damit die Menschen an ihn glauben (siehe Matthäus 4,5-6). Zu diesem Zeitpunkt war Jesus nicht beliebt. Er war nur ein Gesicht in der Menge. Trotzdem wies er die Versuchung, sich mit einer Show Aufmerksamkeit und Anerkennung zu verschaffen, scharf zurück und stieg allein und unbeachtet von der Zinne des Tempels.

Als die religiösen Führer, die von Jesus wenig angetan waren, ihn um ein Zeichen baten, weigerte sich Jesus, auf Verlangen ein Wunder zu tun (siehe Matthäus 16,1-4). Jesus ging es offenbar überhaupt nicht darum, bei seinen Wundern im Rampenlicht zu stehen. Die Brote und Fische zum Beispiel vermehrte er nicht durch einen gewaltigen Donnerschlag, sondern ganz unscheinbar durch die Hände seiner Jünger, bis mehr als fünftausend Menschen satt wurden. Jesus war in seinem Handeln völlig frei vom Streben nach Beliebtheit oder Bewunderung.

Der Wunsch nach Ansehen war in der säkularen und religiösen Kultur des ersten Jahrhunderts so tief verwurzelt, dass Jesus die Pharisäer und Schriftgelehrten öffentlich kritisierte: „Und alles, was sie tun, tun sie nur, um die Leute zu beeindrucken" (Matthäus 23,5). Jesus warnte seine Jünger immer wieder ausdrücklich davor, bei den Menschen Eindruck schinden zu wollen – sei es mit großzügigen Gaben, zur Schau gestelltem Beten oder Fasten oder irgendeinem anderen Dienst für Gott.[2]

Ich kann es gar nicht deutlich genug sagen: *Jesus prangert jedes Handeln an, das auch nur irgendwie vom Trachten nach der Bestätigung oder Bewunderung anderer motiviert ist.* Wir sollen also aufhören, nach Ansehen zu streben – sei es durch eine große, florierende Gemeinde, durch Geld, Besitz oder beruflichen Aufstieg.

Jesus kannte die Schwächen des menschlichen Herzens. Es war ihm klar, dass der Wunsch, andere zu beeindrucken, eine ständige Versuchung sein würde. Zu den religiösen Führern sagte er: „Wie solltet ihr auch glauben können? Bei euch ist jeder darauf aus, von den anderen Anerkennung zu bekommen; nur die Anerkennung bei dem einen, wahren Gott sucht ihr nicht" (Johannes 5,44). Er wusste, dass das Streben nach Ansehen ihren Glauben und ihr Selbstverständnis als Leiter vergiftet hatte – und dass seine Jünger gegen diese Gefahr genauso wenig gefeit waren.

Wir mögen uns vormachen, über dieses Kreisen um die eigene Ehre erhaben zu sein, das Jesus den religiösen Führern seiner Zeit vorwirft. Aber die meisten von uns geben mehr auf das, was andere Leute denken, als ihnen bewusst ist. Wenn Sie das bezweifeln, überlegen Sie einmal, ob Sie diese Gedanken nicht auch kennen:

Wie komme ich an, wenn ich diese Botschaft predige und sie mit diesem oder jenem Beispiel veranschauliche?
Wenn ich mit dieser Person darüber spreche, wie sehr sie mich verletzt hat, wird sie dann anders über mich denken?
Wenn ich über meine Hoffnungen und Träume rede, werden die Leute mich dann für egoistisch halten?
Wie viele Likes oder Follower könnte ich bekommen, wenn ich dieses oder jenes in den sozialen Medien poste?

Oft ist unsere Sehnsucht, von anderen wahrgenommen und geschätzt zu werden, so tief und unbewusst, dass sie schwierig als solche zu erkennen ist. Doch manchmal kommt sie subtil, aber unverkennbar zum Vorschein. Zum Beispiel, wenn wir Ja sagen, obwohl wir lieber Nein sagen würden, uns weigern, den Mund aufzumachen, weil wir „ins Fettnäpfchen treten“ könnten, oder unsere Vorlieben und Wünsche für uns behalten, aus Angst davor, was andere denken könnten.[3]

In meinen ersten Jahren als Pastor verleitete mich mein Wunsch, andere zu beeindrucken, zu Entscheidungen, die von Gottes Absicht und Zeitplan für unsere Gemeinde weit entfernt waren. Ich schielte gerne auf die florierende Gemeindearbeit anderswo. Um nicht als Versager dazustehen, rief ich neue Dienstbereiche oder gar ganze Gemeinden ins Leben, bevor wir dazu bereit waren. Diese neuen Initiativen brauchten natürlich Leiter. Also betraute ich Menschen mit Verantwortung, der sie noch nicht gewachsen waren. (Sie können sich sicher vorstellen, wie das endete.)

Als Gott mich und unsere Gemeinde dann durch verschiedene Prüfungen führte, an denen wir hätten reifen können, war ich vor allem von der Sorge bestimmt, was andere Pastoren oder Leiter von uns denken könnten, wenn sie unsere zähen Fortschritte beobachteten. Durch diesen selbstauferlegten Druck beraubte ich mich, unsere Familie und unsere Gemeindeleitung mancher Freude, die Gott für uns bereithielt.

Mein Bedürfnis, andere zu beeindrucken, brachte mich auch dazu, unbewusst zu lügen. Bevor ich mein Leben mit neunzehn Jahren Christus anvertraute, hatte ich es wie viele Menschen mit der Wahrheit nicht so genau genommen. Erschreckender ist jedoch, dass sich daran wenig änderte. Zuallererst belog ich mich selbst, dann andere und sogar Gott, und dies alles, um als junger Leiter ein „gutes Zeugnis" abzugeben. Ich tat so, als sei bei mir alles im grünen Bereich, obwohl es nicht stimmte. Um den Frieden nicht zu gefährden – selbst wenn es ein fauler Friede war –, wagte ich es nicht, in schwierigen Gesprächen aufrichtig zu sein.

Wenn wir jährlich mit unseren haupt- und ehrenamtlichen Mitarbeitern Bilanz zogen, verbiss ich mir manche ehrliche Rückmeldung, auch wenn es Verbesserungsbedarf gab. Ich hatte einfach Angst, Menschen zu verprellen. Und wenn ich jemanden aus seinen Aufgaben entlassen musste, war dabei meine größte Sorge, dass dies ein schlechtes Licht auf mich selbst werfen könnte. Deshalb hielt ich oft auch berechtigte Bedenken zurück. Ein paar Fakten zu verdrehen, war einfacher, als Beziehungen aufs Spiel zu setzen.

Das Problem dabei: Ich war kein wirklich freier Mensch. Frei sind wir dann, wenn wir in den Augen anderer Menschen nicht mehr jemand Besonderes sein müssen. *Wir sollen uns damit zufriedengeben, von Gott allein geliebt zu sein.*

Wohlgemerkt: Jesus kritisiert keineswegs den zutiefst menschlichen Wunsch, beliebt zu sein, aber er lenkt ihn in eine andere Richtung. Er möchte, dass wir unser Verlangen von den Menschen weg auf den Vater richten. Am Ende unserer irdischen Reise möchte er zu jedem von uns sagen können: „Sehr gut, … du bist ein tüchtiger und treuer Diener" (Matthäus 25,21). Das ist die einzige Bestätigung, die unseren Wunsch nach Anerkennung jemals wirklich befriedigen wird. Die Sehnsucht, geliebt, geschätzt und angenommen zu sein, ist von Gott gegeben, aber sie ist auf dieser Erde unstillbar. Jesus möchte uns klarmachen, dass Gott allein die einzige tief befriedigende Quelle der Anerkennung ist. Er weiß: Wenn die ganze Welt uns zujubelte, würden wir immer noch sagen: „Es ist zu wenig."[4]

Wollen wir also dem gekreuzigten Jesus folgen und uns auf eine tief verwandelnde Nachfolge mit ihm einlassen, dann müssen wir aufhören, uns bei anderen beliebt machen zu wollen. Das Gleiche gilt aber auch für unsere weltliche Vorstellung von Größe.

2. Du musst groß sein / Nein zum Größenwahn

Weltliche Nachfolge gegenüber christusgemäßer Nachfolge

1. Du musst beliebt sein / Heische nicht nach Beifall
2. **Du musst groß sein / Nein zum Größenwahn**
3. Du musst erfolgreich sein / Nein zum Erfolgswahn
4. Vermeide Leid und Scheitern / Nimm Leid und Scheitern an

In jeder Kultur und jedem Bereich menschlichen Wirkens werden diejenigen, die Großes erreichen, auf irgendeine Weise geehrt. Wir würdigen besondere akademische, kulturelle oder wissenschaftliche Errungenschaften mit dem Nobelpreis. Für herausragende Leistungen im Film und auf der Bühne gibt es Oscars, den Goldenen Bären oder den Europäischen Theaterpreis. Wir verleihen Medaillen an olympische Athleten und Pokale an WM-Sieger und Super-Bowl-Gewinner. Wir errichten Denkmäler, schaffen Gedenktage und sprechen sogar diejenigen heilig, die Großes für die Menschheit geleistet haben.

In unseren jeweiligen Kulturen – und auch unseren Herkunftsfamilien – haben wir unseren eigenen Begriff von Größe. Meine Großeltern mütterlicher- wie väterlicherseits sind schon früh aus Italien in die Vereinigten Staaten ausgewandert und mit der für Einwandererfamilien so typischen Strebsamkeit aufgewachsen. Diese übertrugen sie dann auch auf ihre Kinder und schließlich auf mich und meine drei Geschwister. Es war gar keine Frage, dass wir alle studieren, gut verdienen und sozial aufsteigen sollten. (Als meine Mutter erfuhr, dass ich Pastor werden wollte, murmelte sie: „Aber wenn schon, dann wenigstens einer wie Billy Graham!")

In einer Familie oder Kultur kann „Größe" zum Beispiel bedeuten, in der Schule eine Eins nach der anderen zu schreiben, ein Studium an einer renommierten Universität mit Auszeichnung abzuschließen, Anwalt oder Arzt zu werden, zu heiraten und Kinder zu haben, Pastor oder anderer Mitarbeiter im hauptamtlichen Dienst zu werden. Die Liste ließe sich beliebig fortsetzen.

Dieselbe Dynamik spielt sich – oft unbewusst – in der Gemeindearbeit ab. Unser Streben nach Größe könnte sich so anhören:

Ich möchte eine große Gemeinde aufbauen, die viele junge Menschen erreicht.
Ich möchte einen tollen Hauskreis leiten, der schnell wächst.
Ich möchte im Gebetsteam Großes bewirken und mithelfen, Gottes Kraft in Menschen freizusetzen.
Ich möchte ein bedeutender Lehrer des Wortes Gottes sein.
Ich möchte die Gemeindearbeit mit großzügigen Gaben unterstützen.

Als Visionär, dem regelmäßig schon beim Frühstück drei neue Ideen im Kopf herumschwirren, träume ich gerne von großartigen Dingen, die wir für Gott bewirken könnten. Die Gefahr ist – wieder einmal – das Publikum. Für wen will ich denn großartig sein? Welches tiefere, oft unbewusste Motiv steht hinter meinen Visionen und Träumen?

Jesus ruft uns zu einer völlig anderen Art von Größe auf als die Welt. Für die in unserer Kultur vorherrschende Vorstellung von Größe, die wir alle gut kennen, verwendet der Theologe Frederick Dale Bruner das englische Wort *greatness-ism*, was in etwa mit „Größenwahn" übersetzt werden könnte. Er bezeichnet dieses Phänomen als „eine große sozial-spirituelle Krankheit und eine Hauptquelle falschen Glaubens"[5]. Ihr Größenwahn brachte die Pharisäer und Gesetzeslehrer dazu, sich selbst als etwas Besseres anzusehen als das gemeine Volk. Aufgrund ihres Wissens über die Heilige Schrift und ihres gesetzlichen Eifers genossen sie gewisse Privilegien, zum Beispiel das Recht auf die „ersten" oder besten Plätze in der Synagoge, Ehrentitel und besondere Kleidung, die sie von anderen abhob. Ihr Größenwahn stand im krassen Gegensatz zum Leben und Wirken Jesu, das nach den religiösen und kulturellen Maßstäben der damaligen Zeit alles andere als groß war.

Jesu Anfänge waren unscheinbar. In einem kleinen Dorf in einer Krippe zur Welt gekommen, musste er mit seinen Eltern nach Ägypten fliehen und dort Asyl suchen. Die kleine Stadt Nazareth, in der er in bescheidenen Verhältnissen aufwuchs, galt als „Niemandsland". Im Gegensatz zu anderen prominenten Rabbinern seiner Zeit studierte er nicht an einer der namhaften rabbinischen Schulen in Jerusalem.

Jesu Jünger waren keine besonderen Leute. Die Mitarbeiter, die er sich auswählte, waren Galiläer, größtenteils Arbeiter und ungebildete Fischer. Keine beeindruckenden Menschen mit großem Einfluss oder Intellekt. Und sie leisteten in den drei Jahren, die sie bei Jesus waren, sicherlich nichts Großartiges.

Jesu Wirken war nicht großartig. Er kümmerte sich lieber als Wanderprediger um die zerschlagenen Opfer von Unterdrückung, als daran zu arbeiten, die üblen politischen, militärischen und wirtschaftlichen Strukturen seiner Zeit zu stürzen. Seine Wunder tat er meist im galiläischen Hinterland, fernab strategischer Orte wie Jerusalem oder Rom. Die Pharisäer und Sadduzäer, genauso Herodes und das Römische Reich, blieben alle an der Macht. War das Gebot Jesu an seine Nachfolger, ihre Feinde zu lieben, angesichts der grausamen Unterdrückung durch die Römer nicht eine schwache und unwirksame Strategie? Völlig untauglich, um soziale Veränderungen zu erreichen?

Jesu Einfluss war begrenzt. In den kleinen Städten, auf die Jesus sein Wirken und seine Wunder konzentrierte – wie Kapernaum, Bethsaida, Chorazin –, galt er nicht viel. Sogar in seiner Heimatstadt Nazareth erfuhr er Ablehnung. Offenbar konnte er nicht einmal Judas, seinen Schatzmeister, der zum Kreis der Zwölf zählte, überzeugen, bei ihm zu bleiben, als die Lage sich zuspitzte. Selbst Johannes der Täufer zweifelte an ihm, als er im Gefängnis saß: „Bist du der, der kommen soll, oder müssen wir auf einen anderen warten?" (Matthäus 11,3).

Jesus wusste: So wie er selbst dem Größenwahn entsagt hatte, als er vom Satan versucht wurde, müssen auch wir jeglichen Größenwahn als tödliche Gefahr erkennen und entschieden ablehnen. Jesus fordert uns auf, unsere Vorstellung von Größe und Status vollständig aufzugeben – auch in geistlichen Dingen. So wie es uns genügen soll, von Gott geliebt zu sein, sollen wir auch in seinen Augen groß sein und nur bei ihm Bestätigung suchen: „Sehr gut, … du bist ein tüchtiger und treuer Diener" (Matthäus 25,21).

Der Weg, zu dem Jesus uns aufruft, ist ein bewusster Schritt weg vom Größenwahn hin zur Bescheidenheit. Jesus sagte: „Wer aber so klein und demütig sein kann wie ein Kind, der ist der Größte in Gottes himmlischem Reich" (Matthäus 18,4 Hfa). Solche Demut ist keine Erniedrigung, Selbstherabsetzung oder ein Märtyrerkomplex. Stattdessen drückt sie sich in der Bereitschaft aus, neugierig, offen, flexibel und gelehrig zu sein – ungeachtet unseres Titels oder unserer Position. Mit anderen Worten: Wir müssen nicht immer das Sagen haben. In Gesprächen versuchen wir nicht, mit beeindruckenden Worten unsere Schwächen zu überspielen, in der Hoffnung, dass die Leute Achtung vor uns haben. Wir sind offen dafür, von Menschen zu lernen oder uns leiten zu lassen, von denen wir es nicht vermutet hätten.

Demut ist eine bewusste Entscheidung, uns denen zuzuwenden, die von der breiten Gesellschaft gerne an den Rand gedrängt werden – Unscheinbare, sozial Ausgegrenzte, Ältere, psychisch oder körperlich Behinderte, Gefangene, Geschlagene, Arme –, und ihnen zu dienen. Jesus hat es uns vorgelebt: Er schenkte denen seine Aufmerksamkeit, die in den Augen der Welt nichts zählten, und brachte ihnen Achtung entgegen. Wie der Apostel Paulus sollen wir verinnerlichen, dass das Kreuz Christi die alte Welt der Ungleichheiten, Trennungen und Hierarchien ausgelöscht hat. „Daher beurteilen wir jetzt niemand mehr nach rein menschlichen Maßstäben" (2. Korinther 5,16).

Wenn wir dem gekreuzigten Jesus folgen, verlagern wir unser Augenmerk von unseren großen Plänen für Gott auf den Dienst an anderen, der oft ganz im Verborgenen stattfindet. Hierzu stelle ich mir regelmäßig zwei Fragen:

- Wann dienen meine Pläne und Ambitionen wirklich der Ehre Gottes und wann entspringen sie vor allem meinem eigenen Geltungsdrang?
- Welche Gelegenheiten schenkt Gott mir, um den Schwachen ein Schwacher und den Geringen ein Geringer zu sein?

Die erste Frage lässt mich innehalten und prüfen, ob meine Pläne Gottes Willen entgegenstehen oder ich mich gegen seine Grenzen auflehne. Die zweite erinnert mich daran, wie entscheidend es ist, mich auf die Seite der Geringen, der Armen und Unscheinbaren zu stellen, weil ich durch sie Jesus begegne (siehe Matthäus 25,31-46).

Jesu Umdeutung der Vorstellung von Größe führt uns zum dritten Kernaspekt der Neuausrichtung unserer Wirklichkeit als seine Nachfolger: unserem Nein zur weltlichen Vorstellung von Erfolg.

3. Du musst erfolgreich sein / Nein zum Erfolgswahn

Weltliche Nachfolge gegenüber christusgemäßer Nachfolge

1. Du musst beliebt sein / Heische nicht nach Beifall
2. Du musst groß sein / Nein zum Größenwahn
3. **Du musst erfolgreich sein / Nein zum Erfolgswahn**
4. Vermeide Leid und Scheitern / Nimm Leid und Scheitern an

Wer möchte nicht erfolgreich sein? Wir schauen zu erfolgreichen Menschen auf, bewundern sie und schenken ihnen besondere Beachtung. Der Zwang, erfolgreich zu sein und uns über unseren Erfolg zu definieren, nimmt in unserer Welt geradezu religiöse Züge an. Deshalb müssen wir diesen *Erfolgswahn* als das sehen, was er ist: ein trügerischer Glaube.

Nicht zu vergessen: Wir leben in einer Kultur, die glaubt, dass mehr *immer* besser ist – steigender Gewinn, mehr Einfluss, größere Macht. Und dieses Denken macht auch vor unseren Gemeinden nicht halt. Wir messen unseren Erfolg an Zahlen. Wenn unsere Zahlen steigen, fühlen wir uns großartig und sehen unsere Bemühungen als Erfolg an. Steigen sie nicht oder fallen sie gar, sind wir verzagt und meinen, versagt zu haben. Deshalb ist es wichtig, dass wir Erfolg richtig definieren. In Jesu Augen bedeutet Erfolg, die Person zu werden, zu der Gott Sie beruft, und das zu tun, wozu Gott Sie beruft – auf seine Weise und nach seinem Zeitplan.

Dies ist so wichtig, dass ich Sie bitte, den Satz noch einmal zu lesen. Ganz langsam. *Erfolg ist, die Person zu werden, zu der Gott Sie beruft, und das zu tun, wozu Gott Sie beruft – auf seine Weise und nach seinem Zeitplan.*

Der Apostel Petrus musste seine Auffassung von Erfolg Stück für Stück von Jesus korrigieren lassen. Petrus war ein typischer Frontkämpfer, der durch Jesus die Welt verändern wollte. Aber die Kultur des Erfolgswahns war so tief in ihm verankert, dass er sich Jesus hartnäckig widersetzte.

Petrus konnte sein Verständnis von Erfolg einfach nicht mit der Kreuzigung in Einklang bringen – mit Versagen, Ablehnung und Niederlagen; mit Senfkörnern und ein paar Broten und Fischen. Obwohl er schon drei Jahre mit Jesus zusammen war, blieb er so sehr dem weltlichen Erfolgsdenken verhaftet, dass er im Garten Gethsemane keine Skrupel hatte zu versuchen, das Scheitern der Sache Jesu gewaltsam zu verhindern. Ohne lange zu überlegen, zog er sein Schwert und schlug dem Diener des Hohepriesters ein Ohr ab (siehe Matthäus 26,51).

Wir sind dem Apostel Petrus gar nicht so unähnlich. Aus Erfolgswahn heraus treffen wir manche Fehlentscheidung und begegnen Menschen nicht mit Jesu Liebe im Herzen.

„Es ist nie genug", klagte eine meiner Co-Pastorinnen. „Ich arbeite sechs Tage die Woche und komme trotzdem mit meinem Pensum nicht nach. Mein Mann beschwert sich und meine zwei Teenie-Jungs kennen mich zu Hause gar nicht anders als zerstreut. Aber was soll ich denn machen? Die Zeit reicht einfach hinten und vorne nicht."

Dieses quälende Gefühl der Unzulänglichkeit nagte in meinen ersten Jahren als Pastor auch an meiner Seele und drückte mich nieder. Es ließ erst nach, als ich den Weg der emotional gesunden Nachfolge einschlug. Allmählich wurde die Last auf meinen Schultern leichter.

Das Herausfordernde am hauptamtlichen Dienst, aber auch jeder anderen Tätigkeit in der Gemeinde liegt darin, dass unsere Beziehung *zu* Gott immer mehr mit unserer Arbeit *für* Gott verschmilzt, bis beides kaum noch zu unterscheiden ist. Wenn das, was wir sind – unsere Identität als geliebte Tochter oder geliebter Sohn Gottes –, untrennbar mit unserer Rolle verbunden ist, sind wir besonders anfällig für eine der subtilsten und heimtückischsten Versuchungen des Bösen: unseren Wert mit unserem Erfolg im Dienst und in der Leitung gleichzusetzen.

Nur wenigen von uns ist bewusst, dass es bei der letzten Versuchung Jesu in der Wüste um Erfolg ging (siehe Matthäus 4,8-9). Satan verspricht Jesus augenblicklichen Erfolg. Er könne auf der Stelle die Welt retten. Jeder Mensch dieser Erde werde sich vor ihm beugen – und dies ganz ohne die Qualen des Kreuzes! Scheitern und Niederlage ließen sich noch abwenden. Jesus müsse dazu lediglich seine gottgegebenen Grenzen überschreiten (mehr dazu in Kapitel 4: „Grenzen als Gottes Geschenk annehmen).

Hätte Jesus der Versuchung nachgegeben, hätte er in seiner Arbeit vielleicht „Erfolg" im weltlichen Sinne gehabt, nach Gottes Definition aber hätte er völlig versagt. Denn er hätte Gottes Werk *nicht* auf Gottes Art und Weise und nach Gottes Zeitplan getan.

Der Theologe Frederick Dale Bruner bringt die wahre Gefahr der Versuchung durch Erfolgswahn so auf den Punkt: „Manchmal werden wir alles Erdenkliche tun, um unsere Arbeit vor dem Scheitern zu bewahren. Aber in dem Moment, in dem wir *alles Erdenkliche* tun, um unsere Arbeit für Gott vor dem Scheitern zu bewahren, haben wir unsere Arbeit zu unserem Gott gemacht und vielleicht, ohne es zu merken, Satan angebetet."[6]

Deshalb müssen wir den Erfolgswahn, der in unseren Gemeinden heute so stark verbreitet ist, als solchen entlarven und entschieden zurückweisen. Er verleitet uns zu Kompromissen und beschädigt unsere Glaubwürdigkeit. Vielleicht überschreiten wir hier und da moralische Grenzen: ein bisschen Pornografie, eine harmlose Affäre, ein leichter Hang zur Kaufsucht, ein heimlicher Groll, ein wenig Nachlässigkeit in der Pflege unserer engsten Beziehungen. Es kann aber auch sein, dass wir unsere Beziehung zu Gott vernachlässigen, weil wir zu viel zu tun haben oder es in der Gemeindearbeit übertreiben. Wohlgemerkt: Nicht jede Gelegenheit, das Werk Gottes voranzubringen, ist tatsächlich eine Einladung von Gott.

Das ungesunde Streben nach weltlichem Erfolg schadet uns in der Nachfolge Jesu aber noch auf eine andere Weise – es verhindert nämlich auch einen gesunden Umgang mit Leid und Scheitern.

4. Vermeide Leid und Scheitern / Nimm Leid und Scheitern an

Weltliche Nachfolge gegenüber christusgemäßer Nachfolge

1. Du musst beliebt sein / Heische nicht nach Beifall
2. Du musst groß sein / Nein zum Größenwahn
3. Du musst erfolgreich sein / Nein zum Erfolgswahn
4. **Vermeide Leid und Scheitern / Nimm Leid und Scheitern an**

Unsere heutigen, von der westlichen Kultur geprägten Gemeinden haben viel mit der Gemeinde im Korinth des ersten Jahrhunderts gemeinsam. Als reichste Stadt Griechenlands und eine der größten Städte des Römischen Reiches war Korinth das New York City, Los Angeles und Las Vegas der antiken Welt.[7] Menschen kamen von überallher dorthin, um ihr Glück zu machen. Die Gemeinde war eifrig, hatte Ausstrahlung und verfügte über eine Vielzahl von Gaben. Aber sie hatte auch mit zahlreichen Problemen zu kämpfen – Spaltungen, Arroganz, wenig vorbildlichem Umgang mit schwächeren Gemeindegliedern, gefährlichen Anpassungen an die vorherrschende Kultur und einem ausschweifenden Sexualleben unter Singles und Verheirateten.

Bevor Paulus in seinem ersten Brief an die Gemeinde näher auf ihre Fragen und Probleme eingeht, erinnert er die Korinther daran: „Ich wollte bewusst von nichts anderem sprechen als von Jesus Christus, dem Gekreuzigten" (1. Korinther 2,2 Hfa). Das ist die Linse, durch die Paulus die Gemeindeleitung, Beziehungen, alle Erkenntnis und die Gemeinde als Ganzes betrachtet. Zum Beispiel verzichtete er darauf, sich mit seinen Visionen und Offenbarungen von Gott zu brüsten oder seine Autorität damit zu untermauern. Stattdessen wies er diejenigen, die seine Rolle als Leiter infrage stellten, auf seine Schwachheit hin. In einem Brief an eine andere Gemeinde drückt er es so aus: „Für mich jedoch ist es unmöglich, auf irgendetwas anderes stolz zu sein als auf das Kreuz von Jesus Christus, unserem Herrn. Durch ihn ist die Welt für mich gekreuzigt, und durch ihn bin ich für die Welt gekreuzigt" (Galater 6,14).

Die Korinther hatten – ähnlich wie wir heute – vergessen, zu welchem Lebensstil sie berufen waren. Die Herrlichkeit Christi sollte in ihrem Leben in Schwachheit und Leid offenbar werden, nicht in der Flucht vor der schmerzhaften Wirklichkeit um sie herum oder deren Verleugnung.[8] Das Kreuz war damals schon ein Skandal, und das ist es bis heute. Im religiösen Leben unserer Zeit setzen wir auf das „‚positive Denken', und wo das nicht funktioniert, auf Verdrängung. Wir blenden schwierige und schmerzhafte Themen dann einfach aus"[9]. Das ist das genaue Gegenteil einer Lebensweise, in der Gottes Macht sich in unserer Schwachheit zeigt.

Wie also sieht es aus, Gottes Weg der Schwachheit anzunehmen? Es kann bedeuten:

- Ich bin bereit, dumm oder gar wie ein Versager dazustehen und auf Gott zu warten, anstatt Menschen und Pläne zu manipulieren, um Wachstum zu erzwingen.
- Ich bin bereit, aufrichtig Frieden zu stiften, wie Jesus es vorgelebt hat, und Konflikte anzugehen, anstatt sie unter den Teppich zu kehren – auch wenn es zumindest kurzfristig ein schlechtes Licht auf meine Arbeit werfen könnte.

- Ich bin bereit, meine Pläne und Tätigkeiten zu begrenzen, um die Beziehungen zu meinen Lieben und eine gesunde Selbstfürsorge nicht zu vernachlässigen. Ich tue nicht mehr so, als hätte ich alles im Griff.
- Ich bin bereit, mir Zeit zu nehmen, um die Verluste in meinem Leben zu betrauern. Dabei will ich Gott vertrauen, dass er mir die Schätze offenbart, die für mich darin verborgen liegen. Ich will mir auch die nötige Zeit nehmen, um für die Menschen da zu sein, wie Jesus es war – selbst wenn mir das als Schwäche ausgelegt wird.
- Ich bin bereit, das, was in meinem Dienstbereich geschieht, ehrlich darzustellen und nicht zu übertreiben, auch wenn die Leute dann vielleicht nicht mehr so großzügig spenden.

Ist es denn ein Wunder, dass Jesus die Zwölf wieder und wieder daran erinnerte, dass Gottes Weg zur Erlösung schmal und steinig ist? Er hat das Reich Gottes mit einem kleinen Senfkorn verglichen, um deutlich zu machen, dass die Kraft immer aus Gott kommt und nicht aus uns.

Stellen Sie sich vor, Petrus wäre nicht durch sein peinliches Versagen gebrochen worden, sondern hätte die Kirche nach Pfingsten selbstgefällig und unbelehrbar geleitet.

Stellen Sie sich vor, der begabte, dynamische, kluge Paulus hätte keinen „Stachel im Fleisch“ gehabt, den er nicht loswerden oder wegbeten konnte.

Stellen Sie sich vor, Mose hätte nach dem Mord an dem Ägypter keine vierzig Jahre in Midian im Exil verbracht oder hätte in den vierzig Jahren in der Wüste keine demütigenden, ungerechten Anschuldigungen und keine Auflehnung des Volkes gegen seine Führung ertragen müssen.

Gott hat schon immer Leid und Scheitern benutzt, um uns tiefgreifend zu verändern, damit wir uns seinem Willen unterordnen und seiner Liebe anvertrauen, anstatt uns dagegen aufzulehnen. Auch Geduld lehrt er uns vor allem auf diesem Weg.

Jesu größtes Wunder war die Auferstehung. Aber sein zweitgrößtes Wunder war etwas, was er *nicht* tat. Jesus lebte uns Geduld vor, als er der Versuchung widerstand, sein Leiden abzukürzen. Passanten machten sich über ihn lustig und riefen ihm zu: „Wenn du Gottes Sohn bist, dann hilf dir selbst und steig herab vom Kreuz!“ (Matthäus 27,40). Doch was wie

Scheitern auf der ganzen Linie aussah, erwies sich als großer Sieg. Der schlimmste Augenblick der Geschichte wurde zum Schlüsselmoment.

Und so ist es auch bei uns, wenn wir geduldig sind. Jesus hatte die Wahl – vom Kreuz herabzusteigen oder das Kreuz auszuhalten. In mancher Situation, in der wir uns am liebsten „selbst retten" würden, stehen wir vor der gleichen Entscheidung.

Wie könnte es in unserem Leben aussehen, vom Kreuz herabzusteigen? Ich zum Beispiel steige vom Kreuz herab, wenn ich nicht als Versager dastehen will. Aus Ungeduld rufe ich Aktionen ins Leben, treffe übereilte Entscheidungen, ohne mir vorher weisen Rat zu holen, und arbeite in meinem fieberhaften Übereifer viel zu viel, aus Angst, die Gemeinde könnte schrumpfen oder stagnieren.[10]

Fragen Sie sich:

- Wo versuche ich, Leid und Scheitern, das Jesus mir zumutet, zu vermeiden?
- Vor wem fürchte ich am meisten, dumm dazustehen? Nennen Sie ein paar Namen.

Und seien Sie versichert: Gott möchte Ihnen zeigen, dass Ihre schlimmsten Momente des Versagens und der Niederlage in Wirklichkeit Ihre größten Erfolgsmomente sein können, wenn Sie es zulassen, dass Gott in Ihnen und durch Sie Verwandlung bewirkt.

Wenn ich Ihnen hier einen Weg aufzeige, dem Gekreuzigten und nicht dem verwestlichten Jesus zu folgen, dann bitte ich Sie nicht, in Ihren ohnehin vollen Kalender einen weiteren Termin einzutragen. Nein! Ich fordere Sie auf, eine Kehrtwende zu vollziehen und Ihr Leben völlig neu zu gestalten; zu lernen, auf eine ganz neue Weise für Jesus zu dienen und zu leiten. Das ist nicht weniger als ein bahnbrechender Akt der Auflehnung gegen die Art, wie das Christentum in weiten Teilen unserer westlichen Kultur gelebt wird.

Erste Schritte in der Nachfolge des gekreuzigten Jesus

An dieser Stelle mögen Sie sich fragen: „Ich soll also nicht nach Beifall heischen, soll Nein sagen zu Größen- und Erfolgswahn und soll Leid und Scheitern annehmen? Das klingt ja alles schön und gut, aber ist es überhaupt möglich, so frei zu leben?"

Ich bin davon überzeugt: So zu leben, ist nicht nur möglich, es ist genau das, wofür Sie geschaffen sind! Und es gibt drei wesentliche biblische Praktiken, die Ihnen dabei eine Hilfe sein können: bei Jesus ausruhen, sich für Jesus loslösen und auf Jesus hören.

Praxis 1: Bei Jesus ausruhen

Am Tag, nachdem Jesus die Fünftausend gespeist hat und dann plötzlich nicht mehr aufzufinden ist, machen die Menschen sich auf und suchen ihn. Als sie ihn finden, kommt es zu diesem faszinierenden Austausch:

> *Da fragten sie ihn: Was sollen wir tun, dass wir Gottes Werke wirken? Jesus antwortete und sprach zu ihnen: Das ist Gottes Werk, dass ihr an den glaubt, den er gesandt hat.*
> *Johannes 6,28-29 LUT*

Als die Leute nach den „Werken" fragen, die Gott fordert, denken sie an Dinge wie Gebet, Werke der Barmherzigkeit, Geben oder Bibelstudium. Erstaunlicherweise sagt Jesus, es gebe nur *ein* Werk – nämlich an den zu glauben, den Gott gesandt hat. An ihn zu glauben, bedeutet, ihm zu vertrauen – und dies nicht nur einmal, sondern ständig, in jedem Moment, Tag für Tag.

Jesus spricht diese Einladung, ihm zu vertrauen, im Johannesevangelium achtundneunzig Mal aus. Johannes hat sein gesamtes Evangelium geschrieben, „damit ihr glaubt [in jedem Moment in dem Vertrauen lebt], dass Jesus der Christus ist" (Johannes 20,31 LUT). Der Theologe Frederick Dale Bruner drückt den Reichtum dieser Art von Vertrauen so aus: „‚Ausruhen bei' ist eine gute moderne Übersetzung von ‚vertrauen auf' oder ‚glauben an'." Wir ruhen aus, wenn wir uns von ihm halten lassen, inmitten unserer mitunter stürmischen Lebensumstände.

Bei Jesus ausruhen.

Ist das nicht das Ziel von allem, was wir in der Gemeinde tun? Ziel unserer Gottesdienste, Predigten, Kleingruppen, Programme, Kurse, Einsätze, unseres Dienens und Gebens? Geht es nicht darum, dass Menschen bei Jesus Ruhe finden? Jesus sagt, wenn wir es unser „Werk" sein lassen, bei ihm auszuruhen, dann wird er für alles andere sorgen.

Ausruhen.

Das ist natürlich leichter gesagt als gelebt, besonders wenn Ängste uns gefangen halten wollen oder wir in unserem Dienst eher Rückschritte als Fortschritte sehen. Und doch ist es genau das, was Jesus uns in seinem eigenen Dienst vorgelebt hat.

Wir vergessen manchmal, dass Jesus selbst erleben musste, wie Tausende von Jüngern sich von ihm abwandten. Nachdem er die Fünftausend gespeist hatte, schlossen sich ihm große Menschenmengen an. Als er sie dann aber mit harten Wahrheiten konfrontierte, stieß er damit viele vor den Kopf und sie wandten sich von ihm ab (siehe Johannes 6,66). Nur die Zwölf blieben übrig, und einer von ihnen war Judas!

Jesus reagiert auf den Unglauben der Menge und später der Jünger mit drei Aussagen. Sie geben uns eine Ahnung davon, wie er selbst vor Gott ausruhen konnte:

- „Alle, die der Vater mir gibt, werden zu mir kommen" (Johannes 6,37).
- „Niemand kann von sich selbst aus zu mir kommen. Der Vater, der mich gesandt hat, muss ihn zu mir ziehen" (Johannes 6,44).
- „Aus diesem Grund habe ich zu euch gesagt: Niemand kann von sich selbst aus zu mir kommen; es kann nur durch das Wirken des Vaters geschehen" (Johannes 6,65).

Selbst als Tausende sich abwenden, bleibt Jesus ruhig, gegründet im tiefen Vertrauen auf Gottes Macht und Plan. Er versteht, dass es letztlich der Vater ist, der die Jünger zu ihm zieht, und der Vater, der sie dort hält. Wie auch immer es ausgeht – Jesus verlässt sich darauf, dass der Vater für seine

Mission verantwortlich ist und die richtigen Leute zu ihm schicken wird. In beständiger Zufriedenheit tut er Gottes Willen – auf Gottes Weise und nach Gottes Zeitplan – und ist uns darin Vorbild.

Wie entspannt wären wir wohl in einer solchen Situation?

Wahrscheinlich würden die meisten von uns ähnlich reagieren wie die Brüder Jesu: mit Panik. Sie sagen ihm, er solle so schnell wie möglich nach Jerusalem gehen, um wieder mehr Anhänger zu finden. Aber Jesus verhielt sich nicht immer so, wie wir es als strategisch klug ansehen. Er lebte nach der Strategie des Vaters, nicht nach dem, was irgendjemand anders für das Beste hielt. Jesus sagte seinen Brüdern einfach: „Für mich ist die richtige Zeit noch nicht da; euch ist jeder Zeitpunkt recht" (Johannes 7,6).

Jesus heischte nicht nach Beifall, war frei von Erfolgs- oder Größenwahn und nahm an, was die Welt als Leid und Scheitern ansah. Er wusste, dass ihm die Jünger, die bei ihm blieben, vom Vater gegeben worden waren. Der Vater war für seinen Auftrag verantwortlich. Alles war gut – auch wenn seine Mission fehlzuschlagen schien.

Er ruhte.

Wie könnte dieses Ausruhen im Dienst für Gott aussehen? Hier sind ein paar Anzeichen, auf die Sie achten können.

Ich weiß, dass ich in Jesus ruhe, wenn ich …

- die Gemeinschaft mit Jesus auch inmitten von Enttäuschungen und Stürmen genieße.
- spüre, wie meine körperliche Anspannung nachlässt.
- nicht für andere Dinge erledige, die sie selbst tun können und sollten.
- auch in Zeiten großen Drucks in meinem gewohnten Rhythmus zu Jesus komme, um mit ihm Gemeinschaft zu haben.
- mir immer weniger Gedanken darüber mache, dass Dinge aus dem Ruder laufen könnten.
- präsent bin für die Menschen um mich herum und über ihre innere Schönheit staunen kann.
- von dem Bewusstsein erfüllt bin, dass ich nichts zu gewinnen und nichts zu verlieren habe – weil ich das will, was Gott will.

- eine große Zufriedenheit darin erlebe, mich um die Menschen zu kümmern, die Gott mir anvertraut hat.
- Grenzen als Geschenk Gottes annehme, anstatt dagegen anzukämpfen, sie zu ignorieren oder zu leugnen.
- meine Lebensphase annehme und Gottes Plan für mich darin erkenne.

Praxis 2: Sich für Jesus loslösen

Das Ziel des christlichen Lebens ist die liebende Gemeinschaft – das Einssein – mit Gott, sodass Gott und sein Wille jeden Bereich unseres Lebens erfassen und erfüllen. Diese Gemeinschaft kann am besten mit einer Ehe verglichen werden, in der zwei Menschen ein Fleisch werden und doch eigenständige Persönlichkeiten bleiben. Das ist die Antwort auf das Gebet Jesu: „Sie alle sollen eins sein, genauso wie du, Vater, mit mir eins bist" (Johannes 17,21 Hfa).

Der Schlüssel zu einem so reichen Leben im Einssein mit Gott liegt darin, sich *loszulösen*. Anders als die kalte Distanziertheit, die wir vielleicht von einem Richter erwarten oder von einem Buchhalter, der unsere Steuern berechnet, ist diese Art von Loslösen dadurch motiviert, mit Jesus Gemeinschaft zu haben. Jesus bezeichnet dieses Loslösen als Verlieren unseres Lebens, damit wir es finden können (siehe Markus 8,35-36). Paulus warnt uns um Christi willen davor, uns an irgendetwas zu klammern oder festzuhalten, sei es die Ehe, sei es Trauer, Freude oder irgendein Besitz. Er schreibt:

> *Deshalb soll von nun an für die Verheirateten ihr Partner nicht das Wichtigste im Leben sein. Wer weint, soll sich von seiner Trauer nicht gefangen nehmen lassen, und wer sich freut, lasse sich dadurch nicht vom Wesentlichen abbringen. Wenn ihr etwas kauft, betrachtet es so, als könntet ihr es nicht behalten. Verliert euch nicht an diese Welt, auch wenn ihr in ihr lebt. Denn diese Welt mit allem, was sie zu bieten hat, wird bald vergehen.*
>
> *1. Korinther 7,29-31 Hfa*

Mit anderen Worten: Wir geben alle Besitzansprüche und allen Eigenwillen auf.

Meister Eckhart (1260–1328), ein deutscher Dominikanermönch, Seelsorger und Theologe, lehrt die Praxis des Loslösens anhand der Geschichte von Maria, der Mutter Jesu.[11] Maria war bereit, ihr Ansehen, ihre Sicherheit und ihre Träume aufzugeben, ganz leer zu werden und ihren Willen dem Willen des Vaters zu unterstellen. So konnte sie sich ganz darauf einlassen, Jesus in sich aufzunehmen. In gleicher Weise, so argumentiert Eckhart, müssen auch wir von allen geschaffenen Dingen frei werden, um Gott und all dem, was er in uns hineinlegen will, Raum zu geben. Er schreibt: „Leer sein aller Kreaturen ist Gottes voll sein, und voll sein aller Kreaturen ist Gottes leer sein."[12]

Was bedeutet dies nun praktisch? Einiges! Ich möchte hier zunächst drei Punkte nennen:

- Wir sind offen für die Entwicklung der Ereignisse und Umstände in unserem Leben, nehmen alles an und klammern uns nicht an irgendwelche irdischen Erfahrungen oder Ziele. Stattdessen vertrauen wir darauf, dass Gott alle Dinge lenkt – zu unserem Wohl, zu seiner Ehre und zum Wohl der Welt.
- Wir setzen uns in unserem Leben und in der Gemeindearbeit durchaus Ziele und geben den Kurs vor, versteifen uns aber nicht auf einen bestimmten Ausgang. Wir verpflichten uns zum aktiven Dienst für Jesus mit leidenschaftlicher, aber doch gelassener Tatkraft. Dabei erkennen wir an, dass wir das, was Gott tun will, weder manipulieren noch vorhersagen können.
- Wir beten nicht, um unseren Willen zu bekommen, sondern ihn dem Willen Gottes zu unterstellen, und erkennen in ungesunden Abhängigkeiten ein Spiegelbild unseres geistlichen Kernproblems: unseres Eigenwillens.

Ich will Ihnen erzählen, wie sich das Ausruhen bei Jesus auf eine der schwierigsten Entscheidungen auswirkte, die ich als Pastor je zu treffen hatte.

Seit zweiundzwanzig Jahren war ich leitender Pastor der New Life Fellowship Church, als ich erkannte, dass ich in den nächsten vier Jahren einen Nachfolger finden und einen geordneten Übergang einleiten sollte. Als wir gemeinsam mit einem Berater einen geeigneten Plan erarbeiteten, war mir eines klar: Wir hatten es nicht in der Hand, ob Gott innerhalb dieses Zeitrahmens einen in unseren Augen „richtigen“ Kandidaten schicken würde. Vor diesem Hintergrund rang ich mit manchen Fragen: *Könnte es Gottes Wille sein, dass die Gemeinde für einige Zeit ohne leitenden Pastor auskommen muss? Oder dass New Life gar auseinanderbricht? Damit würden wir die Botschaft aussenden, dass auch emotional gesunde Nachfolge keineswegs ein Garant dafür ist, dass alles so läuft, wie wir es uns wünschen. Möchte Gott vielleicht die Leute von New Life in andere Gemeinden zerstreuen, damit sie dort zum Segen werden?*

Während des gesamten vierjährigen Prozesses, der uns durch manche Höhen und Tiefen führte, wollte ich das Ergebnis Jesus überlassen. Das war nicht einfach. Es erforderte Tag für Tag meine ganze Hingabe. Ich bin mir heute zutiefst bewusst, dass der gelungene Übergang zu einem neuen leitenden Pastor eine Gnade und ein Geschenk Gottes war, durch das die New Life Fellowship Church ganz neu aufblühen durfte. Doch es wäre vielleicht nicht dazu gekommen, hätten wir uns nicht darauf eingelassen, die Sache aus der Hand zu geben und bei Jesus Ruhe zu finden – unabhängig vom Ergebnis.[13]

Praxis 3: Auf Jesus hören

Auch die besten aus Jesu Leitungsteam – Petrus, Jakobus und Johannes – waren keine guten Zuhörer. Dies wird sehr deutlich, als Jesus sie einlädt, mit ihm auf einen hohen Berg zu steigen. „Da wurde Jesus vor ihren Augen verwandelt: Sein Gesicht leuchtete wie die Sonne, und seine Kleider strahlten hell. Dann erschienen plötzlich Mose und Elia und redeten mit Jesus“ (Matthäus 17,2-3 Hfa).

Hätte Petrus bei einem solchen überwältigenden, blendenden Anblick nicht voll Ehrfurcht vor Jesus niederfallen müssen? Oder zumindest abwarten und zuhören? Weit gefehlt! Petrus tut das, was auch wir so oft tun. Er sieht eine Gelegenheit und unterbricht den Zauber des Augenblicks sogleich mit einem Vorschlag: Sie könnten doch als Zeugnis für das, was Gott tut, drei Schutzhütten aufstellen!

Aber er kommt mit seinem Plan nicht sehr weit. Gott selbst fällt ihm ins Wort: „Auf ihn [Jesus] sollt ihr hören" (Matthäus 17,5 Hfa).

Jesus hatte mit Petrus zuvor bereits über seine Kreuzigung und deren Bedeutung für die Jünger gesprochen. Petrus aber hatte nicht zugehört. Ganz einfach deshalb, weil der Kurs, den Jesus einschlug, ihm abwegig erschien und in seinen Augen keinen Sinn ergab.

Petrus war zutiefst überzeugt, nur das Beste im Sinn zu haben. Trotzdem führte das, was er für das Beste hielt, ihn und andere in die Irre. Dasselbe kann uns auch passieren. Wenn wir vorpreschen, ohne zuerst zuzuhören, schaden wir uns selbst und den Menschen, die uns anvertraut sind.

Gottes Wort an Petrus ist auch Gottes Wort an uns: *Hört auf Jesus.*

Seien wir ehrlich: Wir alle wünschen uns ein geistliches Leben, doch am liebsten nach unseren eigenen Vorstellungen und unserem Zeitplan. Jesus nachzufolgen aber bedeutet nicht, zuerst etwas für ihn zu tun; es bedeutet, auf ihn zu hören und dann zu tun, was er sagt. Es ist wichtiger, auf Jesus zu hören als auf Menschen, Pläne, Programme oder was auch immer.

Für diese Art des Hörens reicht es nicht, gelegentlich kurz vor Gott zu kommen. Es geht um ein tiefes Zuhören, bei dem wir uns seiner Führung anvertrauen, sodass er sein Werk in uns tun kann. Dann kann sich seine Kraft in uns entfalten, selbst wenn das, was er von uns verlangt, unserer kulturellen Prägung völlig entgegenläuft. Sodass wir zum Beispiel nicht nach Beifall heischen, dass wir Nein sagen zu Größen- und Erfolgswahn und dass wir Scheitern und Leid annehmen.

Aus dem Hören auf Gott kann das fließen, was in den ersten Jahrhunderten der Kirchengeschichte als wertvollste geistliche Gabe galt: die *discretio,* das heißt, die Gabe der Unterscheidung, was wichtig ist und was nicht, was zu viel oder zu wenig ist, also die Einsicht in das rechte Maß. Man wusste, dass ohne sie Einzelne und Glaubensgemeinschaften leicht fehlgeleitet und zerstört werden konnten. Deshalb wurde diese Fähigkeit für Äbte klösterlicher Gemeinschaften als unerlässlich betrachtet. Geistliche Führer, denen es daran mangelte, galten als gefährlich. Denn sie bürdeten den Menschen unwissentlich Lasten auf, die sie nicht tragen konnten, und boten oberflächlichen oder fehlgeleiteten geistlichen Rat an.

Discretio ist die Haltung des betenden Abwartens, wie die Dinge sich entwickeln. Sie hat die Demut und Geduld zu erkennen, wann es besser ist, sich zurückzuhalten und nicht einzugreifen, weil alles voreilige Handeln die gegebene Situation nur verkomplizieren würde. Paulus spricht von der Fähigkeit, „zu beurteilen, ob etwas vom Geist Gottes gewirkt ist oder nicht" (1. Korinther 12,10).

Die klassische Lehre über die *discretio* legt besonderen Wert darauf, dass wir unser bestes Urteilsvermögen demütig den weisen Ältesten im Glauben unterstellen. So können wir erkennen, was richtig ist, und insbesondere Maßlosigkeit jeglicher Art vermeiden – selbst in offenkundig guten Dingen.

Deshalb sind das Hören auf Gott und die Einsicht in das rechte Maß bei Entscheidungen aller Art so überaus wichtig – insbesondere, wenn sich uns neue, verlockende Chancen bieten.

Seien Sie getrost – Sie sind nicht allein

Wenn Sie damit beginnen möchten, bei Jesus auszuruhen, sich für Jesus loszulösen und auf Jesus zu hören, dann heißt das, gegen den Strom zu schwimmen. Denn wahrscheinlich leben Sie nicht in einer klösterlichen Gemeinschaft mit vorgegebenen Strukturen, die Sie auf Ihrem Weg unterstützen könnte. Es wird ein Ausprobieren sein, was für Sie vor dem Hintergrund Ihrer individuellen Berufung, Ihrer Verantwortlichkeiten, Ihrer Grenzen und Ihres Temperaments am hilfreichsten ist. Und stellen Sie sich darauf ein, dass nicht alles sofort reibungslos gelingt. Lassen Sie sich von Rückschlägen nicht entmutigen.

Das Wichtigste ist, dass Sie den Ruf Gottes in Ihrem Leben – und im Leben der Menschen, auf die Sie Einfluss haben – auf lange Sicht betrachten und dem Gekreuzigten, nicht dem verwestlichten Jesus folgen. *Ruhen Sie* in Jesus und finden Sie bei ihm Halt. *Lösen Sie sich* aus ungesunden Abhängigkeiten und übergeben Sie Jesus Ihren Willen und Ihre Pläne. *Hören Sie* auf ihn. Sie können felsenfest darauf vertrauen, dass er zu Ihnen spricht.

Kapitel vier
Grenzen als Gottes Geschenk annehmen

Es war einmal ein Mann, der sich viele Gedanken darüber gemacht hatte, was er mit seinem Leben anfangen wollte. Eines Tages bot sich ihm die Chance, seinen Traum zu verwirklichen. Eine so einmalige Gelegenheit musste er beim Schopf packen. Allerdings würde er sich dazu auf eine lange Reise begeben müssen.

Und so machte er sich auf den Weg. Seine Vorfreude wuchs mit jedem Kilometer, während er sich ausmalte, wie sein Zukunftstraum sich erfüllen würde. Da führte sein Pfad über eine Brücke hoch über einen gefährlichen, reißenden Fluss.

Er wollte sie gerade überqueren, als er einen Fremden bemerkte, der ihm entgegenkam. Der Mann hatte ein Seil mehrmals um seinen Leib gewickelt. Wie es aussah, mochte es gut und gern 10 Meter lang sein.

Der Fremde begann, das Seil im Gehen abzuwickeln. Kurz bevor die beiden Männer sich trafen, sagte der Fremde: „Verzeihung, Sir, wären Sie so freundlich und würden das Ende des Seils für mich halten?"

Ohne groß nachzudenken, streckte der Mann die Hand aus und griff nach dem Seil.

„Danke", sagte der Fremde und fügte hinzu: „Nehmen Sie es lieber mit zwei Händen und denken Sie dran: Gut festhalten!"

In diesem Moment sprang der Fremde von der Brücke!

Der Zug des abgewickelten Seils war so stark, dass der Mann um ein Haar über die Brüstung in den tosenden Fluss gerissen worden wäre.

„Was soll das?", rief er über das Geländer.

„Halten Sie es einfach fest“, rief der Fremde von unten zurück.

Das ist lächerlich!, dachte der Mann. Er schickte sich an, den Fremden hochzuziehen, das aber ging über seine Kräfte.

„Warum haben Sie das getan?“, schrie er ärgerlich über die Brüstung.

„Denken Sie dran“, sagte der Fremde, „wenn Sie loslassen, komme ich um.“

„Aber ich kann Sie nicht hochziehen“, rief der Mann.

„Sie sind jetzt für mich verantwortlich“, entgegnete der Fremde.

„Das wollte ich aber gar nicht“, schimpfte der Mann.

„Wenn Sie loslassen, bin ich verloren“, wiederholte der Fremde.

Der Mann blickte um sich, aber es war weit und breit niemand zu sehen, der ihm hätte helfen können.

Er begann, über seine missliche Lage nachzudenken. Voller Eifer hatte er sich aufgemacht, um seinen Traum zu verwirklichen. Nun saß er hier fest und es war nicht abzusehen, wie lange.

Vielleicht kann ich das Seil irgendwo festbinden, überlegte er. Er inspizierte die Brücke sorgfältig, aber es gab keine Möglichkeit, die Bürde loszuwerden, die dieser Fremde ihm aufgehalst hatte.

Wieder rief er über die Brüstung: „Was wollen Sie eigentlich?“

„Nur Ihre Hilfe“, kam die Antwort.

„Wie soll ich Ihnen denn helfen? Ich kann Sie nicht hochziehen und auch keine Hilfe holen, weil das Seil sich nirgends anbinden lässt.“

„Halten Sie es einfach fest“, erwiderte der baumelnde Fremde. „Mein Leben liegt in Ihren Händen.“

Der Mann war fassungslos. *Wenn ich loslasse, werde ich mir bis an mein Lebensende Vorwürfe machen, dass ich diesen Fremden habe sterben lassen. Wenn ich bleibe, muss ich meinen Traum begraben. Was ich auch tue, es wird mich für immer verfolgen.*

Die Zeit verging. Dem Mann wurde bewusst, dass es allerhöchste Zeit war weiterzugehen, sonst würde er zu spät kommen.

Schließlich kam ihm eine neue Idee. „Hören Sie“, erklärte er dem Mann, der unten hing, „ich glaube, ich weiß, wie ich Sie retten kann.“ Allein konnte er den Fremden nicht hochziehen, aber wenn der Fremde am Seil ein Stück hochklettern und den Abstand verkürzen würde, könnten sie es gemeinsam schaffen.

Aber der baumelnde Fremde dachte überhaupt nicht daran.

„Sie wollen also gar nicht helfen?", rief der Mann ihm zu. „Hören Sie, ich kann das Seil bald nicht mehr halten."

„Wenn Sie loslassen, sterbe ich", kam die Antwort.

In diesem Moment hatte der Mann auf der Brücke eine Erleuchtung, einen Gedanken, den er bisher niemals in Erwägung gezogen hätte. „Hören Sie gut zu, was ich jetzt sage. Ich meine es ernst."

Verzweifelt und verzagt blickte der Fremde auf.

„Ich bin nicht bereit, Ihnen Ihre Lebensentscheidungen abzunehmen. Ich treffe nur meine eigenen", erklärte der Mann bestimmt. „Ab sofort gebe ich Ihnen die Verantwortung für Ihr Leben zurück!"

„Was meinen Sie damit?", fragte der Fremde sichtlich verängstigt.

„Ganz einfach: Es liegt an Ihnen. Sie entscheiden über Ihre Zukunft. Ich werde von hier oben nur dagegenhalten. Hochziehen müssen Sie sich selbst."

Der Mann stemmte sich in den Boden, um als Gegengewicht zu fungieren.

„Das kann nicht Ihr Ernst sein", schrie der Fremde. „So egoistisch würden Sie nicht sein. Schließlich sind Sie für mich verantwortlich. Was könnte Ihnen so wichtig sein, dass Sie mich dafür sterben lassen würden?!"

Nach langem Schweigen sagte der Mann auf der Brücke langsam: „Ich nehme Ihre Entscheidung an."

Er ließ das Seil los und ging weiter.[1]

Der schwierige Umgang mit unseren Grenzen

Dies ist nur eine Fabel, aber sie hat es in sich, oder?

Vermutlich befand sich jeder von uns schon einmal in der Rolle des Mannes auf der Brücke. Für zu viele von uns ist sie sogar buchstäblich zu einer Lebensweise geworden. Wir möchten Menschen helfen, die von der Brücke gefallen sind, und sind uns darüber im Klaren, dass die Nachfolge Jesu Opfer verlangt. Also bemühen wir uns nach Kräften, Menschen hochzuziehen, oft auf Kosten unserer eigenen emotionalen und geistlichen Gesundheit. Und am Ende fällt oder springt so mancher von denen, die wir meinen, endlich gerettet zu haben, von einer anderen Brücke!

Jahrelang stand ich mit ausgestreckter Hand da und ergriff Seile, die Leute mir zuwarfen. Und wenn sie dann von der Brücke baumelten, fühlte ich mich wie in einer Falle. *Wie könnte ich loslassen? Ich bin schließlich Christ. Würde Jesus sie nicht hochziehen? Ist es nicht egoistisch von mir, es nicht zu tun? Wie lange muss ich denn meine eigenen Träume und Hoffnungen auf Eis legen? Spielt es für mich als Diener Christi überhaupt eine Rolle, was ich selbst will? Wo sind eigentlich die anderen geblieben? Warum muss ausgerechnet ich diese ganzen Seile halten?*

Mir ging es so wie vielen anderen, die in einem beziehungsorientierten Umfeld tätig sind. Allmählich wurde ich nachtragend gegenüber denen, die nicht wie ich bereit waren, für Gott zu „leiden". In Jesu Gleichnis war der barmherzige Samariter auf nur einen einzigen Menschen am Straßenrand getroffen (siehe Lukas 10,29-37). Mir kam es so vor, als stünden regelmäßig fünfzehn auf einmal auf der Brücke, und jeder legte mir ein Seil in die Hand. Ich hatte oft Momente, in denen ich am liebsten die Augen vor ihnen verschlossen hätte. Allein das Wissen um all die Nöte um mich herum gab mir das Gefühl, jede einzelne Not sei ein neues Seil, das mir in die Hände gelegt wurde.

Ich begriff damals nicht, dass meine Grenzen eine Gabe Gottes sind. Nur wenn ich das weiß, kann ich erkennen, was ich für einen Nächsten in Not tun oder nicht tun sollte.

Ein Kernmerkmal emotional gesunder Nachfolge ist ein tiefes theologisches und praktisches Verständnis für unsere Grenzen. Fehlt es uns, können wir Gott, uns selbst und andere auf lange Sicht nicht wirklich lieben. Gesunde Grenzen sind in jedem Bereich des Lebens wichtig – sei es am Arbeitsplatz, in der Erziehung, in der Ehe, in Freundschaften oder bei Verabredungen. Ganz besonders notwendig aber sind sie für diejenigen von uns, die in der neuen Familie Jesu – der Gemeinde – Verantwortung tragen.

Grenzen sind nämlich eine zutiefst geistliche Angelegenheit. Wenn wir sie annehmen, erkennen wir an, dass wir nicht Gott sind. Gott ist Gott und wir sind es nicht. Stattdessen verstehen wir uns als seine Geschöpfe und beugen uns der Tatsache, dass er allein für die Welt verantwortlich ist.

Grenzen sind etwas zutiefst Geistliches

Die Frage, wie wir unsere Grenzen verstehen und mit ihnen umgehen, berührt den Kern unserer Beziehung zu Gott. Sie ist sogar so grundlegend, dass der Widersacher Grenzen von Anfang an strategisch genutzt hat.

Grenzen im Garten

Die Erbsünde von Adam und Eva bestand darin, sich über gottgegebene Grenzen hinwegzusetzen. Überlegen Sie einmal: Gott gab ihnen im Garten Eden enorme Freiheiten. Sie sollten ihre Arbeit und ihre Errungenschaften genießen. Aber ohne Erklärung setzte Gott dem Menschen auch eine Grenze: „Von allen Bäumen im Garten darfst du essen, nur nicht von dem Baum, der dich Gut und Böse erkennen lässt. Sobald du davon isst, musst du sterben!" (1. Mose 2,16-17 Hfa). Dahinter steckte keine Willkür. Der Baum der Erkenntnis von Gut und Böse mitten im Garten konfrontierte sie mit Gottes Autorität.

Adam und Eva sollten Gottes Güte und Liebe vollkommen vertrauen, auch wenn sie seine Wege nicht immer verstanden. Die Schlange nutzte dies geschickt aus. Sie säte in Adam und Eva Zweifel an Gottes Güte. In Wirklichkeit sei diese Grenze kein Zeichen von Liebe, sondern dafür, dass Gott ihnen nichts gönne. „‚Unsinn! Ihr werdet nicht sterben', widersprach die Schlange, ‚aber Gott weiß: Wenn ihr davon esst, werden eure Augen geöffnet – ihr werdet sein wie Gott und wissen, was Gut und Böse ist'" (1. Mose 3,4-5 Hfa).

Anstatt also Gottes Grenzen anzunehmen, waren Adam und Eva schließlich überzeugt, dass Gott ihnen etwas Gutes vorenthielt. Sie erlagen der Versuchung des Bösen und entschieden sich dafür, „wie Gott", also *un*begrenzt zu sein. Die Folgen ihrer Entscheidung sind bis heute zu spüren.

Zum Glück endet die Geschichte aber nicht mit dem ersten Adam.

Grenzen in Jesu Dienst

Es ist kein Zufall, dass der Apostel Paulus eine direkte Verbindung zwischen Adam und Jesus herstellt und ihn als den zweiten Adam bezeichnet (Römer 5,12-21). Um die Folgen des Sündenfalls rückgängig zu machen, wurde auch Jesus den Versuchungen des Bösen ausgesetzt. Und wie bei Adam und Eva ging es dabei um Grenzen. Als er in der Wüste dreimal vom Teufel versucht wurde, fügte Jesus sich im Vertrauen auf den Vater in die ihm gesetzten Grenzen. Insbesondere musste er sich damit abfinden, dass seine unmittelbaren Bedürfnisse unbefriedigt blieben.

In der ersten Versuchung beginnt der Teufel: „Wenn du Gottes Sohn bist, dann befiehl, dass diese Steine hier zu Brot werden!" (Matthäus 4,3). Jesus hat die Macht, Manna vom Himmel herabzurufen oder aus Steinen Brot zu machen, aber er tut es nicht. Stattdessen wartet er und lässt sich auf Gottes Zeitplan ein. Grenzen.

In der zweiten Versuchung führt Satan Jesus auf den höchsten Punkt der heiligen Stadt und fordert ihn auf, von der Zinne des Tempels zu springen. Was für eine gute Gelegenheit, der Menge zu zeigen, dass Gott wirklich auf seiner Seite ist! Jesus aber weiß, dass er auf Gottes Zeitplan warten muss. Er nimmt Gottes Grenzen an und geht die Tempelstufen zu Fuß hinunter. Es geschieht kein Wunder. Chance verpasst, Menschen von seiner Sache zu überzeugen! Wieder: Grenzen.

In der dritten Versuchung wird Jesus auf einen hohen Berg gebracht und bekommt die herrlichen Reiche der Welt gezeigt. Sie alle könnten ihm gehören – auf der Stelle. Jesus bräuchte dazu nur die von Gott gesetzte Grenze zu missachten und sich über Gottes langsamen Zeitplan mit Leiden und Kreuz hinwegzusetzen. Aber das tut er nicht. Stattdessen beugt er sich demütig der Weisheit des Vaters. Noch einmal: Grenzen.

Immer wieder hat Jesus während seines dreijährigen Wirkens Grenzen angenommen.

Er heilte nicht jeden Kranken oder Besessenen. Er baute keine große Gemeinde in Kapernaum auf, als sie ihn anflehten, in dieser Stadt zu bleiben (siehe Markus 1,21-45). Er wies manche Leute ab, die mit ihm gehen wollten, wie z. B. den Mann, aus dem er eine Legion Dämonen ausgetrieben hatte (siehe Markus 5,18-20). Nach einer ganzen Nacht im Gebet wählte er sich einen engen Kreis von nur zwölf Männern; andere waren zweifellos enttäuscht. Jesus ging nicht persönlich hin, um die Bedürfnisse aller Menschen in Europa, Afrika, Asien oder Amerika zu erfüllen. Und doch konnte er am Ende seines Lebens zu seinem Vater sagen: „Ich habe das Werk vollendet, das du mir aufgetragen hast" (Johannes 17,4).

Mit außerordentlicher Gelassenheit und einem tiefen Frieden hat Jesus während seines Wirkens Ja zu seinen Grenzen gesagt. Dasselbe sehen wir auch bei einem Mann, über den wir weiter oben schon einmal gesprochen haben – bei der beeindruckenden Figur Johannes des Täufers.

Grenzen im Leben Johannes des Täufers

Das Leben von Johannes dem Täufer bietet uns ein wunderbares Beispiel dafür, was es bedeutet, Grenzen als Gottes Geschenk anzunehmen. Mit seinen Predigten zog er Massen von Menschen an. Doch als Jesus sein Wirken begann, wandten sich viele von Johannes ab, um Jesus zu folgen. Einige von Johannes' Anhängern ärgerten sich darüber und beschwerten sich bei Johannes: „Alle Leute gehen zu ihm" (Johannes 3,26 Hfa).

Johannes antwortete aus einer Theologie der Grenzen heraus: „Ein Mensch kann sich nicht das Geringste selber nehmen; es muss ihm vom Himmel her gegeben werden" (Johannes 3,27). Er sagte damit: „Ich akzeptiere meine Grenzen, meine Menschlichkeit, meine abnehmende Beliebtheit. Denn nicht ich bin der Mittelpunkt der Welt. Gott ist es. Er muss zunehmen; ich muss abnehmen."

Wie Sie an diesen drei Fallbeispielen – Adam und Eva, Jesus und Johannes dem Täufer – sehen können, hat unser Umgang mit unseren Grenzen weitreichende Konsequenzen, im Guten wie im Schlechten. Stellen Sie sich vor, was passiert wäre, wenn Johannes der Täufer Gottes Grenzen nicht angenommen hätte, sondern um jeden Preis eine große, wachsende Bewegung hätte anführen wollen. Was hätte passieren können, sowohl mit ihm als auch mit seinen Anhängern? Er hätte Verwirrung gestiftet und das größere Werk Gottes behindert. Beziehungskonflikte zwischen seinen und Jesu Nachfolgern wären vorprogrammiert gewesen.

Das ist in unseren Gemeinden heute nicht anders.

Der hohe Preis des grenzenlosen Dienstes

In meinen frühen Jahren als Pastor war mir nicht klar, dass Grenzen eine *Gabe* Gottes sind. Ständig hatte ich viel zu viel zu tun. Nie reichte die Zeit. Ich fühlte mich chronisch unter Druck gesetzt und war frustriert, dass ich so wenig Freiraum und Flexibilität in meinem Leben hatte. Sosehr ich auch versuchte, die Bedürfnisse der Menschen um mich herum zu erfüllen, ich wurde nie fertig. Ich bat Gott um Hilfe, arbeitete an meinen Prioritäten und bemühte mich um ein besseres Zeitmanagement. In Seminaren versuchte ich zu lernen, effektiver zu führen und zu delegieren. Nichts davon half.

Worin lag das Problem?

Ich hatte die theologische Wahrheit, dass Grenzen ein gutes Geschenk Gottes sind, nie verinnerlicht und nie mit der Nachfolge und meinem Dienst für Jesus in Verbindung gebracht.

Unser mangelndes Verständnis dafür, was Grenzen und Einschränkungen mit unserer Arbeit für Christus zu tun hatten, hätte Geri und mich fast dazu gebracht, den Pastorendienst aufzugeben. Ich kenne Pastoren, die anfangs mit Begeisterung den Menschen dienten, später aber alles hinwarfen. Sie wussten einfach nicht, wie sie die Brücken in ihrem Amt überqueren sollten, ohne jedes Seil anzunehmen, das man ihnen in die Hand drückte. Auch wir waren weder darin geschult, Menschen zu helfen, für sich selbst Verantwortung zu übernehmen, noch darin, wie wir das Maß und die Grenzen unserer Verantwortung für sie erkennen konnten.

Das führte dazu, dass ich als Leiter jahrelang versuchte, jemand zu sein, der ich nicht war. Ich meinte, wenn ich mich mehr an anderen erfolgreichen Leitern orientieren würde, könnte ich endlich mein Leben und meinen Dienst in den Griff bekommen. Also besuchte ich Konferenzen und las Bücher, die mir Idealbilder von Gemeinden vor Augen malten, also das taten, was Eugene Peterson als „kirchliche Pornografie" bezeichnet.[2] Sie versprachen mir eine Gemeinde frei von Problemen normalsterblicher Sünder wie uns. Die besten Strategien und Personen wurden als leuchtende Vorbilder hingestellt. Das ungeschriebene Versprechen war einfach: Ich bräuchte mir nur an ihnen ein Beispiel zu nehmen, dann würde unsere Gemeinde genauso florieren.

Das dachte ich zumindest.

Das Problem war, dass Gott mir nicht die gleichen Fähigkeiten, Kompetenzen oder die gleiche Berufung gegeben hatte wie diesen anderen Pastoren. Ich brachte andere Stärken in meine Leitungsaufgabe ein. Meine mangelnde Bereitschaft, meine Grenzen anzunehmen, führte mich auf Wege, die Gott nie für mich vorgesehen hatte. Jahrelang versuchte ich nach einem Drehbuch zu leben, das nicht meines war.

Gott hat mir drei, vier oder fünf Gaben gegeben. Nicht acht oder gar zehn. Meine Eltern sagten mir, ich könne werden, was ich wolle, sei es Arzt, Musiker, Professor, Schriftsteller oder Profisportler. In der Highschool versuchte ich, Basketball zu spielen wie Michael Jordan. Ich konnte es nicht. Wir verloren die meisten unserer Spiele. Doch ich verstand die Botschaft nicht. Ich konnte eben *nicht* alles tun, was ich wollte. Ja, ich hatte Gaben und Potenzial, aber ich hatte auch deutliche Grenzen. Und anstatt diese Grenzen als Gottes Geschenk zu sehen, betrachtete ich sie als Hindernisse auf dem Weg hin zu Macht und Einfluss.

Was ich damals nicht sah: Durch das Leugnen und Missachten meiner Grenzen missachtete ich auch Gott. Und genau diese Dynamik brachte ich in die Gemeinde mit.

Jahrelang hielten wir unseren fieberhaften Aktionismus aufrecht, ohne zu erkennen, dass Grenzen nach der biblischen Lehre eine Gabe sind. Dafür zahlten wir einen hohen Preis, in unserem persönlichen Leben, in unseren Familien und in der Gemeinde als Ganzes.

Wir hatten noch nicht entdeckt, dass es einen anderen Weg gibt: Wir müssen lernen, zwischen zwei Arten von Grenzen zu unterscheiden.

Zwei Arten von Grenzen unterscheiden

Um Grenzen als Geschenk anzunehmen, müssen wir uns regelmäßig zwei Hauptfragen stellen:

- Welche Grenzen muss ich *annehmen*, ein freudiges Ja dazu finden und sie als Gottes Einladung sehen, ihm zu vertrauen?
- Wo fordert Gott mich auf, im Glauben Grenzen zu *überschreiten*, damit

andere ihn kennenlernen oder ich der Mensch werde, den er sich erdacht hat?

Die erste Frage bezieht sich auf Grenzen, die wir als Geschenk annehmen, weil wir uns ihnen fügen sollen. Besonders Menschen mit dem Persönlichkeitstyp A, die „Macher“, können diese biblische Wahrheit nur schwer erfassen, da sie ihrem Naturell völlig zuwiderläuft.

Auch Grenzen der zweiten Art sind ein Geschenk, jedoch ein ganz anderes, weil Gott durch sie seine Macht offenbart und Wunder tut. Nur zu gerne überschreiten wir diese Grenzen, weil dabei etwas herauskommt, was wir uns wünschen, wie Heilung oder Gebetserhörungen. Die Gemeinde wächst, unser Alltag wird einfacher und Gottes Name wird verherrlicht – und das alles gleichzeitig!

Sehen wir uns diese beiden Arten von Grenzen einmal genauer an, angefangen bei dem schwierigeren Part – den Grenzen, die wir annehmen sollen.

Grenzen, die wir annehmen sollen

Es zeugt von einer großen Reife, wenn eine Gemeinde neue Möglichkeiten erkennt und sich dennoch *dagegen* entscheidet. Wie viele Gottesdienste sollten wir am Sonntag anbieten? Wenn wir jetzt schon zweihundert Menschen sind, warum könnten wir nicht auch vierhundert werden?

Eines der stärksten Beispiele für diese Art von Grenzen findet sich im Leben Davids auf dem Höhepunkt seines Amtes als König. Davids Macht hatte sich gefestigt. Er war beliebt beim ganzen Volk und veröffentlichte regelmäßig kraftvolle Psalmen zum Lob Gottes. Sein größter Wunsch war es, Gott einen Tempel zu bauen, damit die umliegenden Völker den Gott Israels kennenlernen könnten. Das nötige Geld und genügend Arbeitskräfte hatte er. Die ganze Nation stand hinter seinem Projekt und sogar der Prophet Natan ermutigte ihn, es zu tun.

Gott jedoch sagte Nein.

Dies war einer der kritischsten Momente in Davids Leben. Er würde ihn als wahren König mit einem Herzen für Gott entweder qualifizieren oder disqualifizieren.[3]

Wir können uns lebhaft vorstellen, wie tief enttäuscht und beschämt David gewesen sein muss. Was würden all die anderen heidnischen Könige um ihn herum denken? Sie alle hatten ihren Göttern prächtige Tempelbauten errichtet. Im Vergleich zu ihnen sahen David und sein Volk Israel schwach aus.

David, so heißt es in der Bibel, setzte sich hin und betete. Als er sich von seinem Gebet erhob, fügte er sich in die Grenzen Gottes und vertraute darauf, dass Gott einen Plan hatte, den er nicht sehen konnte. „Unser Gott ist im Himmel! Alles, was ihm gefällt, das führt er auch aus“ (Psalm 115,3).

David rang mit der geistlichen Kernfrage, der wir uns alle stellen müssen, wenn wir versuchen, innerhalb unserer von Gott gegebenen Grenzen zu leben: *Kann ich darauf vertrauen, dass Gott gut ist und wirklich alle Dinge im Griff hat?*

David akzeptierte, dass sein Wissen zu begrenzt war, um Gottes Absichten zu erkennen und um zu verstehen, warum Gott zu seinen Plänen Nein sagte. Er nahm seine gottgegebenen Grenzen an, bereitete aber schon das Baumaterial vor, damit sein Sohn Salomo in der nächsten Generation den Tempel bauen könnte.

Warum fällt es uns oft so schwer, Grenzen als Geschenk zu sehen und anzunehmen? Die Antwort hat zwei Aspekte. Zum einen läuft diese Wahrheit unserer kulturellen Prägung vollkommen zuwider. Zum anderen berührt sie die Wurzel unserer Rebellion gegen Gott, so wie es bei Adam und Eva im Garten Eden der Fall war.

Und doch liegt in unseren Grenzen so viel Gutes verborgen. Sie schützen uns, damit wir uns selbst, andere oder Gottes Werk nicht verletzen. Grenzen lassen uns geerdet und demütig bleiben und erinnern uns daran, dass wir nicht die Welt regieren können. Sie stellen unsere eigenen Pläne infrage. Grenzen sind Gottes Werkzeug, um uns und unserer Arbeit für sein Reich eine Richtung zu geben – wenn wir bereit sind zu hören. Sie sind einer der wichtigsten Wege, an Weisheit zu wachsen. Und was vielleicht am wesentlichsten ist: An unseren Grenzen begegnen wir Gott auf eine Weise, die sonst unmöglich wäre.

Um Gottes Willen in Bezug auf unsere Grenzen zu erkennen, müssen wir unsere ganz persönlichen Grenzen zuerst herausfinden. Das erfordert eine ehrliche Einschätzung. Es geht nicht nur darum, wie viele Grenzen uns gesetzt sind, sondern auch, wie stark sie uns beschränken. Für den Anfang möchte ich Ihre Aufmerksamkeit auf sechs Schlüsselbereiche legen.

Wo liegen die Grenzen Ihrer Persönlichkeit und Ihres Temperaments? Beflügelt es Sie eher, wenn Sie unter Menschen sind oder wenn Sie allein sind – sind Sie also eher extrovertiert oder introvertiert? Sind Sie eher spontan und kreativ oder beherrscht und strukturiert? Sind Sie eher locker und entspannt oder konzentriert und zielstrebig? In Sachen Kühnheit und Risikobereitschaft lag ich auf einer Skala von eins bis zehn bei zehn (der Höchstpunktzahl). Ich war bereit, es als Robin Hood mit Nottingham aufzunehmen, um eine große Vision zu verwirklichen. Gleichzeitig habe ich auch eine sehr ausgeprägte Sensibilität. Dies würde mich als Berater oder Sozialarbeiter qualifizieren, nicht als CEO eines großen Unternehmens.

Wenn Sie mehr über die Grenzen Ihrer Persönlichkeit und Ihres Temperaments erfahren wollen, empfehle ich Ihnen das Enneagramm, Myers-Briggs und DISG als hilfreiche Werkzeuge.

Wo liegen die Grenzen Ihrer derzeitigen Lebensphase? Eine Lebensphase ist auch eine gottgegebene Grenze. Das Buch Prediger lehrt uns: „Alles, was auf der Erde geschieht, hat seine von Gott bestimmte Zeit" (Prediger 3,1 GNB). Es gibt Zeiten, in denen wir zu Hause gefordert sind, wenn unsere Kinder klein sind oder besonderen Förderbedarf haben. Zu anderen Zeiten erleben wir körperliche oder emotionale Herausforderungen oder gehen durch Krisen, die unser Leben aus der Bahn werfen. Dann gibt es Phasen, in denen unsere betagten Eltern auf unsere Hilfe angewiesen sind. Es gibt Zeiten des Wohlstands und Zeiten, in denen wir kaum über die Runden kommen; Phasen, in denen uns ein Studium oder eine Weiterbildung fordert; Zeiten der Tatkraft, aber auch Zeiten des Rückzugs aus der Verantwortung, weil wir vielleicht einen schweren Verlust zu betrauern haben.

Wo liegen Ihre Grenzen als Verheirateter oder Single? Verheiratetsein ist mit Grenzen verbunden, Singlesein mit Grenzen anderer Art. Das Eheversprechen, ein Fleisch mit einem anderen Menschen zu sein, prägt jede unserer Entscheidungen. Ein Hauptgrund, warum wir keinen Samstag- oder Sonntagabend-Gottesdienst eingeführt haben, als ich leitender Pastor bei New Life war, waren die Grenzen unserer Ehe und Familie.

Wenn Sie Single sind, müssen Sie sich fragen: *Wie kann ich heute aus einem gesunden Singledasein heraus für Christus leben?* Die gleiche Frage gilt aber auch für Ehepaare: *Wie kann ich heute aus einer gesunden Ehe heraus für Christus leben?* Für jeden gilt es, sich Zeit zu nehmen, in einer gesunden Gemeinschaft Liebe zu geben und zu empfangen, aber auch eine angemessene Selbstfürsorge nicht zu vernachlässigen.[4]

Wo liegen Ihre emotionalen, körperlichen und intellektuellen Grenzen? Ihre emotionalen, körperlichen und intellektuellen Möglichkeiten sind auch eine gottgegebene Grenze. Ich bin im Grunde sehr belastbar im Umgang mit Menschen und kann mit komplexen Anforderungen gut umgehen. Nicht selten lese ich vier bis fünf Bücher auf einmal. Trotzdem lähmt es mich und drückt mich nieder, wenn ich mehr als zwei Tage am Stück ununterbrochen mit Menschen arbeite. Ich brauche Zeit zum Lesen, Beten und Alleinsein. Eine Siebzig-Stunden-Woche mit körperlicher, emotionaler oder geistiger Arbeit überfordert mich. Um bei zwei aufeinanderfolgenden Sitzungen konzentriert und aufmerksam zu sein, brauche ich dazwischen ein paar Minuten Pause.

Mit zunehmendem Alter stellen wir fest, dass wir körperlich nicht mehr so fit sind wie früher. Andererseits sind uns bestimmte Türen auch verschlossen, solange wir jung sind und noch nicht viel Lebenserfahrung haben. Manche Pläne können wir vielleicht wegen einer körperlichen oder emotionalen Behinderung oder Krankheit nicht verwirklichen.

Wut, Depressionen und Ängste fungieren oft als „Ölkontrollleuchten", die uns bremsen und darauf hinweisen, dass im Motor unseres Lebens etwas nicht stimmt. Ich erlebe es oft, dass Gott mich dadurch auf sich aufmerksam macht.

Wo liegen die Grenzen Ihrer Herkunftsfamilie? Auch Ihre Herkunftsfamilie hat gottgegebene Grenzen und Gaben. Wenn wir in unserer Familiengeschichte nach der Hand Gottes suchen, können wir – selbst in schmerzlichsten Momenten – auch in felsigem Boden Schätze entdecken. Erfahrungen von Missbrauch, Vernachlässigung, Verlassenheit, Armut, Unterdrückung oder Ähnlichem können uns das Gefühl geben, „zurückgeblieben" zu sein, sodass wir ständig meinen, etwas aufholen zu müssen.

Gott sieht das anders.

Die Grenzen, die ich von meiner Familie mitbekommen habe, stellten sich als Gaben heraus, als ich sie angenommen hatte. Heute lebe ich in größerer Abhängigkeit von Gott, bin empfindsamer geworden und nicht mehr so schnell dabei, andere zu verurteilen. Es fällt mir leichter, sie zu lieben, wenn ich sie ermutige, ein freudiges Ja zu ihren gottgegebenen Grenzen zu finden.

Welche zeitlichen Grenzen sind Ihnen gesetzt? Sie haben nur ein Leben. Man kann nicht alles machen. Ich würde gerne mal für eine Zeit in Asien, Europa, Afrika oder einer ländlichen Gegend in den Vereinigten Staaten leben. Auch an verschiedenen Berufen würde ich mich gerne versuchen. Aber das geht nicht. Meine Zeit auf der Erde ist begrenzt – genau wie Ihre.

Jedes Jahrzehnt wirft uns in einen neuen Lebensabschnitt: unsere Teenagerjahre, die Zwanziger, Dreißiger, Vierziger, Fünfziger, Sechziger, Siebziger und darüber hinaus, und in jedem Abschnitt sind wir mit anderen Grenzen konfrontiert. Die Heilige Schrift fordert uns ausdrücklich dazu auf, angesichts unserer begrenzten Lebenszeit um Weisheit zu beten: „Lehre uns zu bedenken, wie wenig Lebenstage uns bleiben, damit wir ein Herz voll Weisheit erlangen!" (Psalm 90,12).

Durch Grenzen offenbart Gott sich uns und der Welt einzigartig und mächtig – wenn wir offene Augen dafür haben. Bedenken Sie einmal diese Beispiele aus der Heiligen Schrift:

- Mit gerade einmal fünf Gerstenbroten und zwei Fischen wurde Jesus als Brot des Lebens offenbar. Das Wunder der Speisung der Fünftausend (mit Frauen und Kindern gerechnet wohl etwa drei- oder viermal so viele) ist so wichtig, dass es als einziges – abgesehen von der Auferstehung – in alle vier Evangelien aufgenommen wurde.
- Mit einem Heer von nur dreihundert Soldaten schlug Gideon 135 000 Midianiter.
- Mose führte trotz mangelnder Redegewandtheit (siehe 2. Mose 4,10-12) und seines hohen Alters von achtzig Jahren zwei bis drei Millionen Israeliten aus Ägypten.
- Jeremia konnte sich durch seinen Hang zur Schwermut gut in Gottes Schmerz und sein liebevolles Herz zu seinem Volk einfühlen.
- In Hoseas unglücklicher Ehe empfing er eine der größten Offenbarun-

gen über Gottes Liebe zu seinem Volk, über die zig Millionen Menschen bis heute nachsinnen.

Hätte einer dieser biblischen Helden sich gegen Gottes Grenzen aufgelehnt, dann hätte er an dem vorbeigelebt, was Gott gerade inmitten oder durch diese Grenzen tun wollte. Einfach ausgedrückt: Grenzen sind oft Gottes verborgene Geschenke.

Wir sehen immer nur einen kleinen Ausschnitt von Gottes Plan. Seine Wege sind nicht unsere Wege. Aber was er durch unsere Grenzen bewirkt, ist mehr, als wir je aus eigener Kraft erreichen könnten.

Eines der Anzeichen für wachsende geistliche Reife ist es, ein ganzes Ja zu unseren gottgegebenen Grenzen zu finden. Leider lehnen sich die meisten von uns gegen Grenzen auf – gegen ihre eigenen und die anderer Menschen. Wir erwarten viel zu viel von uns und sind deshalb häufig resigniert, enttäuscht oder wütend. Eine der Hauptursachen für Burn-out liegt darin, dass wir geben, was wir nicht besitzen.

Wenn wir unsere Grenzen angenommen haben, können wir auch unserer Gemeinde und denen, die sich darin einbringen, helfen, zu ihren eigenen Grenzen Ja zu sagen. Ich habe so ausführlich über das *Annehmen* unserer Grenzen als Geschenk geschrieben, weil genau hier so oft die Wurzel unserer Auflehnung gegen Gott liegt, ganz besonders in unserer Arbeit *für* Gott. Dies bleibt bis heute eine meiner größten geistlichen Herausforderungen.

Gleichzeitig finden wir in der Bibel auch zahlreiche Beispiele, in denen Gottes Diener ihre Grenzen durch Gottes Macht *überschritten* haben. Wie viele andere habe auch ich diesen zweiten Aspekt lange Zeit nicht verstanden und dadurch das mächtige Werk gebremst, das Gott in und durch diese Grenzen tun wollte.

Vielleicht denken Sie jetzt: „Ich glaube, das ist mir auch schon so gegangen. Aber wie soll ich denn das eine vom anderen unterscheiden?"

Eine gute Frage.

Grenzen, die wir überschreiten sollen

Manche Grenzen können wir auch dadurch als Geschenk erfahren, dass wir sie überschreiten. Dazu müssen wir uns fragen: *Welche Grenzen soll ich nach Gottes Willen im Glauben überschreiten, um seinen Namen in der Welt groß zu machen? Welche Grenzen der Unreife soll ich in meinem persönlichen Leben überwinden? Wie kann dies aussehen?*

Ich will es Ihnen zunächst anhand der Bibel und anschließend anhand meiner persönlichen Erfahrungen veranschaulichen. Gott hat viele seiner Diener dazu aufgerufen, ihre Grenzen auf übernatürliche Weise zu überschreiten.

- Sara war neunzig Jahre und Abraham schon so gut wie tot (siehe Römer 4,19), als Gott Sara zur Mutter ganzer Nationen machte.
- Der Prophet Elia neigte zu schweren depressiven Phasen und wurde doch mächtig von Gott gebraucht.
- Die zwölf Jünger waren weder hochgebildet noch außergewöhnlich begabt und hatten auch keine guten Beziehungen. Ihnen fehlte jegliche Leitungserfahrung, die sie darauf vorbereitet hätte, die wichtigste Bewegung der Menschheitsgeschichte zu führen.
- Timotheus, offenbar ein von Natur aus ängstlicher, schüchterner Mann, wurde von Gott berufen, die große, einflussreiche, aber schwierige Gemeinde in Ephesus zu leiten, in der Spaltungen, Probleme und Konflikte an der Tagesordnung waren.
- Maria war Tochter einer armen Familie aus Nazareth, einer kleinen Stadt mit fünfzig bis zweihundert Einwohnern. Damals war es ein gewaltiger Skandal, dass ein so junges, unverheiratetes Mädchen schwanger war. Ihr hätte die Steinigung drohen können. Und doch war sie Gottes auserwähltes Gefäß und sollte Jesus gebären.

Gott gebrauchte jeden dieser Menschen auf einzigartige Weise, als sie im Glauben ihre Grenzen überschritten. Ich wünschte, ich hätte diese Lektion in meinem eigenen Leben und in meiner Rolle als Leiter viel früher gelernt.

Meine zögerliche Reaktion auf Gottes Einladung, eine wesentliche Grenze zu überwinden, hätte mich beinahe dazu gebracht, den Dienst als leitender Pastor von New Life aufzugeben. Damit hätte ich die Chance verpasst, unsere Gemeinde in ihre besten Jahre unter meiner Leitung zu führen. Jahrelang litt ich als Pastor schwer darunter, dass ich wahrhaftig kein Organisationstalent bin und Verwaltungsarbeit mir einfach nicht liegt. Personalentscheidungen treffen, Budgets verwalten, mich um Kleinigkeiten kümmern und Stellenbeschreibungen entwerfen – all dies überforderte mich schier. Ich war eher ein Visionär und auf der Kanzel in meinem Element. Immer wieder bekam ich zu hören: „Du hast diese Gaben nicht, also nutze deine Stärken und stelle Leute für das ein, was dir nicht liegt. Predige lieber, entwickle Visionen und lass andere die Gemeinde leiten."

Wir probierten mehrere verschiedene Personalkonstellationen aus, stellten Mitarbeiter mal von außen, mal aus den eigenen Reihen ein und teilten die Arbeit zwischen verschiedenen Leuten auf. Jede Lösung führte in eine Sackgasse. Nichts schien auf Dauer zu funktionieren. Die Spannungen blieben, bis ich bereit war, mich meinen eigenen Charakterschwächen zu stellen.

Es stimmt zwar, dass es nicht meine primäre Berufung ist, leitender Pastor zu sein (ich habe in diesem Bereich tatsächlich gottgegebene Grenzen), aber das eigentliche Problem hing mit meinem Charakter zusammen. Ich stellte mich lieber auf die Kanzel oder zog mich zum Gebet zurück und machte um Menschenführung und Verwaltungsarbeit einen großen Bogen. Ungern investierte ich Zeit in die Vorbereitung von Mitarbeiterversammlungen oder in strategische Planungen. Es fiel mir wesentlich leichter, impulsiv zu handeln und Visionen zu folgen, als mich mit harten Fakten auseinanderzusetzen. Warum sollte ich in heiklen Gesprächen Ehrenamtliche auf ihre Unzulänglichkeiten hinweisen, wenn ich in der gleichen Zeit auch öffentlich sprechen und dafür Bestätigung bekommen konnte?

Diese ernsthafte Schwäche in meinem Charakter war nicht gottgegeben. Mein Bedürfnis nach Anerkennung war so groß, dass ich Konflikte vermied, insbesondere ehrliche Aussprachen über die Leistung von Mitarbeitern. Auch war ich schlicht und einfach zu faul, um durchdachte Stellenbeschreibungen zu formulieren, mir Zeit für eine sorgfältige Planung von Sitzungen zu nehmen oder Projekte von A bis Z durchzuziehen. Dass ich Besprechungen vermied, die schwierig oder anstrengend werden würden, hatte mit meinen Ängsten zu tun, nicht mit einer angeblich besseren Nutzung meiner Zeit für Gott.

Als sich diese unreifen Verhaltensweisen so weit zugespitzt hatten, dass ich die Augen nicht mehr davor verschließen konnte, stellte ich mich nach zwanzig Jahren Gemeindeleitung endlich meinen Schwächen. Ich räumte ein, dass niemand anders als ich selbst die Gemeinde gegen eine Wand gefahren hatte. Dies leitete einen zweijährigen Prozess ein, in dem ich noch einmal einen schonungslosen Blick tief unter die Oberfläche meines Lebens werfen musste. In dieser Zeit sagte ich zahlreiche äußere Verpflichtungen ab, um mich gründlich mit den unterschiedlichen Aufgaben eines guten Leiters auseinanderzusetzen.

Gott hat mich in diesem Prozess tief verändert. Ich erkannte mich danach selbst nicht wieder! Heute sehe ich das Überwinden dieser Grenze ganz klar als die wichtigste und prägendste Erfahrung in meiner gesamten Laufbahn als Leiter an. Gott ließ unsere Gemeinde florieren und ich durfte in den letzten sechs Jahren unter meiner Führung mehr Frucht erleben als in den zwanzig Jahren zuvor.

In der Gemeinde Grenzen als Geschenk annehmen

Grenzen anzunehmen ist auch für die Gemeinde als Ganzes sehr wichtig, weil wir sonst die Wege verpassen, die Gott mit unserer Gemeinde gehen möchte. Gleichzeitig ist es auch eine große Herausforderung, weil wir dazu eine neue Kultur der Nachfolge schaffen müssen. Es bedeutet, Grenzen nicht nur als wertvoll anzunehmen und zu bejahen, sondern Menschen auch ganz praktisch zu helfen, mit ihren Grenzen zu leben.

Im Laufe der Jahre haben wir auf vierfache Weise daran gearbeitet, Grenzen als Geschenk Gottes zu sehen und in unserer Gemeinde einen guten Umgang damit zu finden: Wir fördern die Selbstfürsorge unserer leitenden Mitarbeiter, setzen aufdringlichen Menschen Grenzen, geben Menschen die Freiheit, Nein zu sagen, und lehren gesunde Grenzen.

1. Selbstfürsorge der leitenden Mitarbeiter fördern

Wie alle Kennzeichen emotional gesunder Nachfolge beginnt auch dieses bei der Gemeindeleitung. Wir versuchen vorzuleben, dass unser persönliches Leben und unsere Familien – nicht die Arbeit – für uns oberste Priorität haben. Von Pastoren, Gemeindevorstandsmitgliedern und anderen leitenden Mitarbeitern erwarten wir, dass sie angemessene Selbstfürsorge betreiben und Grenzen setzen. Das kann je nach persönlicher Situation oder Familiensituation unterschiedlich aussehen.

Wenn wir Grenzen als Geschenk verstehen, können wir Selbstfürsorge bejahen. Doch viele Menschen, die es verinnerlicht haben, die Bedürfnisse anderer über ihre eigenen zu stellen, tun sich damit sehr schwer. Ich finde die Gedanken von Parker Palmer zu dieser Dynamik sehr eindrücklich:

> *Selbstfürsorge ist niemals ein eigennütziger Akt – sie ist einfach ein guter Umgang mit der einzigen Gabe, die ich habe. Das Leben auf dieser Erde ist mir geschenkt, damit ich es an andere verschenke. Jedes Mal, wenn wir auf unser wahres Selbst hören und ihm die Fürsorge geben können, die es braucht, tun wir das nicht nur für uns selbst, sondern auch für die vielen anderen, deren Leben wir berühren.*[5]

2. Aufdringlichen Menschen Grenzen setzen

In einer Gemeinde ist es ganz entscheidend, eine Kultur der Liebe und des Respekts für jedes Glied der Gemeinschaft zu schaffen und zu erhalten. Deshalb gehört es zu den Hauptaufgaben eines jedes Leiters, die Werte dieser Kultur und die Grenzen zwischen angemessenem und unangemessenem Verhalten festzulegen. Dazu ist es nötig, gesunde Grenzen immer wieder zum Thema zu machen und aufdringliche Menschen zu „erziehen".

Aufdringlichkeit kann sehr unterschiedlich ausgeprägt sein. Mit leicht aufdringlichen Menschen hat wohl jeder von uns gelegentlich zu tun. Das sind diejenigen, die zu viel Raum auf Kosten anderer einnehmen, die andere nicht zu Wort kommen lassen und durch ihre unbiblische Weise, mit Situationen oder Menschen umzugehen, der Gemeinschaft schaden. Ihnen

Grenzen zu setzen, ist ein wichtiger Aspekt in der Nachfolge Jesu, sowohl für sie als auch für die Gemeinschaft. Wie kann das aussehen?

- Martin besucht jede Woche einen Hauskreis. Er hat nach 25 Jahren seinen Arbeitsplatz verloren und gerade eine Scheidung hinter sich. Beides hat ihn schwer getroffen, doch er ist nicht bereit, einen ausgebildeten Seelsorger oder Therapeuten aufzusuchen, der ihm die ungeteilte, persönliche Aufmerksamkeit geben könnte, die er bräuchte. Genau dies erwartet er aber von seinem Hauskreis und ist nach jedem wöchentlichen Treffen enttäuscht, dass die Gruppe seine Bedürfnisse nicht erfüllt hat. Darüber beschwert er sich bei anderen in der Gemeinde. Sie könnten Martin außerhalb der Gruppe um ein Gespräch bitten, in dem Sie ihm den Zweck, aber auch die Grenzen einer kirchlichen Kleingruppe erklären, etwa im Vergleich zu einer Selbsthilfegruppe, einer Einzeltherapie oder Gesprächen mit einem Seelsorger.
- Julia ist in den letzten drei Wochen jedes Mal zwanzig Minuten zu spät zu ihrer Teamsitzung erschienen. Doch sie merkt nicht, wie das die Gruppe stört. Nach dem dritten Zuspätkommen könnten Sie sich bei einer Tasse Kaffee mit ihr zusammensetzen und herauszufinden versuchen, ob möglicherweise ein Problem dahintersteckt, das ihr Zuspätkommen erklären könnte.

Dies sind die leichteren Fälle.

Am anderen Ende der Skala stehen Menschen, die besonders aufdringlich, ja geradezu penetrant sind. Wie Unkraut, das gesunde Pflanzen verdrängt, dringen sie in den Lebensbereich anderer Menschen ein und besetzen ihn auf destruktive Weise. Sie manipulieren und benutzen Menschen für ihre Zwecke und sind nicht bereit, sich zu ändern.[6] Allzu oft bestimmen sie in Gemeinden die Tagesordnung und üben hinter den Kulissen viel Macht aus, ohne dass ihnen jemand Einhalt gebietet. Die folgende Geschichte über Paul habe ich in den frühen Jahren meines Dienstes selbst erlebt.

Paul fastete und betete regelmäßig. Er nutzte seinen Urlaub, um Konferenzen zum Thema Gebet und prophetischer Dienst zu besuchen. Während der Treffen seiner Kleingruppe hatte er immer seine Bibel aufgeschlagen, um von Gott persönliche Worte für die Gruppe zu empfangen. Paul bedachte jede und jeden mit prophetischen Worten für ihr Leben – ob passend oder unpassend, ob willkommen oder nicht. Das Problem war Pauls Unbelehrbarkeit und seine herablassende Art gegenüber anderen (einschließlich mir), die nicht so „geistlich" waren wie er. Um der Liebe willen mussten wir ihm Grenzen setzen und ihm klarmachen, was sein Stolz und sein kritisches Wesen bei anderen anrichteten. Denn er übte in unserer Mitte eine inoffizielle Leitung aus, die mit unserer Vision und unserer Gemeindekultur nicht vereinbar war.

Nicht nur einmal musste ich einer schwierigen, aufdringlichen Person Einhalt gebieten. Aber ich entdeckte durch meine Begegnung mit Paul, dass dieses Grenzensetzen eigentlich ein Geschenk Gottes war – für die Gemeinschaft als Ganzes, für die Betroffenen und für mich! Ernsthafte Konflikte wie dieser sind zwar oft mit Missverständnissen verbunden und bereiten uns viel Unbehagen. Aber wir können darin eine Reife und Differenzierungsfähigkeit erlangen, wie es nur in solch herausfordernden Situationen möglich ist.

3. Menschen die Freiheit geben, Nein zu sagen

Bei New Life lehren wir unsere Glieder, ihre geistlichen Gaben in der Gemeinde einzusetzen. Wir ermutigen sie auch, sich in mindestens einem Bereich einzubringen, in dem nicht ihre Hauptbegabung liegt. Gleichzeitig begrüßen wir es, wenn Menschen Nein sagen, gerade diejenigen, die sich unermüdlich engagieren und sich selbst dabei gerne vernachlässigen. Dazu bemühen wir uns, als Leiter gesunde Grenzen vorzuleben.

Zum Beispiel stehe ich an Sabbaten (von Freitagabend um sechs bis Samstagabend um sechs), im Urlaub oder während der Zeit, die ich für Gott reserviert habe, nicht für die Gemeinde zur Verfügung und gehe auch nicht ans Telefon.

Wenn Leute zu mir sagen: *Pete, ich weiß, du hast viel zu tun, aber könntest du vielleicht …*, dann lasse ich sie ausreden, lächle sie an und antworte langsam: *Weißt du … ich bin zwar nicht beschäftigt … aber ich habe meine Grenzen.* Ich bin überzeugt, dass ich genügend Zeit zur Verfügung habe, um das zu tun, wozu Gott mich beauftragt hat. Dabei muss ich natürlich seine Prioritäten erkennen.

Marita engagiert sich mit ihren vielseitigen Gaben unermüdlich in der Gemeinde. Ich kenne sie schon seit fast dreißig Jahren. Als Kind, noch bevor sie zum Glauben an Jesus kam, musste sie sich um ihre jüngeren Geschwister kümmern, weil ihre Eltern emotional abwesend waren. In der geistlichen Begleitung ermutigen wir Marita ausdrücklich, *nicht* immer sofort bereitzustehen, wenn jemand in ihrem Umfeld Hilfe braucht. Auf ihrem Weg in eine emotional gesunde Nachfolge durfte sie zum ersten Mal ohne schlechtes Gewissen ihre Gefühle spüren und auf ihre Wünsche hören. Sie muss anderen nicht mehr Dinge abnehmen, die diese auch selbst tun können und sollten.[7]

Seit Jahren ist sie mit uns auf dieser Reise. Und bis heute müssen Geri und ich schmunzeln, wenn wir sie auf eine Bitte um Hilfe antworten hören: „Schön, dass du an mich gedacht hast, aber im Moment passt es mir nicht so."

Diejenigen, die sofort Schuldgefühle bekommen, wenn sie sehen, dass irgendwo Not am Mann ist, kostet es viel Mut und Kraft, sich *nicht* freiwillig zu melden. Aber wenn sie es schaffen, sich zurückzuhalten, dann verleugnen sie tatsächlich ihr sündiges Selbst (das wie Gott sein will) und folgen Jesus. Denn sie vertrauen darauf, dass Gott dieser Not durch andere begegnen wird.

Wir möchten reife Mitarbeiter hervorbringen, die die Freiheit haben, ohne Scham, Schuldgefühle oder Druck Nein zu sagen. Das fördert eine liebevolle Atmosphäre in der Gemeinde. Die Menschen sind weniger launisch und gestresst. Sie können andere lieben und engagieren sich aus Liebe. Und vor allem: Sie fühlen sich auch selbst geliebt und nicht ausgenutzt.

4. Gesunde Grenzen vorleben und vermitteln

Adam und Eva waren die ersten Grenzverletzer. Sie überschritten die Grenze, die Gott ihnen gesetzt hatte, als sie vom verbotenen Baum aßen und dann vor Gott davonliefen. Seither überschreiten Menschen immer wieder Grenzen – Gott gegenüber und untereinander. Der Sündenfall verwirrte für den Rest der Menschheitsgeschichte unseren Sinn für Eigenständigkeit, Abgrenzung und Verantwortung. Seitdem wissen wir oft nicht mehr, wo wir aufhören und wo jemand anderes beginnt.[8]

Grenzen sind Ausdruck davon, dass ich eine eigenständige Person bin, getrennt von anderen. Mit klaren Grenzen weiß ich, wofür ich verantwortlich bin und wofür nicht.

Wenn ich mich nur schlecht abgrenzen kann, fühle ich mich gezwungen, das zu tun, was andere wollen, auch wenn ich es selbst gar nicht will. Ich lebe in der ständigen Angst, jemanden zu enttäuschen oder kritisiert zu werden. Denn ich möchte gemocht werden und auf keinen Fall als egoistisch gelten. Sätze wie diese könnten von mir stammen:

- „Ich habe gesagt, ich würde die Sportgruppe leiten, weil mich der Pastor darum gebeten hat. Eigentlich habe ich zwar im Moment nicht die Zeit dazu, aber ich konnte einfach nicht Nein sagen."
- „Ich muss am Samstagmorgen um sieben zur Männerbibelstunde gehen. Die Leute erwarten einfach, dass ich da auftauche. Ich weiß, dass Johannes und die anderen enttäuscht wären, wenn ich nicht käme."
- „Schatz, ich weiß, dass du erschöpft bist, aber wir *müssen* einfach mit diesem Paar aus der Kirche essen gehen. Weißt du, wie es sie verletzen würde und wie sauer sie auf uns wären, wenn wir Nein sagen würden?"

Das Problem bei jedem der obigen Szenarien ist, dass ich nicht weiß, wo ich aufhöre und die andere Person anfängt. Das ist der springende Punkt, wenn es um Abgrenzung geht: „Wo höre ich auf und wo fängt der andere an?"

Ich brauche klar definierte Abgrenzungen. Denn meine Grenzen werden jeden Tag unzählige Male getestet – von meinem Ehepartner, von Freunden, Mitarbeitern, Kirchengliedern, Verkäufern oder Kindern. Die Menschen wollen einfach, was sie wollen. Das ist an sich nichts Schlechtes. Menschen werden immer Dinge von Ihnen und mir wollen – Zeit, emotionale Unterstützung, Geld und vieles mehr. Das ist ganz normal.

Das Problem ist, dass ich nicht die Kraft habe, alle Bedürfnisse der

Welt zu stillen. Deshalb muss ich entscheiden, welche Reaktion auf lange Sicht am besten ist, und nicht, welche mir im Moment am einfachsten erscheint.

Die folgende Grafik veranschaulicht gesunde Grenzen:

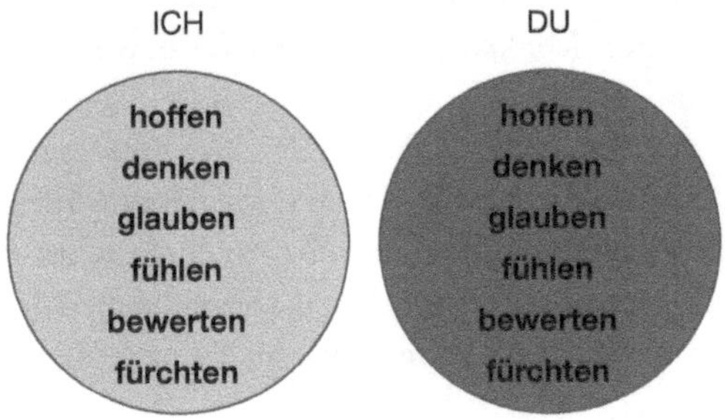

Die beiden Kreise stellen zwei eigenständige Persönlichkeiten dar. Jede von ihnen hat Gedanken, Meinungen, Gefühle, Werte, Hoffnungen, Ängste, Überzeugungen, Fähigkeiten, Wünsche, Vorlieben und Abneigungen. Jede Person bleibt innerhalb ihres eigenen, abgeschlossenen Kreises und überschreitet die Grenzlinie der anderen Person nicht, dringt also nicht in ihren Kreis ein. Dies ist ganz entscheidend, weil jeder von uns einmalig nach dem Bild Gottes geschaffen wurde. Er hat uns mit Herrlichkeit und Ehre gekrönt (siehe Psalm 8,5) und uns einzigartig, heilig, kostbar und wertvoll gemacht. Jedes einzelne Leben ist ein Wunder.

Gleichzeitig ruft uns die Bibel auf, wie in einer Familie liebevoll miteinander verbunden zu sein, sodass die Welt erkennt, dass Jesus unter uns lebendig ist (siehe Johannes 13,34-35). Wir müssen diese Verbindung aber so gestalten, dass unsere Individualität und Eigenständigkeit dabei nicht verloren geht.

Wo auch immer Sie sich in der Gemeinde einbringen, ich möchte Sie einladen, dabei Ihre Grenzen als Geschenk Gottes anzunehmen. Wenn Sie das tun, werden Sie gegen den Strom schwimmen – gegen den Strom unserer westlichen Kultur mit ihrer Art, Kirche zu leben. Aber Sie können sich auf eines verlassen: Wenn Sie Gottes Werk auf Gottes Weise nach Gottes Zeitplan tun, werden Sie immer Gottes Frucht tragen.

Manchmal kann es so aussehen, als würde uns ein Leben mit klaren Abgrenzungen nicht wirklich guttun und vielleicht sogar Gottes Auftrag zuwiderlaufen. Aber das ist eine Täuschung.

Wenn wir auf Gottes Güte vertrauen und unsere Grenzen als Geschenk und Ausdruck seiner Liebe annehmen, macht uns das reifer und weiser. Manchmal werden wir dabei auch Träume für unser Leben begraben und sie betrauern müssen. Dies führt uns zum nächsten Prinzip emotional gesunder Nachfolge: Entdecken wir, welche Schätze in Trauer und Verlust verborgen sind.

Kapitel fünf
Die Schätze entdecken, die in Trauer und Verlust verborgen sind

Jerry und Lynda Sittser waren mit ihren vier Kindern – zwei bis acht Jahre alt – und Jerrys Mutter in ihrem Minivan auf einem wenig befahrenen Highway im ländlichen Idaho unterwegs. Sie hatten als Schulprojekt für ihre beiden ältesten Kinder ein nahe gelegenes Indianerreservat besucht. Freunde beschrieben die Sittsers als rundum glückliche Familie.

Nach etwa zehn Minuten Fahrt sah Jerry vor einer Kurve ein Auto mit weit überhöhter Geschwindigkeit entgegenkommen. Er bremste, aber der andere Wagen krachte mit fast 140 Stundenkilometern frontal in den Minivan der Sittsers. Der Fahrer war betrunken.

Im Bruchteil einer Sekunde verlor Jerry Sittser seine Mutter, seine Frau und seine vierjährige Tochter. Er schreibt: „Von einem Augenblick zum andern war die Familie, die mir so viel bedeutet hatte, vernichtet worden."[1] Auf dem einsamen Highway musste Sittser zusehen, wie das Leben seiner Lieben erlosch.

In der Gerichtsverhandlung wurde der Fahrer des anderen Autos am Ende für nicht schuldig erklärt und freigesprochen. Es war nicht zweifelsfrei zu beweisen, dass er (und nicht seine schwangere Frau, die bei dem Unfall ums Leben gekommen war) das Auto gefahren hatte.

Über diesen Sturz in einen Abgrund aus Trauer und unfassbarem Schmerz, der sein Leben in seinen Grundfesten erschütterte, schrieb Sittser später ein Buch. Darin beschreibt er aber auch den unerwarteten Schatz, den er in seinem Kummer und Verlust verborgen fand:

> *Es ist also nicht wahr, dass wir durch den Verlust weniger Mensch sind – außer wir lassen zu, dass er uns etwas von unserem Menschsein raubt und unsere Seele schleift, bis nichts mehr bleibt* … Ein Verlust kann auch dazu führen, dass wir umso mehr Mensch werden …
> *Ich kam nicht über den Verlust der geliebten Menschen hinweg, sondern ich nahm diesen Verlust in mein Leben auf – so wie der Boden das in sich aufnimmt, was zerfällt –, bis er zu einem Teil von mir wurde. Der Schmerz hat dauerhaft in meiner Seele Wohnung genommen und* sie ist dadurch weiter geworden. … *Die Seele ist formbar wie ein Ballon.* Sie kann durch das Leid geweitet werden.[2] *(Hervorhebungen vom Verf.)*

Sittser hat eine schmerzliche Wahrheit entdeckt. Inmitten von Verlusten möchte Gott uns durch verborgene Schätze und versteckte Reichtümer (siehe Jesaja 45,3) auf geheimnisvolle Weise formen.

Ich habe sehr lange gebraucht, um diese Wahrheit zu erkennen. Tatsächlich hielt ich meine Verluste jahrelang unter Verschluss, ohne zu merken, wie sie meine Beziehungen prägten und mein Glaubensleben behinderten. Gott wollte meine Seele weiten und mich zutiefst verwandeln; ich aber wollte den Schmerz so schnell wie möglich hinter mir lassen. Ich sah Verluste als Hindernisse an, die es zu überwinden galt, um in Christus zu reifen; für Gott aber waren sie notwendig, damit ich in Christus reifen konnte. Ich ahnte damals noch nicht, dass in meinem tiefen Kummer Schätze verborgen lagen, die ich brauchte, um emotional und geistlich erwachsen zu werden.

Um diesen Ort in meiner Seele machte ich einen großen Bogen.

Die weitreichende Natur unserer Verluste

Betrachten wir einen Moment lang die große Bandbreite an Verlusten, die uns im Laufe unseres Lebens widerfahren.

Es gibt schlimme Verluste wie den Tod eines Kindes, den frühen Tod eines anderen geliebten Menschen, Behinderung, Scheidung, Vergewaltigung, emotionalen oder sexuellen Missbrauch, eine unheilbare Krankheit, Unfruchtbarkeit, das Zerplatzen eines Lebenstraums, Selbstmord, Verrat und so viele mehr.

Manchmal kommen Verluste unerwartet durch Naturkatastrophen oder verheerende Ereignisse wie die Corona-Pandemie, die 2019 in einer Stadt ihren Ausgang nahm und sich über die ganze Welt verbreitete. Sie hat bereits Millionen Todesopfer gefordert, unseren gewohnten Alltag völlig verändert und Volkswirtschaften rund um den Globus in eine tiefe Krise gestürzt.

Andere Verluste sind natürlicher oder vorhersehbarer. Zum Beispiel könnte nach dem Schul- oder Studienabschluss unsere emotionale Sicherheit ins Wanken geraten, wenn wir unser vertrautes Umfeld und Beziehungsnetz verlassen und alte Freunde aus den Augen verlieren. Unsere Kinder werden mit zunehmendem Alter unabhängiger. Es gibt Führungswechsel in der Gemeinde. Unsere Kleingruppe löst sich auf. Ein Großelternteil stirbt. All diese Verluste können wir zwar als normal betrachten, doch auch sie müssen verarbeitet werden. Verluste, die wir nicht betrauern, bleiben in unserer Seele liegen wie schwere Steine, die uns niederdrücken. Wenn wir uns nicht um sie kümmern, hindern sie uns daran, frei und aufrichtig mit Gott und anderen zu leben.

Ein Verlust bleibt ein Verlust, egal in welcher Gestalt er uns widerfährt. Niemand ist in diesem Leben gegen Leid und Schmerz gefeit. Was Sie vielleicht als unbedeutend empfinden, kann mich schwer treffen. Denn Gott hat uns einzigartig gemacht, jeden mit seinem Temperament und seiner Geschichte.

Wir mögen unterschiedlich mit Verlusten umgehen. Doch jeder Verlust ist für den Betroffenen sehr real, auch wenn andere Menschen ähnliche Situationen anders erleben und anders darauf reagieren.

Als Leiter müssen wir unverhältnismäßig viele Verluste einstecken – Menschen, in die wir investiert haben, verlassen uns; Träume müssen begraben werden; Kollegen aus dem Leitungsteam oder Mitarbeiter wandern ab oder erfüllen unsere Erwartungen nicht; wir erleben Verrat; Ehen in der Gemeinde scheitern; Beziehungen zerbrechen und äußere Krisen wie Naturkatastrophen und Wirtschaftskrisen machen auch vor der Gemeinde nicht halt. Jede kirchliche Leitungsaufgabe ist unweigerlich mit Verlusten verbunden.

Viele große Schriftsteller und Dichter haben das ganze Leben als ein Wachstum in der Kunst des Verlusts beschrieben. Es geht darum, mit Verlusten umgehen zu lernen, auf den Moment hin, in dem unser irdisches Leben endet und wir alles verlieren.[3] Daher ist es in der Nachfolge Jesu so wichtig zu lernen, Kummer und Trauer willkommen zu heißen und damit vor Gott zu kommen.

Wie konnten wir nur auf den Gedanken kommen, dass es möglich sein sollte, geistlich zu reifen, wenn wir nicht lernen, auf gottgemäße Weise mit Verlusten umzugehen?

Die problematische Reaktion der Kirche auf Trauer und Verlust

Nur ganz wenige Christen der westlichen Welt haben ein umfassendes Verständnis von Verlust und Trauer und bringen beides in Zusammenhang mit Gott, mit geistlicher Reife und der Verbreitung von Jesu Botschaft. Wir glauben nämlich fälschlicherweise, das bewusste Durchleben unserer Trauer würde uns bremsen und daran hindern, Gottes Auftrag in der Welt zu erfüllen. Tatsächlich ist genau das Gegenteil der Fall. Wenn wir Verluste auf gottgemäße Weise annehmen, dann treiben wir seinen Auftrag in Wirklichkeit voran.

Warum also sind wir so allergisch gegen Verlust und Trauer und die vielen Schätze, die darin verborgen sind? Dies hat zwei Hauptgründe: unsere Furcht vor Kontrollverlust und eine fragwürdige Theologie, die Verluste als unerwünschte Störungen deutet.

Wir wehren uns gegen Kontrollverlust

In der westlichen Kultur werden Verluste und Trauer allgemein gering geschätzt, weil wir immer alles unter Kontrolle haben müssen und dem stetigen Aufstieg im Leben einen so hohen Stellenwert beimessen. Trauer und Verlust aber erfordern Hingabe und Abstieg. Wir möchten am liebsten, dass es immer aufwärts und vorwärts geht – sei es auf dem Aktienmarkt, in der Wirtschaft, bei der zahlenmäßigen Entwicklung unserer Gemeinden und in unserem geistlichen Leben.

Wenn also Schmerz in unser Leben tritt, leugnen oder begrenzen wir ihn reflexartig, indem wir uns ablenken oder den Schmerz betäuben. Manchmal schieben wir die Schuld auch auf andere. Wir beherrschen vielerlei Verteidigungsmanöver im Umgang mit Verlusten und Trauer.

Wer will sich schon eingestehen, sein Leben nicht im Griff zu haben? Es ist nicht übertrieben zu behaupten, dass wir in unserer Kultur – und leider auch in unseren Kirchen – allgemein dazu neigen, Schmerz zu leugnen und Trauer nicht an uns heranzulassen.

Dass ich selbst mich meiner Trauer und meinen Verlusten nicht stellen konnte, lag im Wesentlichen an meiner Angst vor Kontrollverlust. Bei der Vorstellung, meine Depression, meine Wut und meine Zweifel an Gott zuzulassen und zu spüren, fühlte ich mich unwohl. Ich hatte Angst, das Steuerrad meines Lebens aus der Hand zu geben. Wohin mochte Gott mich dann führen? Ich hatte keine Theologie für die dunkle Nacht der Seele oder für aussichtslose Situationen,[4] also hielt ich das Steuer lieber fest im Griff. Weil ich nicht fähig war zu trauern, verdrängte ich jahrelang meine Verluste. Ich fürchtete, in einen bodenlosen Abgrund der Trauer zu stürzen, und kam nie auf den Gedanken, dass Jesus dort auf mich warten könnte.

Unsere Gesellschaft hat uns gut darauf trainiert, unser Augenmerk auf Erfolge zu richten, nicht auf Verluste und Schmerz. Und doch verlangen Verluste danach, betrauert zu werden, und Schmerz schreit geradezu danach, gespürt zu werden. Um diese Gefühle in Schach zu halten, entwickeln wir mancherlei Bewältigungsstrategien, die nicht selten Suchtcharakter annehmen. Wir können nach unterschiedlichsten Dingen oder Stoffen süchtig sein: nach Arbeit, Filmen, Drogen, Alkohol, Einkaufen, Essen, Geschäftigkeit, sexuellen Eskapaden, ungesunden Beziehungen, sogar dem Dienst in der Gemeinde – nach allem, was unseren Blick von der schmerzlichen Wirklichkeit weglenkt.

Was wir dabei nicht erkennen: Wenn wir unser Leid nicht an uns heranlassen und es umfassend betrauern, verurteilen wir uns selbst und unsere Gemeinden zu einer oberflächlichen Spiritualität, die das Wirken des Heiligen Geistes in uns blockiert. All dies verstärkt den allgemeinen Eindruck, dass es unseren Gemeinden an Tiefgang und echtem Mitgefühl fehlt.

Wir sehen Verluste als Störungen an

Früher hielt ich Trauern für eine unerwünschte Störung, für ein Hindernis auf meinem Weg, Christus zu dienen. Kurz gesagt, ich betrachtete es als Zeitverschwendung. Denn es hielt mich davon ab, meine Zeit so gut wie möglich für Gott zu nutzen (siehe Epheser 5,16). „Komm einfach drüber weg", murmelte ich mir selbst zu. Mein Ratschlag an Menschen, die mit Bitterkeit zu kämpfen hatten, war ein leichtfertiges „Vergeben und Vergessen, denn so steht es in der Bibel!".

Nach einem schmerzlichen Verlust fühlte ich mich selbst unter Druck (und setzte auch andere unter Druck), so schnell wie möglich zur Normalität und dem üblichen Engagement in der Gemeinde zurückzukehren. Wenn ich traurig war, entschuldigte ich mich dafür bei meinen Mitarbeitern. Aber warum? Weil ich fand, dass Trauer ein Problem war, das gelöst werden musste, und das war schließlich meine Aufgabe als Pastor!

Leider hatte ich oft selbst die Situationen heraufbeschworen, die mir und anderen in der Gemeinde solchen Schmerz bereiteten. Das machte es mir besonders schwer, sie zu betrauern. Ich betrachtete die Konsequenzen als Strafe Gottes, also wollte ich sie so hinnehmen, wie ich die Strafen meines Vaters als Kind hingenommen hatte – stoisch, ohne eine Träne zu vergießen. Was hatte ich davon, mich der Traurigkeit und der Enttäuschung über den Schlamassel hinzugeben, den ich selbst angerichtet hatte?

Obwohl ich jahrelang die Bibel gelesen und studiert hatte – die viel zum Thema Verlust und Trauer zu sagen hat! –, hatte ich meine eigenen Verluste noch nie betrauert. Ich hielt zwar Predigten über das Buch Hiob und tröstete Menschen mit dem Zuspruch, dass Jesus ihre Leiden verstehe. Innerlich aber blieb ich dabei erstarrt. Nie kam mir der Gedanke in den Sinn, dass Trauer und Kummer notwendige Erfahrungen sein könnten. Ich hielt meine Verluste – die bis in meine Kindheit und meine Herkunftsfamilie zurückreichten – fest unter Verschluss und hatte auch keine Ahnung, wie ich sie hätte befreien sollen.

Diese Tendenz, Verlust und Trauer als unwillkommene Störung zu betrachten, ist in vielen Gemeinden zu beobachten.

Wir feiern Muttertag und Vatertag, lassen es aber an Mitgefühl für Menschen fehlen, für die gerade diese Tage besonders schmerzlich sind –

unfruchtbare Paare und Singles, die sich nach eigenen Kindern sehnen, diejenigen, die kürzlich einen Elternteil oder ein Kind verloren haben oder die von ihren eigenen Eltern vernachlässigt oder missbraucht worden sind.

Langjährige, treue Gemeindeglieder ziehen weg und wir fühlen uns schuldig oder unwohl, weil wir dabei Schmerz empfinden. Also versuchen wir schnell mit einem passenden Bibelvers über unsere Traurigkeit hinwegzugehen: „Freut euch zu jeder Zeit, dass ihr zum Herrn gehört. Und noch einmal will ich es sagen: Freut euch!“ (Philipper 4,4 Hfa), oder „Dankt Gott in jeder Lage!“ (1. Thessalonicher 5,18).

Ein junger Mann in den Zwanzigern beginnt, seine Vergangenheit zu erforschen, und stellt sich zum ersten Mal dem Missbrauch und der Vernachlässigung, die er als Pflegekind im städtischen System achtzehn Jahre lang erlitten hat. In der Gemeinde wird er sofort ermutigt, das Vergangene hinter sich zu lassen und in seine neue Beziehung zu seinem himmlischen Vater hineinzuwachsen. Aus Unsicherheit versuchen wir, Wunden so schnell wie möglich zu schließen – ohne uns bewusst zu sein, dass sie sich entzünden könnten und dann vielleicht nie richtig heilen.

All diese Beispiele belegen, dass wir die schmerzhaften Realitäten von Verlust und Trauer nicht wahrhaben wollen. Wir versuchen immer, so schnell wie möglich wieder zur Tagesordnung überzugehen. Es auszuhalten, dass wir etwas nicht verstehen, ist schwer und quälend, aber notwendig. Wie die meisten Leiter entdeckte ich, dass es einfacher ist, oberflächliche Antworten zu geben, die bei den Zuhörern keinen Anstoß erregen.

Mit Dingen, die wir nicht begreifen, setzen wir uns lieber gar nicht auseinander. Doch dadurch verpassen wir die Schätze und Reichtümer, die Gott für uns bereithält, wenn wir ihm unsere Verluste anvertrauen. Gott hat einen anderen Weg für uns, einen Weg, den er in der Heiligen Schrift klar offenbart hat.

Gottes drei Phasen, Trauer und Verlust zu verarbeiten

Elisabeth Kübler-Ross hat fünf Phasen als Reaktion auf Sterben und Verlust benannt: Leugnen, Wut, Feilschen und Verhandeln, Depression, Annahme.[5] Eine sechste Phase wurde später hinzugefügt – Sinn finden.[6] Kübler-Ross' Werk ist sehr hilfreich und ich empfehle es Ihnen ausdrücklich, doch Gott bietet uns als ersten und wichtigsten Rahmen eine umfassende biblische Antwort an.

Die Schrift beschreibt drei biblische Phasen, um Trauer und Kummer zu verarbeiten: dem Schmerz Aufmerksamkeit schenken; warten und Orientierungslosigkeit aushalten; zulassen, dass das Alte Neues hervorbringt. Jede dieser drei Phasen hat bestimmte Merkmale. Sie laufen auch nicht unbedingt chronologisch ab, sondern überschneiden sich häufig. Wie wir noch sehen werden, ist es auch möglich, alle drei Phasen gleichzeitig zu erleben! Aber der Prozess beginnt damit, dass wir dem Schmerz über unsere Verluste Aufmerksamkeit schenken und ihn spüren.

Phase eins: Dem Schmerz Aufmerksamkeit schenken

Wenn ein Verlust über unser Leben oder unsere Gemeinde hereinbricht, werden wir oft ärgerlich oder wütend auf Gott, als sei das, was uns trifft, ein außerirdischer Angriff aus dem Weltall.

Wir vergessen, dass das intensive Betrauern von Verlusten schon immer charakteristisch für das Volk Gottes war. Sehen wir uns ein paar Beispiele an:

- Die alten Hebräer drückten ihre Klagen auf dramatische Weise körperlich aus. Sie zerrissen ihre Kleider, legten Sackleinen an und setzten sich in Asche (siehe Esther 4,1-3; Daniel 9,3).
- Zur Zeit Noahs weist die Schrift darauf hin, dass Gott selbst tieftraurig war über die Schlechtigkeit der Menschheit (siehe 1. Mose 6,5-6).
- In fünfunddreißig Kapiteln des Buches Hiob wird ein Mann beschrieben, der gequält, wütend, zeitweise selbstmordgefährdet, deprimiert und verstört war (siehe Hiob 4,1–36,33).

- Der Verfasser des Prediger-Buchs sagt uns: „Ein jegliches hat seine Zeit, und alles Vorhaben unter dem Himmel hat seine Stunde“, auch „weinen hat seine Zeit“ und „klagen hat seine Zeit“ (Prediger 3,1.4 LUT).
- Der Prophet Jeremia schrieb ein ganzes biblisches Buch mit Klageliedern.
- Jesus selbst hat „mit lautem Schreien und unter Tränen gebetet“ (Hebräer 5,7). In Gethsemane war Jesus von Angst gequält, betrübt und geistlich erschöpft, nicht etwa emotional erstarrt oder abgestumpft (siehe Lukas 22,39-44).

Gottes drei Phasen, Trauer und Verlust zu verarbeiten

1. **Dem Schmerz Aufmerksamkeit schenken**
2. Warten und Orientierungslosigkeit aushalten
3. Zulassen, dass das Alte Neues hervorbringt

Vom 1. Buch Mose bis zur Offenbarung lädt uns die Bibel ein, Zeiten der Trauer und des Leids als zentralen Aspekt unseres geistlichen Lebens zu sehen. Wenn wir diese Phasen nicht zulassen, leben wir nur das halbe Leben und unsere Spiritualität geht an der Wirklichkeit vorbei. Denn was ein authentisches geistliches Leben ausmacht, ist eine vollkommene Hingabe an die Wirklichkeit, nicht eine Flucht davor.

Die vielleicht überzeugendsten und lehrreichsten Beispiele dafür, wie wir Verlust und Trauer Aufmerksamkeit schenken können, finden wir in dem Buch, das im Laufe der Geschichte das meistgelesene Buch der Bibel war und noch immer ist: das Buch der Psalmen.

Aus den Psalmen klagen lernen

Die Psalmen sind aus gutem Grund beliebt, denn es gibt, wie es heißt, „für jeden Seufzer einen Psalm“. Dieses längste Buch der Bibel enthält Psalmen der Anbetung, der Danksagung, der Weisheit und der Reue. Sogar Zweifel haben darin Platz. Der Großteil der Psalmen, so die Überlieferung, stammt von David.

Die meisten sind jedoch alles andere als fröhlich. Wie der Gelehrte Bernhard Anderson schreibt, „überwiegen die Klagelieder bei weitem jede andere Art von Liedern im Psalter“[7]. Die Hälfte bis zwei Drittel der

150 Psalmen werden als Klagelieder eingestuft. Sie wurden dem Volk Gottes geschenkt, um uns zu lehren, wie wir unsere Gefühle und Kämpfe im Gebet zu Gott zurückbringen können.

Die Klagelieder beschreiben schonungslos, wie schwierig, wie mühsam, ja mitunter grausam das Leben sein kann. Der Beter beklagt, dass Gott sich scheinbar zurückgezogen hat. Er benennt es, wenn die Umstände nichts von Gottes Güte erkennen lassen. Er schreit zu Gott um Trost und Fürsorge und ringt mit seinen Zweifeln an Gottes Liebe und Treue:

- „Tränen sind meine einzige Speise Tag und Nacht" (Psalm 42,4).
- „Warum muss ich so traurig meinen Weg gehen, bedrängt von meinem Feind?" (Psalm 43,2).
- Du hast mich in eine abgrundtiefe Grube gelegt, in die tiefsten Tiefen des Meeres, wo finstere Nacht herrscht … mit all deinen Wellen und Wogen drückst du mich nieder (Psalm 88,6-7).

Für die Psalmbeter steht fest: Gott lässt es zu, dass sein Volk großen Schmerz erleidet, auch wenn wir die Gründe dafür nicht immer verstehen.

David, der Verfasser so vieler Psalmen, ist als Mann nach Gottes Herzen bekannt (siehe Apostelgeschichte 13,22). Nur wenige jedoch erkennen, wie deutlich sich das in der Aufmerksamkeit widerspiegelt, die er seinen Verlusten, Enttäuschungen und Ängsten schenkte. David nahm diese Erfahrungen nicht nur wahr; er schrieb sogar Lieder über die vielen Verluste, die er erlebte, und brachte sie mit seinem Gesang zurück zu Gott.

Zum Beispiel empfand David eine tiefe Liebe und großen Respekt für König Saul, obwohl Saul ihn viele Jahre lang verfolgt und sogar versucht hatte, ihn zu töten. David war auch der beste Freund von Sauls Sohn Jonatan. Als Saul und Jonatan im Kampf gegen die Philister getötet wurden, ging David nicht einfach zur Tagesordnung über und trat als neuer König in Gottes Plan für sein Leben ein. Zuerst nahm er sich bewusst Zeit, den Verlust zu betrauern.

Er schrieb ein Lied – ein bewegendes, schönes, ausführliches Klagelied über das Grauen, das geschehen war. Man findet es in 2. Samuel 1,17-27. Er beklagte sich über die Katastrophe: „Erschlagen liegen sie auf deinen Bergen, die Besten, die du hattest, Israel, dein Ruhm und Stolz, gefallen sind sie – tot! … Geliebt und hoch geachtet waren sie, im Leben unzertrennlich, Saul und Jonatan – nun sind sie auch im Tode noch vereint!" David sprach seinen toten Freund Jonatan sogar direkt an: „Mein Bruder Jonatan, mein bester Freund, voll Schmerz und Trauer weine ich um dich" (2. Samuel 1,19.23.26 GNB).

Wovon wir als Leiter vielleicht am meisten lernen können: David schenkte nicht nur seiner eigenen Trauer Aufmerksamkeit, er ordnete auch an, dem Volk Juda das Klagen zu lehren (siehe 2. Samuel 1,18). Können Sie sich das vorstellen? Da stand er vor der gewaltigen Aufgabe, eine neue Regierung für ein ganzes Land aufzubauen, und ordnete an, dass zuerst alle mit ihm gemeinsam trauern sollten. Sein Volk sollte *lernen* zu klagen und seinen Kummer über den großen Verlust, den Israel erlitten hatte, hinauszuschreien.

Wann hat Ihre Gemeinde das letzte Mal einen ganzen Gottesdienst der Klage gewidmet oder vermittelt, wie wichtig für die geistliche Reife das Trauern über Verluste ist? Wann haben Sie das letzte Mal eine Predigt darüber gehört, wie zentral das Thema Traurigkeit, Kummer oder Klage in der Bibel ist?

Als Leiter verstand David, wie unverzichtbar Trauer für ein gesundes geistliches Leben ist. Es war ihm klar, dass er sich bewusst dafür entscheiden musste, seine Verluste zu betrauern und erst dann ins normale Leben zurückzukehren.[8] Er stieg hinab in die Dunkelheit im Vertrauen darauf, dass Gott ihm und seinem Volk dort begegnen würde.

Dazu müssen wir aufhören, erstarrt und gefühllos zu leben, eine Maske aufzusetzen oder unsere Gefühle abzukapseln – selbst wenn wir das jahrzehntelang getan haben. Erst wenn wir uns darauf einlassen, unsere Gefühle zu spüren, kann uns der große Schatz, der in Gottes Art der Trauerverarbeitung liegt, offenbart werden.

Fühlen lernen

Wenn wir unseren Schmerz und unsere Trauer nicht spüren und ausdrücken, begraben wir sie lebendig. Wir verlieren den Zugang zur ganzen Fülle und Bandbreite unserer Emotionen, wie sie uns von Gott gegeben wurden, denn unser Gefühlsleben ist tief verschüttet. Irgendwann bahnen sich die Gefühle, die wir begraben haben, ihren Weg zurück durch die Erde unseres Lebens und äußern sich in Symptomen wie Depression, Angst, Leere und Einsamkeit.

Eines der ersten Dinge, die ich auf meiner Reise in eine emotional gesunde Nachfolge tat, war, meine verschütteten Gefühle auszugraben und mir zu erlauben, sie zu spüren. Ich machte es mir zu einer guten Gewohnheit, jeden Tag während meiner Zeit mit Gott in einem Tagebuch festzuhalten, was in mir vorging. Dabei versuchte ich, auf meinen Körper zu hören, der meine Emotionen viel eher wahrnahm als mein Kopf. Mein Körper „sprach" etwa durch Nackenverspannungen, Magendrücken oder eine wie zugeschnürte Kehle. Ich dachte dann darüber nach, *woher* diese Empfindungen rühren könnten und was Gott mir wohl durch sie sagen wollte.

Auch das Lesen und Beten der Psalmen war mir eine Hilfe. Durch die ungeschminkte Sprache Davids ließ Gott in mir lebendig werden, was ich bisher unterdrückt hatte. Dieses „Gefühlstraining" half mir, meine Emotionen bewusster zu erleben. Sobald ich mich mit diesen verletzlichen Teilen meines Wesens angefreundet hatte, tauchte eine noch größere Gefühlsvielfalt auf – Staunen, Freude, Entzücken, Verwunderung. Meine Seele wurde auf neue Weise lebendig. Und ich erlebte allmählich eine immer größere Freiheit und einen tiefen Frieden. Am Anfang war es nicht einfach, aber mit der Zeit wurde es mir so vertraut wie das Atmen.

Mit der Zeit entwickelten wir eine geistliche Übung dazu, die wir „Den Eisberg entdecken" nennen.[9]

Den Eisberg entdecken

Im Folgenden finden Sie vier Fragen, die Ihnen helfen sollen, Ihre Gefühle zu erkennen und ihnen Aufmerksamkeit zu schenken, insbesondere den nicht so offensichtlichen. Bevor Sie sich auf die Fragen einlassen, schließen Sie die Augen und werden Sie für einen Moment still. Bitten Sie Gott, Sie zu leiten und zu Ihnen zu sprechen. Seien Sie offen für alles, was Gott vielleicht an die Oberfläche bringen möchte.

Nehmen Sie sich für jede der vier Fragen etwa zwei Minuten Zeit und schreiben Sie Ihre Antworten auf. Notieren Sie alles, was Ihnen in den Sinn kommt, sei es aus der Gegenwart, der jüngeren oder der fernen Vergangenheit.

Worüber sind Sie wütend (ein Verrat, ein verletzender Kommentar eines Kollegen, eine Autopanne, ein nicht erhörtes Gebet usw.)?
Worüber sind Sie traurig (ein Verlust, sei er schwer oder scheinbar unbedeutend, eine Enttäuschung oder eine Entscheidung, die Sie oder andere getroffen haben)?
Worüber sind Sie besorgt (Finanzen, Zukunft, Familie, Gesundheit, Gemeinde)?
Worüber sind Sie froh (Ihre Familie, eine gute Gelegenheit, Ihre Gemeinde)?

Eine weitere Möglichkeit wäre, den Eisberg mit einem Menschen Ihres Vertrauens zu erforschen. Der andere stellt Ihnen einfach nacheinander die Fragen und hört aufmerksam zu, während Sie versuchen, das, was in Ihnen vorgeht, in Worte zu fassen.

Ich begegne oft Menschen, die Angst davor haben, mit ihren Gefühlen in Berührung zu kommen. Denn sie befürchten, dass dann eine Flutwelle von Hass, Bitterkeit oder Verzweiflung aus ihrem Inneren herausbrechen könnte. Vielleicht passiert das tatsächlich. Aber wenn wir unserem Schmerz Aufmerksamkeit schenken, können wir dabei ganz neu Gottes Barmherzigkeit im Evangelium entdecken. Wir merken, dass Gott uns tatsächlich liebt und annimmt, wie wir sind.

Das Wahrnehmen unserer Gefühle verbindet uns nicht nur mit Gottes Liebe. Es lässt auch die Schutzmauern bröckeln, die wir um uns herum aufgebaut haben, um niemanden an uns heranzulassen. Und wir erkennen, dass wir es wagen können, in Christus aus unserem wahren Selbst heraus zu leben.

Dazu müssen wir jedoch unseren Schmerz – als Ausdruck des Gebets – in Gottes Gegenwart anschauen. Dies überschneidet sich mit der nächsten Phase in Gottes Trauerprozess für uns und führt uns direkt in sie hinein. Hier geht es darum, zu warten und Orientierungslosigkeit auszuhalten.

Phase zwei: Warten und Orientierungslosigkeit aushalten

Gottes drei Phasen, Trauer und Verlust zu verarbeiten

1. Dem Schmerz Aufmerksamkeit schenken
2. **Warten und Orientierungslosigkeit aushalten**
3. Zulassen, dass das Alte Neues hervorbringt

Verlust und Trauer zwingen uns innezuhalten, zu warten und unsere Pläne zu ändern. Besonders schwer fällt uns das, wenn wir in einer Kultur leben, in der Geschäftigkeit, Produktivität und Vorhersehbarkeit einen hohen Stellenwert besitzen. Warten zu lernen, ist vielleicht eine der schwierigsten Lektionen in der Nachfolge Jesu. Als klassischer New Yorker, der den Leuten gerne ins Wort fällt und ihre Sätze zu Ende bringt, wenn sie zu langsam sprechen, weiß ich das nur zu gut. Doch die Heilige Schrift kennt viele Beispiele von Menschen, die lernen mussten, auf Gott zu warten:

- Noah musste lange warten, bis der Regen nachließ und die Wasser zurückgingen.
- Abraham und Sara warteten fast fünfundzwanzig Jahre darauf, dass Gott sein Versprechen einlösen und ihnen einen Sohn schenken würde.
- Josef wartete über zwanzig Jahre – die meiste Zeit in Sklaverei, Knechtschaft und Gefängnis –, bevor er Gottes Absichten in, durch und trotz seines großen Leids erkennen konnte.
- Mose wartete vierzig Jahre in der Wüste, bevor Gott ihn rief, sein Volk aus der Sklaverei der Ägypter zu führen, und weitere vierzig Jahre, bevor er das verheißene Land erreichte.
- Hanna wartete jahrelang darauf, dass Gott ihr Gebet um ein Kind erhören würde.
- Elisabeth wartete Jahrzehnte auf ein Kind, bis ihr Sohn Johannes geboren wurde.
- Hiob hielt jahrelang im Leid aus, bevor Gott ihm einen Neuanfang schenkte.
- Die Apostel waren durch die Kreuzigung völlig aus der Bahn geworfen – und mussten bis Pfingsten warten.

Von der ersten bis zur letzten Seite der Bibel können wir entdecken, wie Gott seine Kinder das Warten gelehrt hat. Die Wartezeit ist fast immer verwirrend und verstörend. Die Versuchung ist groß, in einen Abgrund der Verzweiflung zu fallen, uns mit einer Sucht abzulenken, zu betäuben oder uns aus Wut von Gott abzuwenden.

Was das Warten so schwierig macht, ist die Ungewissheit darüber, wo Gott ist, was er tut oder wann dieses Warten enden wird – wenn überhaupt. Wir fühlen uns orientierungslos und in eine völlige Abhängigkeit von ihm hineingeworfen. Weder können wir in die Zukunft sehen noch gibt es einen Weg zurück in die Vergangenheit, wo wir noch ein Gefühl von Stabilität und Ordnung hatten.

Wir sind direkt mit dem Kreuz konfrontiert, mit dem läuternden Feuer dessen, was der geistliche Schriftsteller Johannes vom Kreuz im sechzehnten Jahrhundert als die dunkle Nacht der Seele beschrieb.[10] Eine dunkle Nacht ist mehr als Leiden, es ist eine Krisenerfahrung geistlicher Verlassenheit. Wir empfinden Hilflosigkeit, Erschöpfung, Leere und werden verzehrt von einem Gefühl des Versagens oder der Niederlage. Johannes vom Kreuz erkannte, dass dieses Aushalten eines Zustands, in dem wir nichts mehr im Griff haben, der normale Weg ist, wie wir in Jesus wachsen. Es gibt keine Ausnahmen. Er schreibt:

Gott sieht die Unvollkommenheiten in uns, und weil er uns liebt, …
gibt er sich nicht damit zufrieden, uns in unserer Schwäche zu lassen,
und aus diesem Grund führt er uns in eine dunkle Nacht. …
Eine Seele wird geistlich nur in die Tiefe wachsen, wenn Gott passiv an ihr arbeitet, und zwar durch die dunkle Nacht.[11]

Gerade in diesen Zeiten der Orientierungslosigkeit entwurzelt Gott unseren Eigenwillen, trägt Schichten unseres falschen Selbst ab und erlöst uns von ungesunden Abhängigkeiten. In diesen Phasen werden wir leer, und dieses Leerwerden hat vor allem einen Sinn: Platz zu schaffen für etwas Neues, etwas Besseres.

Zugegeben: Inmitten von Verlusten auf Gott zu warten, widerspricht menschlichen Instinkten und unserem Wunsch nach schnellen Lösungen. Es läuft der westlichen Kultur und unserem Hang zum Eigenwillen völlig zuwider. Deshalb brauchen wir in diesen Zeiten so dringend den Heiligen Geist, der uns durchträgt.

In einem brillanten Essay mit dem Titel „Über die Geduld" legt Tertullian (160–220 n. Chr.) ein Thema dar, über das wir heute selten sprechen. Tertullian erinnert uns daran: Wenn der Heilige Geist herabsteigt, dann bringt er immer auch Geduld zum Warten mit. Denn Geduld liegt in seiner Natur.

Tertullian behauptet sogar, dass die Rebellion von Adam und Eva ihre Wurzel in der Ungeduld gehabt habe: „Jede Sünde ist, um die Sache summarisch zu fassen, auf Rechnung der Ungeduld zu schreiben. Ich finde also den Ursprung der Ungeduld im Teufel selbst."[12] Wir haben einen ganz anderen Zeitplan als unser Gott, für den tausend Jahre wie ein Tag sind (siehe 2. Petrus 3,9). Ist es da ein Wunder, dass diese zweite Phase in der Verarbeitung von Verlusten – das Warten und Aushalten der eigenen Orientierungslosigkeit – ohne den Heiligen Geist so schwierig, wenn nicht sogar fast unmöglich ist?

Wann immer ich geistlich wachsen durfte, dann meist durch solche schmerzlichen Zeiten, über die ich so wenig Kontrolle hatte. In meiner fünfundvierzigjährigen Reise mit Christus bin ich durch mindestens fünf bedeutsame dunkle Nächte gegangen. Dass ich mich in einer dunklen Nacht befinde, erkenne ich daran, wenn meine Gebete etwa so klingen: „Herr, ich kann nicht mehr. Du hast mir zu viel zugemutet – mehr als ich ertragen kann. Dabei hast du doch versprochen, das nicht zu tun! Bitte bring mich einfach nach Hause. Amen."

Wann immer ich mich Gott widersetzt und in meiner Geschäftigkeit selbst versucht habe, alles zusammenzuhalten, fehlte mir die Vorbereitung auf den Neubeginn, den Gott mir schenken wollte. Wenn ich aber mit ihm gewartet habe, durfte ich während dieser Phase, in der ich nichts mehr im Griff hatte, reiche Erkenntnisse gewinnen und seine Gnade auf vielfältige Weise erfahren. Oft konnte ich erst im Nachhinein sehen, dass in dieser scheinbaren Zeit der Leere, der Untätigkeit und des Stocherns im Nebel Gott tief in mir wirkte und bereits Neues schuf.

Auch Gruppen und Gemeinden sind manchmal gefordert, dunkle Nächte und Zeiten der Orientierungslosigkeit auszuhalten.

Oftmals kämpfen wir gegen solche Phasen an, in denen wir nicht klar sehen können, anstatt sie anzunehmen. Wenn Gott unendlich fern zu sein scheint, ist die Versuchung groß, vor ihm zu fliehen, den Glauben aufzugeben oder in Verzweiflung zu verfallen. Gut, dass Gott uns nachgeht, uns finden und uns begegnen möchte.

Nachdem ich mehrere solcher Zeiten durchlebt habe, will ich mich dann, wenn die nächste sich anbahnt, treu an der Wahrheit festhalten, dass alles einen Sinn hat. Gott gebraucht alle Dinge – sogar die verstörenden, dunklen Nächte der Seele – zu unserem Besten, zu seiner Ehre und zum Wohl anderer.

Wenn wir während dieser Zeiten der Orientierungslosigkeit vor Gott und vor unserem Kummer davonlaufen, heilt dies unseren Schmerz nicht. Im Gegenteil – es macht ihn nur noch schlimmer. Um zu heilen und zu reifen, müssen wir auf unserem Weg zum Licht durch das Tal des Todesschattens gehen. In der Dunkelheit entdecken wir Neues, wie Barbara Brown Taylor es treffend ausdrückt:

> *Ich habe in der Dunkelheit Dinge gelernt, die ich im Licht niemals hätte lernen können, Dinge, die mir immer wieder das Leben gerettet haben, sodass es eigentlich nur eine logische Schlussfolgerung gibt. Ich brauche die Dunkelheit genauso wie das Licht.*[13]

Wenn wir in dieser Zeit treu sind, werden wir schließlich in die nächste Phase der Verarbeitung von Trauer und Verlust eintreten. Hier geht es darum, zuzulassen, dass das Alte Neues hervorbringt. Gott möchte uns eine neue Sicht auf unsere Verluste schenken, wenn wir offen sind für die Schätze, die er für uns bereithält.

Vergebung als Prozess

Wer die Entscheidung zu vergeben als bloßen Willensakt ansieht, unabhängig von der Schwere des Unrechts, hat nicht verstanden, was die Bibel über Trauer und Verlust zu sagen hat. Um einer anderen Person wirklich von Herzen zu vergeben, müssen wir zuerst den Schmerz des Verlusts spüren und uns von Gott durch den ganzen Trauerprozess führen lassen.

Als Jesus sein Leben hingab, um uns zu vergeben, sagte er nicht: „Nun, sie haben ihr Bestes getan. Sie konnten eben nicht anders." Er war nicht distanziert und gefühllos. Vielmehr empfand Jesus wahrhaftig den Schmerz unserer Auflehnung und unseres Unglaubens, als er allein am Kreuz hing und flehte: „Vater, vergib ihnen, denn sie wissen nicht, was sie tun."

Der Prozess der Vergebung umfasst vor dem Loslassen immer die Trauer – dies gilt für die Person, die Vergebung anbietet, genauso wie für diejenige, die darum bittet.

Mit diesem Aspekt der Vergebung rang ich vor vielen Jahren schwer, als ich von der Spaltung unseres spanischsprachigen Gemeindezweigs geradezu überrumpelt wurde. Wie eingangs berichtet, verließen zweihundert Menschen, die ich vier Jahre lang betreut hatte, ohne Vorwarnung zusammen mit dem Hilfspastor die Gemeinde. Ich fühlte mich verraten. Wie viel Liebe, Energie und Gebet hatte ich in sie investiert!

Natürlich wusste ich, dass ich diesem Pastor vergeben musste, aber je mehr ich es mit bloßer Willenskraft versuchte, desto zorniger wurde ich auf ihn. Nach außen hin versuchte ich zu predigen, zu lehren und meine Leitungsaufgaben wahrzunehmen wie üblich, aber innerlich wurde ich von Schuldgefühlen zerfressen, weil ich es nicht schaffte, diesem Mann zu vergeben. Dabei versuchte ich die harte Wirklichkeit dessen, was geschehen war, eher zu leugnen. Das aber vertiefte meinen Groll ihm und Gott gegenüber nur noch.

Ich verstand nicht, dass Vergebung ein *Prozess* ist und dass ich Zeit und Raum brauchte, um meinen Verlust zu betrauern. Ich wusste nicht, dass ich mich dazu auf einen Weg machen musste, der umso mehr Zeit erfordern würde, je tiefer die Wunde war. Es war mir auch nicht klar, dass echte Vergebung von Herzen ein Geschenk Gottes ist.

Die ganze Zeit hatte ich mit einer oberflächlichen Vergebung gekämpft, mit dem Versuch zu vergeben, ohne die dafür erforderliche Trauerarbeit zu leisten. Lewis Smedes fasst die Gefahren einer solchen oberflächlichen Vergebung zusammen: „Manche Menschen neigen dazu, sehr schnell zu vergeben. Das finde ich bedenklich. Denn sie tun es in der Regel, um Schmerz zu vermeiden oder sich einen Vorteil gegenüber denjenigen zu verschaffen, denen sie vergeben. Und ihr schnelles Vergeben macht die Situation nur noch schlimmer."[14]

Einer Person zu vergeben, die uns tief verletzt hat, ist ein Wunder, das nur Gott in uns vollbringen kann. Aber wenn wir mit ihm warten, den Schmerz aushalten und ihn bitten, das zu tun, was nur er tun kann (z. B. unsere harten Herzen weich zu machen), dann wird etwas Neues in und durch uns entstehen.

Und dann kann Gottes dritte Phase in unserem Leben Wirklichkeit werden.

Phase drei: Zulassen, dass das Alte Neues hervorbringt

Gottes drei Phasen, Trauer und Verlust zu verarbeiten

1. Dem Schmerz Aufmerksamkeit schenken
2. Warten und Orientierungslosigkeit aushalten
3. **Zulassen, dass das Alte Neues hervorbringt**

Die zentrale Wahrheit des Christentums ist, dass Jesus am Kreuz einen echten Tod gestorben und dass er von den Toten auferstanden ist. Er ist wahrhaftig auferstanden! Darum können wir gewiss sein, dass jeder Verlust, jedes Ende das Tor zu einem neuen Anfang ist – auch wenn wir nicht sehen, was daraus Gutes erwachsen sollte. Unsere Verluste sind real. Genauso real aber ist das Neue, das unser lebendiger Gott aus unseren Verlusten hervorbringen möchte.

Gott lädt uns ein, ihm die vielen kleinen Tode anzuvertrauen, die wir in unserem Leben sterben müssen. Jesus selbst hat gesagt: „Das Weizenkorn muss in die Erde fallen und sterben, sonst bleibt es allein. Aber wenn es stirbt, bringt es viel Frucht" (Johannes 12,24).

Diese Gewissheit der Verheißung Gottes kann uns auch dann ein fester Anker sein, wenn wir das Gefühl haben, dass wir in die Hölle hinabgestiegen sind und es keine Hoffnung auf eine gute Zukunft gibt. Weil Jesus lebt und wahrhaftig auferstanden ist, möchte Gott uns nach der Erfahrung von Trauer und Verlust mit Neuem beschenken – wenn wir auf ihn warten und in ihm bleiben.

Diese dritte Phase unterscheidet sich deswegen so grundsätzlich von den vorherigen Phasen, weil wir tatsächlich zu etwas ganz Neuem übergehen. Ich kenne Menschen, die aufmerksam für ihren Schmerz sind (Phase 1) und auf Gott warten können (Phase 2), aber sie lassen das Alte nicht los, um das Neue zu empfangen, das Gott für sie bereithält (Phase 3). Dieses Problem kenne ich gut, denn ich neige selbst dazu!

Ich kann mich gut in die Gefangenen am Ende des Zweiten Weltkriegs hineinversetzen, die, gerade aus den Konzentrationslagern befreit, in ihre verlausten, beengten Baracken zurückkehrten. Warum taten sie das? Weil sie sich in der bekannten Umgebung wohler fühlten. Sie hatten eine Hilflosigkeit erlernt, die sie an diesem furchtbaren Ort hielt.[15]

Oft wird das, was uns wie ein katastrophales Ende erscheint, das Tor zu einem wunderbaren Neuanfang. Wir werden eine tiefe Verwandlung erleben, wenn wir dem Schmerz, der mit jedem Verlust einhergeht, Aufmerksamkeit schenken und auf Gott warten, wenn alles in uns vor ihm weglaufen möchte.

Ich will Ihnen fünf Schätze zeigen, wie ich diesen Neuanfang in meinem eigenen Leben erfahren habe. Sie haben sich auch im Leben unzähliger anderer Menschen bewahrheitet, die durch diesen Trauerprozess gegangen sind.

Gott selbst möchte sich uns offenbaren. Wenn wir unsere Verluste annehmen, wird unser Herz weit und wir bekommen eine Ahnung davon, wie unbegreiflich, unfassbar, unendlich, unerschöpflich, allumfassend und vollkommen Gott ist. (Wie schon Meister Eckhart sagte, kommen deshalb manche Menschen, die Gott den Rücken kehren, dem wahren Gott tatsächlich näher – und das ist eine gute Sache! Denn der Gott, von dem sie sich abgewandt haben, ist nicht der Gott, dem wir in der Heiligen Schrift begegnen.[16]) Gottes Wege sind viel höher und weitreichender, als wir es uns vorstellen können. Und so wie Jeremia es inmitten der Katastrophe erfahren hat, als Jerusalem durch die Hand der Babylonier zerstört wurde, dürfen auch wir erfahren: Seine tiefe Liebe und seine Treue sind jeden Morgen neu (siehe Klagelieder 3,22-24). Wir erkennen, dass wir niemals stehen bleiben, sondern immer mehr hineinwachsen dürfen in das unerschöpfliche Leben aus Gott.

Gott macht uns weicher und mitfühlender. Traurigkeit lässt unsere Abwehrmechanismen schmelzen und die Menschen erleben uns als authentischere Gefäße Christi. Der Autor und Theologe Henri Nouwen sagt zu Recht, dass wir anderen nur in dem Maß tiefes, echtes Mitgefühl entgegenbringen können, in dem wir unsere eigenen Verluste betrauern. „Es gibt kein Mitleid und kein Erbarmen ohne viele Tränen … Um wie der Vater zu werden, dessen einzige Autorität Mitleiden und Erbarmen ist, habe ich unzählige Tränen zu weinen; so wird mein Herz bereitet, einen jeden aufzunehmen, wie auch immer sein Weg gewesen sein mag, und ihm aus einem solchen Herzen zu vergeben.“[17] Wenn wir unseren eigenen Schmerz annehmen, sind wir auch in der Lage, uns in den Schmerz anderer hineinzuversetzen. Wir werden zu reifen Liebenden und wahren Müttern und Vätern des Glaubens.

Gott öffnet uns die Augen für uns selbst. Das Trauern offenbart uns, wie tief unser Eigenwille in uns verankert ist. Ich habe – zumindest auf der Ebene des Herzens – das Ringen Jesu mit dem Willen des Vaters in Gethsemane erst verstanden, als ich meine eigene Trauer erlebte. Verlust schneidet etwas aus uns heraus, ähnlich wie ein Gärtner eine Pflanze zurückschneidet, damit sie größere Früchte trägt. Durch das Feuer des Kummers stärkt Gott unsere Geduld zum Warten und unsere Hingabe an seinen Willen. Im Zerbruch werden wir frei und leer, damit er uns mit seinem Leben füllen kann. Und aus der Verbundenheit mit Jesus heraus können wir dann ganz neue Frucht bringen.

Gott stärkt unser wahres Selbst in Christus. Leid bewirkt in unserem Leben etwas Erstaunliches: Es nimmt uns die Masken ab, die wir vor der Welt tragen. Errungenschaften oder Gaben, auf die wir stolz sind, werden plötzlich zweitrangig. Wir brauchen andere nicht mehr zu beeindrucken und Schmerz nicht mehr zu vermeiden. Wir bekommen eine neue Freiheit, Gottes Plan zu folgen, und müssen uns nicht länger an Dinge klammern, die andere für unverzichtbar halten. Etwas Wahrhaftigeres – Christus in und durch uns – kommt allmählich zum Vorschein. Wir erkennen unsere Gebrochenheit und Verwundbarkeit an, anstatt sie zu verbergen. Und wir werden frei von der Illusion, es könnte etwas Reicheres oder Schöneres geben als das Geschenk, Gott zu lieben und von ihm geliebt zu werden.

Gott schenkt uns eine neue Lebendigkeit und offene Augen für unsere wunderbare Welt. Wir gewinnen eine ganz neue Ehrfurcht für die Heiligkeit allen Lebens – für den Wechsel der Jahreszeiten, den Wind, das Fallen der Blätter, die Feiertage, die innere Schönheit der Menschen. Unsere Herzen werden weit, um das Leben in seiner ganzen Tiefe zu erfahren und es immer wieder als Wunder zu begreifen.

Nach dieser letzten Phase des Trauerprozesses sind wir nicht mehr dieselben Menschen. Wir erkennen schließlich: So wie der auferstandene Jesus den Jüngern nach seiner Auferstehung seine Wunden zeigte, schickt er auch uns in die Welt, damit wir anderen unsere Wunden zeigen (siehe Johannes 20,19-28).

Drei Vorschläge, Gottes Weg der Trauerbewältigung in die Gemeindekultur zu integrieren

Vermitteln Sie anderen, wie wichtig es ist, Verlusten Aufmerksamkeit zu schenken, sei es im persönlichen Leben oder in einem größeren Kontext. Sie könnten in Ihrer Gemeinde Workshops oder Gruppen zur Bewältigung von Trauer und Verlust in Umbruchsituationen anbieten (Scheidung, der Eintritt in den Ruhestand, ein Todesfall, eine schwere Krankheit, ein Umzug, ein Kind, das sich vom Elternhaus löst, der Verlust des Arbeitsplatzes usw.). Die Gemeinde hat den besonderen Auftrag, Menschen in diesen kritischen Momenten der Orientierungslosigkeit in ihrem Leben beizustehen.

Initiieren Sie eine Predigtreihe über biblische Ausdrucksformen der Trauer. Die Psalmen, die Klagelieder, das Buch Hiob und das Leben Davids – all dies ist geeignet, um Menschen eine biblische Grundlage und einen Rahmen für ihre Trauer zu vermitteln. Ich habe einmal an vierzehn Sonntagen über verschiedene Arten von Liedern im Psalter gepredigt. Dann lud ich meine Zuhörer ein, ihre eigenen Psalmen oder Gedichte über ihre Erfahrungen mit Gott zu schreiben. Es ist nicht verwunderlich, dass die meisten davon an Gott gerichtete Klagelieder waren.

Schaffen Sie Gelegenheiten, wo Menschen ihre Verluste betrauern können – etwa Rituale oder Trauerräume. Sie könnten einen halbtägigen oder eintägigen geführten Einkehrtag zum Thema Trauer anbieten. Eine andere Möglichkeit wäre, Orte der Trauer oder Denkmäler zu besuchen. Ermutigen Sie Menschen, die große Verluste erlitten haben oder beispielsweise wegen ihrer Herkunft, ihres Geschlechts oder ihrer sozialen Schicht Diskriminierung ausgesetzt waren oder sind, über ihre Erlebnisse zu sprechen.

Kapitel sechs
Die Liebe zum Maß der Reife machen

Im Jahr 1914, dem Jahr, in dem der Erste Weltkrieg ausbrach, besuchte ein junger Mann den bekannten deutsch-jüdischen Theologen und Schriftsteller Martin Buber. Lesen wir, was Buber später über dieses Treffen schrieb:

> *Es ereignete sich nichts weiter, als dass ich einmal, an einem Vormittag nach einem Morgen „religiöser" Begeisterung, den Besuch eines unbekannten jungen Menschen empfing, ohne mit der Seele dabei zu sein. Ich ließ es durchaus nicht an einem freundlichen Entgegenkommen fehlen … Ich unterhielt mich mit ihm aufmerksam und freimütig – und unterließ nur, die Fragen zu erraten, die er nicht stellte. Diese Fragen habe ich später, nicht lange darauf, von einem seiner Freunde – er selber lebte schon nicht mehr – ihrem wesentlichen Gehalt nach erfahren, habe erfahren, dass er nicht beiläufig, sondern schicksalhaft zu mir gekommen war, nicht um Plauderei, sondern um Entscheidung, gerade zu mir, gerade in dieser Stunde.*[1]

Vor Kriegsbeginn betrachtete Buber sich als tiefreligiös. Vor allem ging es ihm um mystische Erfahrungen, die ihn aus dem irdischen, gewöhnlichen Alltag heraushoben. Der Rabbiner und Theologe William Kaufman schreibt, Buber habe sich in dieser Zeit mehr mit dem Ewigen als mit dem Zeitlichen beschäftigt. Er habe sein Augenmerk mehr auf Ekstase als auf die tägliche Existenz gerichtet und sich mehr für das Jenseits als für diese

Welt interessiert.[2] All dies änderte sich, als der junge Mann, der Buber an jenem Tag im Jahr 1914 besucht hatte, Selbstmord beging.

Die Schuld, die Buber empfand, bestand nicht darin, dass er es nicht geschafft hatte, dem jungen Mann seine Verzweiflung zu nehmen, sondern dass er ihm gegenüber nicht voll präsent gewesen war. Er war an jenem Morgen so sehr mit seiner eigenen Gotteserfahrung beschäftigt gewesen, dass er dem jungen Mann in dem Gespräch nicht seine ganze Aufmerksamkeit geschenkt, sich ihm nicht mit seinem ganzen Wesen zugewandt hatte. Er war zwar höflich gewesen, hatte ihm aber nur halb zugehört.

Buber empfand diese Begebenheit wie ein Urteil über seine gesamte Lebensweise. Er erkannte daran, dass die tiefsten spirituellen Erfahrungen und ein „Glaube, der Berge versetzen kann" ohne eine zutiefst gegenwärtige Liebe zu den Menschen nichts wert sind.

Dies war zwar nur eine von vielen prägenden Begegnungen, die Buber im Laufe der Jahre hatte, doch sie bildet den Kontext für seinen wegweisenden Klassiker *Ich und Du,* der 1923, nur fünf Jahre nach dem Ende des Ersten Weltkriegs, erstmals veröffentlicht wurde.[3]

Ich kann mich in Martin Bubers Erfahrung mit diesem jungen Mann gut wiederfinden. In den ersten siebzehn Jahren meines Christseins war ich in Gegenwart anderer Menschen oft abgelenkt und beschäftigt. Ich merkte nicht, wie ich dabei eine ganz zentrale Botschaft des Evangeliums missachtete: Die Liebe zu Gott ist untrennbar mit der Liebe zu den Menschen verbunden, die nach Gottes Ebenbild geschaffen sind. An mir wurden die Schattenseiten des christlichen Leitungsmodells offenbar, in das ich hineingewachsen war und das ich als Pastor in meine Gemeinde mitgenommen hatte. Genau wie Buber war auch ich damit beschäftigt, tiefere Erfahrungen mit Gott zu machen und mehr über ihn zu lernen. Für mich war dies der Maßstab für geistliche Reife.

Nachfolger Jesu gewinnen an den Menschen vorbei

Als ich Christ wurde, war es mein großes Anliegen, auch meinen Freunden und meiner Familie die Liebe Jesu und die Botschaft von der Vergebung näherzubringen. In meinem Eifer für Gott saugte ich wie ein Schwamm so viel wie möglich über Gebet, die Bibel, Evangelisation und Jüngerschaft auf. Ich lernte zu predigen, zu leiten und selbst Leiter zu schulen. Doch sosehr ich mich bemühte, Menschen im Glauben an den lebendigen Gott zu führen – meine Motivation, anderen zu dienen, wurde mit der Zeit verworren und unklar.

Ich war darauf fixiert, Menschen für Christus zu gewinnen und eine wachsende Gemeinde zu bauen. Dazu aber brauchte ich Mitstreiter. Auf deren Engagement war ich angewiesen, um Christi Auftrag zu erfüllen. Denn die Welt brauchte Jesus – es mussten Gemeinden gegründet, Menschen geschult und Hungrige gespeist werden; das schaffte ich nicht alleine.

Mit der Zeit wurde es schwierig zu unterscheiden: Liebte ich die Menschen um ihrer selbst willen oder wegen ihres Beitrags zu Jesu Auftrag? Brauchte ich Menschen, die zum Glauben an Jesus kamen, um unsere Gemeinde zu bauen, oder konnte ich sie einfach lieben, egal ob sie Jesus nachfolgen und in der Gemeinde mitarbeiten wollten? Ich war so sehr darauf konzentriert, das Werk Christi zu tun, dass ich beides nicht mehr auseinanderhalten konnte.

Aber ich hatte gar nicht die Zeit, darüber nachzudenken. Es gab einfach zu viel zu tun.

Soweit ich mich erinnere, war mir niemals beigebracht worden, dass es das entscheidende Merkmal eines reifen Christen ist, Menschen zu lieben. Ich wusste gar nicht, wie das geht, was es bedeutet oder wie es praktisch aussehen könnte, insbesondere als Leiter. Es wurde weder am theologischen Seminar gelehrt noch auf Leitungskonferenzen thematisiert. Stattdessen wurde betont, dass ich so viel wie möglich von Gott und über Gott lernen musste, um andere besser leiten zu können.

Reichte das nicht?

Nein!

In dem kleinen Wohnblock, in dem wir nun seit rund vierzig Jahren leben, hatten wir schon immer Menschen unterschiedlichster Nationalitäten als Nachbarn – von Afroamerikanern über Brasilianer und Chinesen bis hin zu Zyprioten –, darunter Drogenabhängige, Prostituierte, Waisen, Verwitwete und Alleinerziehende. Unsere Töchter gehörten in der Gemeinde, in der Schule und der Nachbarschaft, was ihre Herkunft anbelangt, einer Minderheit an, mit allen Vor- und Nachteilen, die dies mit sich brachte.

Auf den ersten Blick könnte man meinen, dass Geri und mir die Menschen ganz besonders am Herzen gelegen hätten. Doch – unglaublich, aber wahr – obwohl wir von Anfang an Tür an Tür mit Leuten anderer Ethnie und Kultur lebten, wussten wir in den ersten Jahren überhaupt nicht, wie wir im Umgang mit ihnen wirklich präsent sein konnten. Wie sollten wir auch? *Geri und ich schafften es nicht einmal, voreinander präsent zu sein, geschweige denn vor unseren Nachbarn oder in unserem weiteren Umfeld!*

Geri versuchte jahrelang, mir klarzumachen, dass sie sich in unserer Ehe einsam, nicht gesehen oder gehört fühlte. Aber ich hatte keine Ahnung, wovon sie sprach. Ihre Worte prallten einfach an mir ab.

Bei der Klausur mit zwei Seelsorgern, die wir nach Geris Austritt aus der Gemeinde im Jahr 1996 besuchten, lernten wir eine einfache Fähigkeit, die wir „einfühlsam zuhören" nennen. Ich weiß nicht einmal mehr genau, worüber wir damals sprachen. Aber ich werde nie vergessen, wie ich Geri zum ersten Mal wirklich sah und von ihr gesehen wurde. Es war ein ganz besonderer Moment. Überwältigt von Gottes Gegenwart und Liebe waren wir sprachlos vor Staunen.

Ich war damals schon seit vielen Jahren Christ. Doch die Herrlichkeit Gottes, die zwischen uns spürbar war, traf mich völlig unvorbereitet; ganz anders als eine beeindruckende Predigt, eine innige Anbetungszeit, ein kraftvolles Gebetstreffen oder eine übernatürliche Heilung. Ich begriff nicht wirklich, was geschah, aber ich wusste, dass wir ein Stück Himmel geschmeckt hatten. Diese Erfahrung übertraf alles, was ich bisher mit Gott erlebt hatte, bei Weitem und wurde für uns beide zum Wendepunkt. Von diesem Zeitpunkt an veränderte sich unsere Art und Weise, unseren Glauben zu leben und weiterzugeben. Daraus ging schließlich die weltweite Bewegung hervor, die wir jetzt emotional gesunde Nachfolge nennen.

Vor dieser Begegnung hatten Geri und ich bereits exzellente Jüngerschafts- und Gemeindeleitungsschulungen durchlaufen. Wir hatten begriffen, was es bedeutet, dass Christus für uns persönlich gestorben ist, und wir praktizierten die klassischen geistlichen Disziplinen – vom Bibelstudium über das Gebet bis hin zu Fasten, Anbetung und Leben in Gemeinschaft.

Und doch lief etwas grundlegend falsch – bei uns und in der Gemeinde, die wir bauten. Die Gemeindeglieder schienen zwar in ihrer Liebe zu Gott und ihrem Verlangen nach ihm zu wachsen, aber dies schlug sich nicht in einer größeren Liebe zu den Menschen nieder. Viele studierten mit großem Eifer die Schrift und blieben gleichzeitig im Umgang reserviert, verurteilend, kritisch, unnahbar und unsicher.

Wir mussten uns schließlich eingestehen, dass wir innerhalb der Gemeinde nicht liebevoller miteinander umgingen, als Menschen außerhalb der Gemeinde es taten. Hier ein paar Beispiele:

- Wir wussten nicht, was wir mit Wut oder Traurigkeit anfangen sollten.
- Wir hatten Angst davor, in unseren Beziehungen ehrlich zu sein.
- Wir vermieden Konflikte und wollten als nette Menschen gelten.
- Wir sagten oft Ja, wenn wir eigentlich Nein sagen wollten.
- Wir stellten Vermutungen darüber an, was andere Menschen dachten, ohne sie zu überprüfen.
- Wir taten oft für andere, was sie eigentlich für sich selbst hätten tun können und sollen.

Es wurde offensichtlich, dass Menschen auch mit fünfunddreißig, fünfundfünfzig oder fünfundsiebzig Jahren in ihren Beziehungen immer noch im Säuglings- oder Kleinkindstadium feststecken können. Damals erkannten wir eine grundlegende Wahrheit: *Emotionale Gesundheit und geistliche Reife hängen untrennbar zusammen.* Es ist also unmöglich, geistlich reif zu sein und gleichzeitig emotional unreif zu bleiben.

Als Geri und ich entdeckten, dass die Liebe – und nicht christliches Handeln oder geistliche Praktiken – das eigentliche Maß für geistliche Reife ist, machten wir uns auf den Weg, dieses tödliche Defizit in unserer Nachfolge Jesu zu beheben. Aus der Erkenntnis heraus, dass Jesus die Liebe zu Gott immer mit der Liebe zu anderen Menschen verknüpft hatte, begannen wir Menschen zu vermitteln, wie diese Liebe gelebt werden kann – auch unter Stress oder in Konflikten.

Unsere Zugehörigkeit zur neuen Familie Jesu sollte sich auch in der Qualität unserer Beziehungen in der Gemeinde widerspiegeln. Das erforderte eine Art der Nachfolge, die Menschen aus der Zerbrochenheit zu mehr Ganzheit in ihren Beziehungen bewegen konnte. Um zu verdeutlichen, welch grundlegende Veränderung dies erforderte, benannten wir einige Schlüsselsymptome oder Kennzeichen der Zerbrochenheit bzw. Ganzheit.

Beziehungen in der neuen Familie Jesu

Von der Gebrochenheit (1. Mose 3)	**zur Ganzheit (1. Mose 1 und 2)**
abweisend	zugänglich
geringe Selbstwahrnehmung	hohe Selbstwahrnehmung
isoliert	beziehungsfähig
schnell mit Schuldzuweisungen	verantwortungsvoll
reizbar	ausgeglichen
ängstlich	mutig
selbstbezogen	sich verschenkend
abhängig	frei
unaufrichtig	aufrichtig

Über einen Zeitraum von einundzwanzig Jahren arbeiteten wir außerdem acht Basiskompetenzen heraus, die den Wandel von der Zerbrochenheit hin zur Ganzheit unterstützen. Nachdem wir diese in einer Vielzahl von Gemeindekontexten in Nordamerika und auf der ganzen Welt verfeinert und getestet hatten, veröffentlichten wir sie schließlich in unserem Praxisbuch *Liebe redet Klartext*[4]. Unser Ziel war und ist es, Menschen zu befähigen, wie Jesus zu lieben – zu Hause, in der Arbeit, in der Schule, mit Freunden, in der Nachbarschaft und natürlich auch in der Gemeinde. Das

Buch soll den Menschen im Wesentlichen Hilfen für ein gelingendes Miteinander anbieten; Basiskompetenzen, um unter Anwendung biblischer Prinzipien tief verwurzelte, ungesunde Beziehungsmuster aus ihren Herkunftsfamilien durchbrechen zu können.

Als wir begannen, das Buch und seine praktischen Inhalte in Gemeinden vorzustellen, stießen wir zunächst auf Widerstand. Für einige Pastoren war der Gedanke, Zeit und Energie darauf zu verwenden, die Beziehungsfähigkeit der Menschen zu stärken, zu fremd und einschüchternd. Dies kam ihnen nicht so geistlich und tiefgründig vor wie Predigt, Gebet oder Heilungsdienste.

Ein Pastor rief mich an und sagte: „Pete, Beziehungen sind eigentlich nicht so mein Ding. Aber wir haben in unserer Gemeinde ein paar hartnäckige Konflikte. Hättest du vielleicht mal ein Stündchen Zeit für mich und würdest mir in ein paar Sätzen das Wichtigste dazu sagen?"

Schmunzelnd erklärte ich ihm: Um Menschen zu befähigen, wie Jesus zu lieben, brauche er genauso viel Energie, wie er jetzt aufwendete, um sie die Liebe zu Gott zu lehren. Wenn er an diesem Punkt nicht bereit sei zu investieren, würden seine Leute emotional unreif bleiben. Die Konflikte würden sich fortsetzen und die Menschen wären weiterhin unfähig, bei unterschiedlichen Meinungen konstruktiv miteinander zu reden. Wäre er jedoch bereit, sich einzusetzen und die Liebe zum Maßstab für geistliche Reife zu machen, würde das in seiner Gemeinde eine grundlegende Veränderung hin zu emotional gesunder Nachfolge in Gang setzen.

Um den Wandel, den wir bei uns vollzogen, verständlich zu machen, entwickelten wir ein anschauliches Modell, das die Verbindung zwischen emotionaler und geistlicher Reife verdeutlicht. Hierzu stützten wir uns zum einen auf Martin Bubers wegweisendes Werk über das Wesen von Beziehungen, das von der reichen jüdischen und insbesondere der chassidischen Tradition geprägt ist. Zum anderen tauchten wir tief in die Menschwerdung Jesu als Modell echter Liebe ein.

Martin Buber: Von *Ich-Es-* zu *Ich-Du-*Beziehungen

Nach der Begegnung mit dem jungen Mann, der später Selbstmord beging, entwickelte Martin Buber ein Modell zum Verständnis von Beziehungen, die er durch zwei Wortpaare definierte: *Ich – Es* und *Ich – Du.*

Laut Buber stellten Ich-Es- und Ich-Du-Beziehungen zwei unterschiedliche Verhältnisse zu einer anderen Person dar – das eines „Ichs“ gegenüber einem „Es“ oder Objekt und das eines „Ichs“ gegenüber einem „Du“. Wenn wir also eine Person als Objekt oder Mittel zum Zweck betrachten, dann behandeln wir sie als ein „Es“. Sehen wir einen Menschen hingegen als ehrwürdig oder heilig an, dann behandeln wir ihn als ein „Du“.

Die folgende Tabelle zeigt, in welchen fünf Schlüsseleigenschaften die beiden sich unterscheiden.

Ich-Es-Beziehung	Ich-Du-Beziehung
abgelenkt, zielorientiert	ganz aufmerksam, zuhörorientiert
Andere sind Objekte oder Erweiterungen des eigenen Selbst.	Andere sind Personen, einzigartig und eigenständig.
urteilende, bedingte Akzeptanz	nicht urteilende, bedingungslose Akzeptanz
Monolog, Debatte, den eigenen Standpunkt darlegen	Dialog, Erkundung, Neugierde
sich selbst zurückhalten, begrenztes Teilen	sich selbst anbieten, verletzliche Selbstenthüllung
verschlossen, unwillig zu lernen oder sich zu ändern	offen, bereit zu lernen und sich zu verändern

Wie sieht eine Ich-Es-Beziehung im Kontext der Gemeinde aus? Hier ein paar Beispiele aus meinem eigenen Leben.

- Ich halte zwar Augenkontakt, während ich jemandem zuhöre, lege mir in Gedanken aber bereits zurecht, was ich als Nächstes sagen möchte.
- Ich gehe an einem Handwerker in unserem Gebäude vorbei, ohne ihn zu grüßen.
- Beim Predigen bin ich mehr auf einen inhaltlich und rhetorisch ausgefeilten Vortrag bedacht als darauf, meine Zuhörer zu lieben und mit ihnen in Verbindung zu treten.
- Ich beurteile Menschen nach ihrer Schulbildung, ihrer Herkunft, ihrem Beruf oder ihrem Enneagramm-Typ.
- Ich sehe es als meine Aufgabe an, falsche Ansichten über Gott im Gespräch mit anderen zu korrigieren.
- Ich bemühe mich, mir meine Verärgerung nicht anmerken zu lassen, wenn ich einer Person zuhöre, mit der ich nicht einer Meinung bin.

Ist es ein Wunder, dass ich oft ungeduldig mit Menschen war, die nicht in meine Vorstellungen passten? Mein Beziehungsmodell war „Ich-Es".

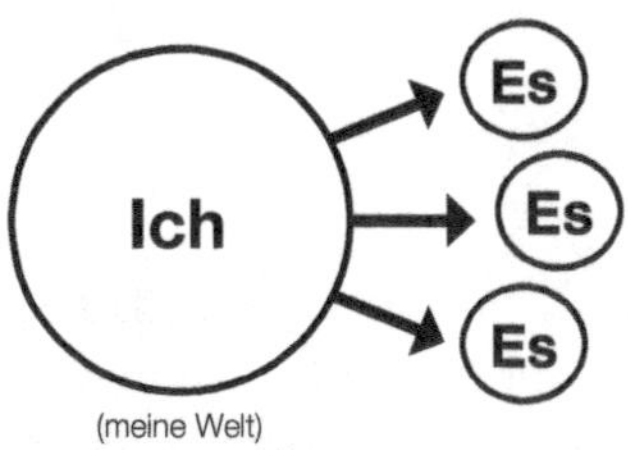

Ich-Du-Beziehungen sind ganz anders.

In Ich-Du-Beziehungen sehen wir jede Person als einzigartig, unermesslich wertvoll, als Ebenbild des lebendigen Gottes an. Wir behandeln jeden Menschen mit Ehrfurcht, als Individuum, das aus dem Atem Gottes geschaffen wurde. Und vor allem: Wir begrüßen das Anderssein unseres Gegenübers und erkennen es an.

Mit anderen Worten: Wir versuchen nicht, etwas vom anderen zu bekommen oder ihn als eine Erweiterung unserer selbst zu behandeln, so wie wir einen Gegenstand – etwa einen Hammer oder ein Telefon – benutzen. In einer Ich-Du-Begegnung treten wir dem anderen ohne Vorbedingungen gegenüber – ohne Masken, Verstellung und manchmal sogar ohne Worte. Wir sind ganz und gar für ihn da und versuchen, ihn zu verstehen.

In einer lebendigen Beziehung – zwischen zwei ganzen Personen – geben wir uns der Unmittelbarkeit der Gegenwart des anderen ohne konkrete Erwartungshaltung hin. „Alles wirkliche Leben ist Begegnung", so beschrieb es Buber.[5]

Aber wahre Ich-Du-Beziehungen, so Buber, kann es nur zwischen zwei Menschen geben, die bereit sind, sich über ihre Unterschiede hinweg zu verbinden. Wenn das geschieht, füllt Gott den Raum zwischen ihnen aus. Gott ist nicht nur im echten Dialog zwischen den beiden Personen erahnbar, sondern er nimmt den Raum zwischen ihnen auf übernatürliche Weise ein und macht ihn zu einem heiligen Raum.

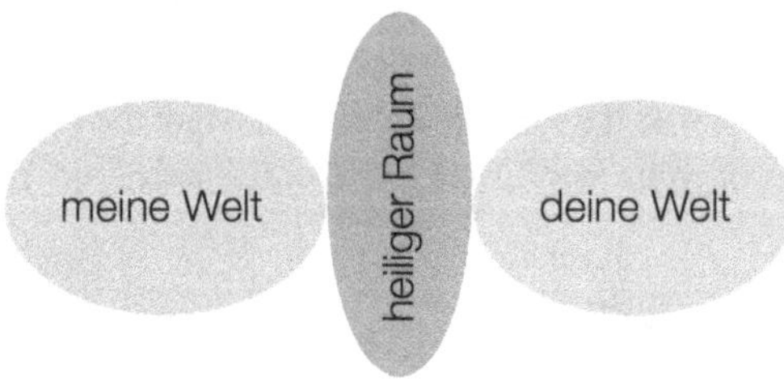

Die Ich-Du-Beziehung zwischen Personen spiegelt die Ich-Du-Beziehung, die wir mit Gott haben, unmittelbar wider. Das ist der Leitgedanke in Bubers Werk. Mit anderen Worten: Eine echte Beziehung zu einer Person als Du offenbart Spuren des „ewigen Du". Deshalb ist es eine so intensive Erfahrung, wenn zwei Menschen einander wirklich zuhören.

Genau das geschah zwischen Geri und mir, als wir uns auf das „einfühlsame Zuhören" einließen. Wir erlebten eine Ich-Du-Begegnung – unsere erste nach acht Jahren Freundschaft und fast neun Jahren Ehe!

Ich will es noch an einem anderen Beispiel verdeutlichen:

Martin Buber war stark beeinflusst vom osteuropäischen Chassidismus und seiner eigenen jüdischen Geschichte. Über Jahrzehnte hatte er

Pogrome und Verfolgung erlitten, auch in Hitler-Deutschland. Seine Begegnung mit T. S. Eliot, einem berühmten Dichter, Literaturnobelpreisträger und Konvertiten zur anglikanischen Kirche in England, wurde im Vorfeld von vielen als heikel angesehen. Der Werdegang der beiden Männer, ihre religiösen Überzeugungen und ihr Freundeskreis hätten kaum unterschiedlicher sein können.

Am Ende ihres Treffens wurde Buber gefragt, ob Eliot und er in vielen Dingen unterschiedliche Auffassungen hätten. Seine Antwort lässt uns erahnen, was es bedeutet, einen anderen als ein Du und nicht als ein Es zu behandeln: „Wenn ich einem Menschen begegne, dann geht es mir nicht um Meinungen, sondern um den Menschen."[6]

Eine schöne Geschichte, mögen Sie einwenden, doch so einfach, wie es sich anhört, ist es in der Praxis oft nicht, vor allem in einer polarisierten Gesellschaft. Aus unterschiedlichen Gründen nehmen wir oft ungesunde, manchmal unausgesprochene Botschaften darüber auf, wie wir Menschen lieben und mit denen umgehen sollen, die anders sind als wir.

Unterschiedlicher Meinung zu sein ist schlecht.
Du musst die Welt so sehen wie ich.
Wir können nicht in Beziehung bleiben, wenn du auf deinen falschen Ansichten beharrst.

Das ist einer der Gründe, warum Christen oft als verurteilend und nicht als liebevoll und mitfühlend wahrgenommen werden.

Bubers Unterscheidung zwischen Ich-Es und Ich-Du zeigt uns jedoch einen Weg aus dieser Sackgasse und kann uns helfen, in eine authentische, liebevolle Beziehung mit anderen zu treten und darin zu bleiben.

Drei entscheidende Fragen

Wie können wir dies im Alltag umsetzen? Wie können wir es lernen, vor Menschen so präsent zu sein wie vor Gott? Ich finde es hilfreich, mir selbst regelmäßig drei Fragen zu stellen, wie David Benner es in seinem Buch *Soulful Spirituality* vorschlägt:

1. Bin ich ganz präsent oder abgelenkt?
2. Bin ich liebevoll oder verurteilend?
3. Bin ich offen, mich verändern zu lassen, oder wehre ich mich dagegen?[7]

Sind wir bereit, uns vor oder während der Begegnung mit einem Menschen ehrlich diese Fragen zu stellen? Ob wir unser Gegenüber als ein Du sehen, zeigt sich daran, inwieweit wir dann wirklich präsent sind und liebevoll und offen mit dem anderen umgehen.

Frage 1: Bin ich ganz präsent oder abgelenkt?

Auf dem Höhepunkt unserer Ehe- und Dienstkrise erlebte ich zum ersten Mal einen Menschen, der für mich völlig präsent war. Die Gespräche mit unserem christlichen Therapeuten waren für Geri und mich damals wie eine Begegnung mit Jesus selbst – der Mann war ganz präsent, nicht gehetzt, nicht abgelenkt.

Er lebte uns vor, was Henri Nouwen wunderschön als das Wesen authentischer Präsenz beschreibt:

> *So bedeutet „für andere da sein" zuallererst: in einer bestimmten Lage beieinanderbleiben. Wir wissen aus Erfahrung, dass uns Menschen, die für uns da sind, ganz gegenwärtig sind. Wenn ein Mensch, der für mich da ist, mir zuhört, hört er mir ganz zu. Wenn er spricht, spüre ich, dass er wirklich mit mir spricht … Seine Gegenwart schenkt das Empfinden einer heilenden Nähe, denn er nimmt mich so an, wie ich bin; er macht mir Mut, mein eigenes Leben ernst zu nehmen.*[8]

Ich bin von Natur aus ablenkbar. Es ist nicht ungewöhnlich, dass mir drei bis vier Ideen gleichzeitig im Kopf herumschwirren, und ich übersehe, was oder wen ich gerade vor mir habe. Ich hatte es schlichtweg nicht gelernt, für andere präsent zu sein. Mittlerweile habe ich in diesem Bereich echte Fortschritte gemacht. Doch es ist nach wie vor entscheidend, dass ich mir bereits vor einem Gespräch diese erste Frage stelle – *Bin ich ganz präsent oder abgelenkt?* –, insbesondere wenn ich hoffe, die Weltsicht des anderen zu verstehen und meine eigene mit ihm zu teilen.

Die Forschung hat gezeigt, dass unsere Fähigkeit, persönliche Gespräche mit Augenkontakt zu führen und eine emotionale Verbindung zum anderen herzustellen, in den letzten fünfzehn bis fünfundzwanzig Jahren dramatisch abgenommen hat, was unser Problem natürlich noch verschärft. Die Digitalisierung mit Computern, Smartphones und sozialen Medien wirkt sich auf jeden Lebensbereich aus, von Ehe, Familie und Erziehung über den Arbeitsplatz, die Schule, Freundschaften, Verabredungen bis hin zu Kirchengemeinden. Umso wichtiger ist es, dass wir bewusst darauf achten, ganz präsent zu sein, wenn wir mit jemandem zusammen sind.

Frage 2: Bin ich liebevoll oder verurteilend?

Wenn Menschen außerhalb der Gemeinde Christen beschreiben, ist *verurteilend* eines der ersten Worte, die fallen. Und sie haben recht.

Wir verurteilen unseren Ehepartner, wenn er Dinge anders macht als wir selbst.

Wir urteilen über unsere Freunde, wenn sie politisch anders denken.

Wir verurteilen unsere erwachsenen Kinder, wenn sie Wege einschlagen, die wir für falsch halten.

Wir urteilen über unsere Kollegen, wenn sie ihre Arbeit nicht so gut erledigen, wie wir es gerne hätten.

Wir verurteilen unsere Nachbarn, wenn sie nicht offen sind für das Evangelium.

Wir urteilen über Hindus, Muslime, Buddhisten, Sikhs und Anhänger anderer Glaubensrichtungen – genauso wie über Atheisten und Agnostiker –, weil sie Jesus nicht als ihrem Retter und Herrn folgen.

Wir verurteilen jüngere oder ältere Generationen, wenn wir ihre Entscheidungen nicht gutheißen.

Wir urteilen über Menschen, weil sie nicht unserer sozialen Schicht oder ethnischen Gruppierung angehören, wegen ihres Aussehens oder ihrer Bildung.

Wir verurteilen andere, weil sie sich zu schick oder zu nachlässig kleiden, wegen der Filme, die sie sich ansehen, der Autos, die sie kaufen, oder der Musik, die sie hören.

Mit *verurteilen* meine ich, dass wir aus unserem Anderssein eine moralische Überlegenheit ableiten. Und damit können wir andere in die unterschiedlichsten Schubladen stecken und als Menschen kleinmachen.

Ich spreche als ein genesender „Judgeaholic". Wie die meisten Menschen, die ich kenne, tue ich mich schwer mit Menschen, die anders denken, handeln oder glauben als ich. In meiner Herkunftsfamilie wurde ich geradezu darauf geeicht, andere zu verurteilen. Wir hielten es einfach für normal, jeden zu missbilligen, der anders war als wir selbst, und zu versuchen, ihn zu unserer Weltsicht zu bekehren.

An dieser Stelle fragen Sie sich vielleicht: „Gehört es nicht zu unserem Auftrag als Christen zu wollen, dass die Menschen so glauben wie wir? *Sollen* wir nicht versuchen, sie zu ändern?"

Meine Antwort ist: ja und nein.

Ja, wir wollen, dass die Menschen den Gott kennenlernen, der der Welt aus Liebe seinen einzigen Sohn geschenkt hat. Ja, wir wünschen uns, dass andere nach Jesu Auftrag mit an seiner Kirche und seinem Reich in aller Welt bauen.

Aber es gehört nicht zu unserem Auftrag, Menschen zu verurteilen, auch nicht im Namen der Wahrheit. Wenn wir jemanden verurteilen, behandeln wir den anderen als Objekt. Nur Gott, der unendlich viel mehr weiß als wir, hat das Recht und die Weisheit, eine Person zu richten. Diese Linie zu überschreiten, führt uns zum Ursprung der Sünde, wie Karl Barth schreibt: „Die Wurzel und Ursache der Sünde ist die Überheblichkeit, mit der der Mensch sein eigener Richter und der seines Nächsten sein will."[9]

Mit der Wortneuschöpfung „Vergegnung" beschrieb Martin Buber „das Verfehlen einer wirklichen Begegnung zwischen Menschen"[10]. Eine Vergegnung ereignet sich, wenn wir Menschen richten, sie als Objekte behandeln oder sie auf irgendeine andere Weise herabsetzen. Was Buber als „wirkliche Begegnung" bezeichnete, kann nur geschehen, wenn wir den anderen auf Augenhöhe sehen und auf ihn eingehen. „Jeder Mensch, der in diese Welt hineingeboren wird, stellt etwas Neues dar", schrieb er, „etwas, das nie zuvor existiert hat, etwas Ursprüngliches und Einmaliges."[11]

So gehen wir neugierig in jedes Gespräch, auch wenn Menschen Dinge tun, die wir für biblisch falsch, tragisch oder unvernünftig halten. Egal, ob es darum geht, warum sich jemand einer geschlechtsumwandelnden Operation unterzogen hat, aus der Kirche ausgetreten und zum Buddhismus konvertiert ist, oder beschlossen hat, unverheiratet zusammenzuziehen.

Wir erkennen, dass es unsere erste Aufgabe als Nachfolger Jesu ist, in jeder Person ein Du zu sehen und sie aufrichtig zu bitten: „Erzähl mir mehr. Hilf mir zu verstehen, wie du die Welt siehst und wie du zu dieser Entscheidung oder Schlussfolgerung gekommen bist."

Frage 3: Bin ich offen, mich verändern zu lassen, oder wehre ich mich dagegen?

Diese Frage ist für viele der Knackpunkt, vor allem wenn der andere kein Christ ist. Warum sollten wir offen dafür sein, uns selbst verändern zu lassen, insbesondere wenn unsere grundlegenden Werte berührt sind oder wenn wir „wissen", dass die andere Person „falsch" liegt? Weil nur so ein echter Dialog stattfinden kann. Wenn wir nicht bereit sind, uns verändern zu lassen, können wir bestenfalls einen einseitigen Monolog erwarten.

Sie fragen sich vielleicht: „Soll das nun heißen, dass alles möglich ist, dass es also keine absolute Wahrheit gibt? Dass wir bereit sein müssen, das loszulassen, was Gott uns als Wahrheit offenbart hat?"

Nein, ganz und gar nicht.

Wie gesagt, ich führe leidenschaftlich gerne Menschen zum Glauben an Jesus. Und ich bin verankert in dem historischen Glauben der Kirchenväter, wie er in Glaubensschriften wie dem Nizänischen Glaubensbekenntnis zum Ausdruck kommt.

Gleichzeitig halte ich es für biblisch, einem anderen einzigartigen Ebenbild Gottes in einer Haltung der Offenheit zu begegnen – in der Erwartung, dass ich von ihm lernen, mich verändern lassen und auf andere Weise von ihm beschenken lassen kann. Der Theologe Johannes Calvin schrieb im 16. Jahrhundert über das „wunderbare Licht der Wahrheit", das in den Gedanken der alten griechischen und römischen Denker leuchtet. Obwohl er sie als heidnisch betrachtete, würdigte er ihre Erkenntnisse:

Sooft wir heidnische Schriftsteller lesen, leuchtet uns aus ihnen wunderbar das Licht der Wahrheit entgegen. Daran erkennen wir, dass der Menschengeist zwar aus seiner ursprünglichen Reinheit herausgefallen und verdorben, dass er aber doch auch jetzt noch mit hervorragenden Gottesgaben ausgerüstet und geschmückt ist. Bedenken wir nun, dass der Geist Gottes die einzige Quelle der Wahrheit ist, so werden wir die Wahrheit, wo sie uns auch entgegentritt, weder verwerfen noch verachten – sonst wären wir Verächter des Geistes Gottes.[12]

Der niederländische Theologe Abraham Kuyper (1837–1920) bekräftigte ebenfalls, dass Gottes Geist durch Ungläubige wirkt. Er erklärte, das Wirken des Geistes sei eine allgemeine Gnade, die im Leben der Menschen am Werk ist.[13]

Andersartigkeit verunsichert uns. Und so glauben wir tatsächlich, dass die anderen – nicht wir – diejenigen sind, die sich ändern müssen. Doch Gott möchte, dass wir uns auf Menschen einlassen, die die Welt anders sehen und erleben als wir, und dass wir sie lieben. Dabei brauchen wir keinesfalls unseren Glauben an Jesus zu verlieren oder zu verleugnen. Wir treten als demütige Lernende in Gespräche ein und sind offen für einen echten Dialog, ohne den keine Ich-Du-Begegnung stattfinden kann.

Dieser Prozess kann schwierig sein, selbst wenn wir viel mit einer Person gemeinsam haben.

Zum Beispiel hatten Geri und ich erst kürzlich einen Konflikt. Unsere Auseinandersetzung endete sehr unschön. Während ich schmollend in meinem Büro saß und ihr in Gedanken die Schuld gab, schrieb ich in mein Tagebuch. Ich stellte mir die drei Fragen: *Kann ich präsent sein und mich nicht ablenken lassen? Kann ich liebevoll sein und nicht urteilen? Kann ich offen sein, mich verändern zu lassen, oder wehre ich mich dagegen?* Die letzte Frage war am schwierigsten. War ich bereit, zuzuhören und mich durch Geris Erfahrung und Perspektive verändern zu lassen? Mein Stolz und mein Eigensinn schrien Nein. Jesus in mir stupste mich an zu einem Ja.

Zögernd suchte ich das Gespräch mit Geri.

Sie schilderte mir dann, wie sehr es sie belastete, dass mehrere unserer erwachsenen Kinder mit ihren eigenen Kindern wegen der Corona-Pandemie vorübergehend bei uns eingezogen waren. Ich hörte ihr zu, ohne etwas zu meiner Verteidigung einzuwerfen. Die Spannung zwischen uns löste sich auf. Durch Geri kam Gott selbst zu mir. Und ich wurde an diesem Tag ein Stück mehr erwachsen.

Wie bereits erwähnt, möchte ich Ihnen zwei wesentliche theologische Komponenten nahebringen, wie wir unsere Umgangskultur so verändern können, dass die Liebe zu den Menschen der Maßstab für geistliche Reife wird. Martin Bubers Arbeit über Ich-Du- und Ich-Es-Beziehungen ist die erste Komponente, die zweite aber ist ebenso wichtig: die Menschwerdung Jesu als Vorbild echter Liebe.

Die Menschwerdung Jesu als Vorbild echter Liebe

Was es bedeutet, Jesus nachzufolgen, wird am besten am tiefen Geheimnis der Menschwerdung Jesu verständlich. Gott wusste, dass es keinen besseren Weg gab, den Menschen seine Liebe zu zeigen: Er musste ganz in ihre Welt eintreten. Der Autor und Theologe Ronald Rolheiser veranschaulicht in einer wunderbaren kleinen Geschichte, warum dies so wichtig war:

> *Ein vierjähriges Mädchen schreckte eines Nachts aus dem Schlaf hoch. Ganz bestimmt lauerten in der Dunkelheit alle möglichen Gespenster und Ungeheuer! Völlig verängstigt sprang das Kind aus dem Bett und rannte zum Schlafzimmer seiner Eltern. Die Mutter versuchte es zu beruhigen, nahm es bei der Hand und führte es zurück ins Kinderzimmer. Dort schaltete sie eine Lampe an und sagte sanft: „Du brauchst keine Angst zu haben, du bist nicht allein. Gott ist bei dir – hier in deinem Zimmer." Das Mädchen entgegnete: „Das weiß ich schon. Ich brauche aber jemand zum Anfassen!"*[14]

Worte oder bloßes Wissen allein reichen nicht aus, um Gottes Gegenwart und Liebe zu fassen. Weil auch wir einen Gott zum Anfassen brauchen, hat Gott Jesus zu uns auf die Erde gesandt. Und noch heute kommt er in leiblicher Form zu uns – durch die Kirche. Denn sie ist sein Leib, in dem er wohnt. Wir alle sind aufgerufen, den Menschen um uns herum unseren Gott zum Anfassen nahezubringen.

Fast jeder christliche Leiter, dem ich begegne, glaubt daran, dass Jesus Mensch geworden ist (man spricht von Inkarnation) und dass auch wir beauftragt sind, uns so auf die Menschen einzulassen, wie er es getan hat. Aber wie Basilius, der Bischof von Caesarea aus dem vierten Jahrhundert, einmal schrieb: „Verkündigung ist weit verbreitet, Inkarnation aber selten." Mit anderen Worten: Viele verkündigen kühn, was Gott tut. Aber Menschen, die im Umgang mit anderen tatsächlich das Leben Jesu verkörpern, sind viel schwieriger zu finden. Denn dazu ist es nötig, dem eigenen Selbst auf besondere Weise zu sterben.

Ich will Ihnen das erklären.

Das Leben Jesu lehrt uns drei Dynamiken, die deutlich machen, wie es aussieht, sich ganz in Menschen einzufühlen, um sie aufrichtig zu lieben: Wir müssen in die Welt des anderen eintreten, uns selbst treu bleiben und im Spannungsfeld zwischen zwei Welten leben.

Diese drei Dynamiken unterscheiden sich zwar, laufen aber parallel. Um uns wirklich in einen Menschen hineinzuversetzen – sei es in einen Nachbarn, eine Freundin, einen Kollegen, dessen Meinung wir nicht teilen, unseren Ehepartner, einen Elternteil oder ein Kind –, müssen alle drei Dynamiken aktiv sein.

Dynamik 1: In die Welt des anderen eintreten

Die Menschwerdung Jesu und die Dynamiken echter Liebe

1. **In die Welt des anderen eintreten**
2. Sich selbst treu bleiben
3. Im Spannungsfeld zwischen zwei Welten leben

So wie Jesus seine Heimat im Himmel verlassen hat, um in unsere Welt einzutauchen, müssen auch wir unsere Welt verlassen und in die ganz andere Lebenswelt unseres Gegenübers eintreten. Dies geschieht am besten durch Zuhören. Der Theologe David Augsburger bringt es auf den Punkt: „Gehörtwerden ist dem Geliebtwerden so nahe, dass beides für den normalen Menschen kaum zu unterscheiden ist."[15]

Bis zu meinem siebenunddreißigsten Lebensjahr überlegte ich mir immer schon beim Zuhören, wie ich mich verteidigen, meine Meinung äußern oder einen Rat geben könnte. Mein Kommunikationsstil ähnelte einem Maschinengewehr. Ich unterbrach andere und brachte ihre Sätze zu Ende, wenn das Gespräch zu langsam vorankam. Das folgende Bild zeigt ein ungesundes Miteinander, bei dem wir unser Gegenüber subtil unter Druck setzen, so zu denken und zu fühlen wie wir selbst.

Ungesundes Miteinander

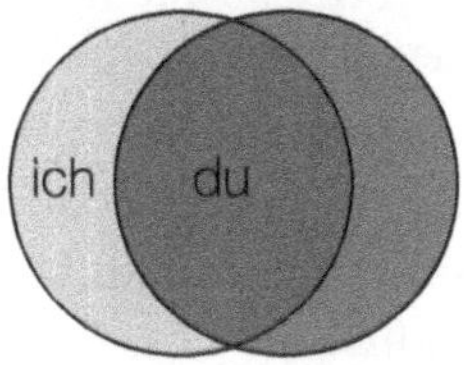

Im ungesunden Miteinander fehlt es an Anerkennung und Respekt für den anderen als eigenständiges menschliches Wesen mit eigenen Gedanken, Gefühlen, Ängsten und Werten. Es ist unklar, wo die eine Person aufhört und die andere anfängt.

Jesus hingegen sprach klar und respektvoll mit den Menschen. Die Evangelien schildern, wie gut Jesus sich in den einzelnen einfühlen konnte – in Matthäus, Nathanael, eine Prostituierte, Nikodemus, einen Blinden, eine samaritanische Frau und viele andere. Als der reiche Jüngling zu ihm kam, sah Jesus ihn an und liebte ihn (siehe Markus 10,21). Er nahm sich die Zeit zuzuhören. Er respektierte jeden Menschen in seiner Eigenständigkeit und Einzigartigkeit.

Gesundes Miteinander

Wie so viele andere Menschen auch hatte ich oft Predigten darüber gehört, wie wichtig es sei zuzuhören und nicht vorschnell zu reden (siehe Jakobus 1,19). Doch wie Jesus zuzuhören und zu sprechen, war für mich alles andere als selbstverständlich. Erst als Geri und ich anfingen, uns mit emotional gesunder Nachfolge zu beschäftigen, entdeckten wir, wie wesentlich gutes Zuhören ist, um aufrichtig lieben zu können. In diesem Prozess durften wir zwei Schlüsselfähigkeiten lernen und schließlich auch an andere weitergeben – mit Bedacht sprechen und einfühlsam zuhören.

Beim Sprechen nutzen wir die gottgegebene Kraft der Worte, um Menschen Heilung, Wachstum und die Liebe Jesu zu bringen. Dies ist unverzichtbar für geistliche Reife und gesunde Gemeinschaft. In der emotional gesunden Nachfolge geht es darum, respektvolle, ehrliche, klare Worte zum richtigen Zeitpunkt zu finden.

Respektvoll. Denken Sie über Ihre Worte nach und plappern Sie sie nicht einfach heraus. Nehmen Sie Rücksicht auf die Gefühle der anderen Person. Anstatt: „Was fandest du bloß an diesem schrecklichen Film?", könnten Sie fragen: „Das ist interessant. Was hat dir denn an diesem Film so gefallen?"

Ehrlich. Sagen Sie, was Sie wirklich denken und fühlen, anstatt die Wahrheit zu beschönigen oder zu verdrehen. Anstatt: „Ich kann am Samstag nicht mithelfen, weil ich etwas anderes vorhabe", könnten Sie sagen: „Ich möchte am Samstag lieber nicht mithelfen, weil ich zu Hause etwas Zeit für mich brauche."

Klar. Kommunizieren Sie direkt. Anstatt vage zu bleiben oder Andeutungen zu machen, sprechen Sie klar und deutlich. Besser als „Hast du am Dienstagabend schon was vor?" wäre eine präzisere Frage: „Wärst du bereit, am Dienstagabend an meinem Kurs teilzunehmen und mir Rückmeldung zu geben, was ich verbessern könnte?"

Zum richtigen Zeitpunkt. Manche Momente eignen sich besser für bestimmte Gespräche als andere. Achten Sie darauf, ob die andere Person gerade müde, gereizt oder in Eile ist, und warten Sie lieber einen entspannteren Moment ab, um über Ihr Anliegen zu sprechen.

Nur wenigen von uns wurde dies in ihrer Herkunftsfamilie vorgelebt. Die meisten Menschen, die wir leiten, haben nie gelernt, respektvoll, ehrlich, klar und zum richtigen Zeitpunkt zu sprechen. Es erfordert beständiges Üben, besonders wenn wir uns in einem Konflikt befinden oder unter Stress stehen.

Zum Eintreten in die Welt eines anderen gehört neben dem Reden auch das einfühlsame Zuhören. Diese Fähigkeit bot Geri und mir so etwas wie Leitplanken für unsere Kommunikation, eine Struktur, die wir brauchten, um uns wirklich aufeinander „einzustimmen"[16]. Wir mussten über Fakten und Informationen hinaus zu den Gefühlen gelangen. Wenn wir das einfühlsame Zuhören richtig praktizieren, hören wir mehr als nur Worte, wir achten auch auf nonverbale Signale wie den Tonfall oder die Körperhaltung. Bei diesem ganzheitlichen Zuhören versetzen wir uns so in die Welt des anderen hinein, dass er sich „gefühlt fühlt".[17]

Einfühlsames Zuhören üben

In unseren Kursen zum einfühlsamen Zuhören stellen wir unseren Kursteilnehmern zum Einstieg die Frage: *Was bewegt Sie im Moment am meisten und wie fühlen Sie sich dabei?* Es werden dann Zweiergruppen gebildet und jeder bekommt nacheinander acht oder zehn Minuten Redezeit. Wir ermutigen die Zuhörer, auf verbale und nonverbale Botschaften zu achten, wie Gesichtsausdruck, Körperhaltung, Tonfall, Augenkontakt, Kopfbewegungen und Laute wie Oh, Ah usw.

Das folgende Format hat sich bei uns bewährt:

Zu Beginn

- Legen Sie fest, wer zuerst spricht und wer zuerst zuhört.

Wenn Sie der Sprecher sind

- Sprechen Sie in der „Ich"-Form. (Reden Sie über Ihre Gedanken, Gefühle und Wünsche.)
- Fassen Sie sich kurz.
- Legen Sie ab und zu eine Pause ein, sodass Ihr Gegenüber das Gesagte mit eigenen Worten wiederholen kann.

- Beschreiben Sie Ihre Gefühle.
- Seien Sie respektvoll, ehrlich und klar.

Wenn Sie der Zuhörer sind

- Schenken Sie dem Sprecher Ihre volle Aufmerksamkeit. (Denken Sie nicht darüber nach, was Sie als Nächstes sagen wollen.)
- Versuchen Sie sich in Ihr Gegenüber hineinzuversetzen und zu fühlen, was der andere fühlt.
- Vermeiden Sie jedes Urteil und interpretieren Sie nicht.
- Spiegeln oder wiederholen Sie in Ihren eigenen Worten so genau wie möglich, was Sie gehört haben.
- Wenn Sie meinen, dass Ihr Gegenüber ausgeredet hat, fragen Sie nach: „Gibt es noch etwas, was du erzählen möchtest?"
- Am Ende fragen Sie: „Was ist von all dem, was du mir erzählt hast, das Wichtigste für dich? Was soll ich mir merken?"

Es mag Ihnen anfangs ungewohnt oder starr vorkommen, sich an die Struktur und die Leitlinien des einfühlsamen Zuhörens zu halten (siehe nächste Seite: „Wie Geri das einfühlsame Zuhören entdeckte"). Aber denken Sie daran: Wie Stützräder beim Fahrradfahren-Lernen sind diese Regeln vor allem am Anfang notwendig. Denn sie können uns helfen, tief verwurzelte ungesunde Gewohnheiten zu durchbrechen, die Generationen zurückreichen. Wenn wir die Fähigkeit später verinnerlicht haben, brauchen wir die Stützräder nicht mehr.

Als das einfühlsame Zuhören für uns noch ganz neu war, sagte Geri einmal zu mir: „Pete, ich hatte das Gefühl, dass du mich mit deinen Worten erschlägst."

Meine Antwort war: „Du hast dich also etwas über das geärgert, was ich gesagt habe."

Ich schwächte Geris Worte bewusst etwas ab, um ihre Verletzung dahinter abzumildern. Dennoch hielt ich mich an die Vorgabe, ehrlich und genau das wiederzugeben, was sie gesagt hatte.

Ein paar Anmerkungen. Erstens: Es geht beim einfühlsamen Zuhören nicht darum, mit dem einverstanden zu sein, was mein Gegenüber sagt. Der Zweck liegt auch nicht darin, Probleme zu lösen (obwohl Untersuchungen zeigen, dass bis zu 70 Prozent aller Probleme tatsächlich durch Zuhören gelöst werden können). Das Lösen von Problemen (oder konstruktives Streiten, wie wir es nennen) erfordert eine andere emotional gesunde Fähigkeit.

Zweitens: Wir müssen uns bewusst sein, dass es einen starken Charakter und emotionale Reife erfordert, beim Sprechen und Zuhören in die Welt eines anderen einzutreten – vor allem, wenn wir die Meinung unseres Gegenübers nicht teilen oder der andere etwas Negatives über uns sagt. Unsere erste Reaktion ist oft, uns verteidigen zu wollen. Gott aber lädt uns ein, unsere Schutzschilde fallen zu lassen und offener und zugänglicher zu werden.

Wie Geri das einfühlsame Zuhören entdeckte

Ich werde nie vergessen, wie ich zum ersten Mal erleben durfte, welche Wirkung das einfühlsame Zuhören entfalten kann und wie Gott uns dadurch veränderte. Pete und ich hatten diese Fertigkeit schon einige Male geübt. Eines Tages stand ich an der Spüle, als Pete hereinkam und mir eine Frage stellte. Er wollte meine Meinung zu einem Thema hören, das ihm in der Gemeinde gerade zu schaffen machte. Zuvor hatte ihn meine Meinung eigentlich nicht wirklich interessiert. Wenn er mir eine Frage stellte, dann mehr, um etwas laut zu verarbeiten.

Aber an diesem Tag schaute er mir in die Augen und war ganz bei mir. Und er sagte: „Ich möchte dir wirklich zuhören. Deine Gedanken und Gefühle sind mir wichtig."

Das haute mich beinahe um. Dies war mehr als eine Übung – etwas Tiefgreifendes hatte sich in ihm und in unserer Beziehung verändert. Es war ein heiliger Moment.

Dynamik 2: Sich selbst treu bleiben

> **Die Menschwerdung Jesu und die Dynamiken echter Liebe**
> 1. In die Welt des anderen eintreten
> 2. **Sich selbst treu bleiben**
> 3. Im Spannungsfeld zwischen zwei Welten leben

Die zweite Dynamik – uns selbst treu zu bleiben – ist vielleicht die größte Herausforderung. Warum ist das so schwer? Weil es Reife und Differenzierungsvermögen erfordert, an unserem Selbstgefühl festzuhalten, wenn wir in die Welt eines anderen eintreten.

Jesus lebt uns das vor. Dass er seinem wahren Selbst treu blieb, enttäuschte viele Menschen. Von allen Seiten wurden Erwartungen an ihn herangetragen und es wurde Druck auf ihn ausgeübt.

Er enttäuschte seine Familie, bis dahin, dass seine engsten Angehörigen sich fragten, ob er den Verstand verloren habe (siehe Markus 3,21). Er enttäuschte die zwölf Jünger, die ständig ihre Vorstellungen vom Messias in ihn hineinprojizierten. Doch Jesus blieb sich selbst treu, sogar als Judas ihn verriet. Jesus enttäuschte die Menschenmengen, die einen irdischen Messias wollten, der sie heilt und ernährt. Und er enttäuschte die religiösen Führer, die ihn nie verstanden.

Jesus ruhte in der Liebe seines Vaters und war sich seiner selbst und seines Auftrags bewusst. In seiner Liebe zu den Menschen gab er sich selbst nie auf. Deshalb konnte er auch unter großem Druck präsent sein und ließ sich nicht von Angst besetzen.

Solange wir uns selbst nicht wirklich kennen, übernehmen wir nur allzu leicht die Meinungen und Erwartungen anderer Menschen. Wir werden zu Chamäleons. Kommt Ihnen eines der folgenden Szenarien vielleicht bekannt vor?

- Sie fühlen sich durch die Bemerkung eines Kollegen verletzt, sagen aber nichts, weil Sie nicht als überempfindlich oder verurteilend gelten wollen.
- Die Tochter eines Gemeindevorstandsmitglieds heiratet. Sie sind auf die Feier eingeladen – an einem Samstagabend drei Stunden von Ihrem Zuhause entfernt. Eigentlich hätten Sie lieber abgelehnt, aber Sie fahren doch hin, aus Angst, Unverständnis zu ernten.
- Eine Ihrer ehrenamtlichen Mitarbeiterinnen ist für die Arbeit mit Teens

verantwortlich. Leider sind Sie mit ihrer Leistung gar nicht zufrieden und haben den Eindruck, dass sie das ganze Team behindert. Sie haben sie schon darauf hingewiesen, dass es nicht so weitergehen kann, aber sie hat die Botschaft nicht verstanden. Aus Angst, dass sie wütend auf Sie werden oder sich Ihretwegen gar von der Gemeinde abwenden könnte, lassen Sie die Sache auf sich beruhen. Sie suchen sich einen weiteren Mitarbeiter und teilen die Gruppe auf.
- Ein Teamkollege verwendet in Ihrer Gegenwart immer wieder ein unangemessenes rassistisches, erniedrigendes Vokabular. Sie schweigen, damit er Sie nicht als selbstgerecht und arrogant verurteilt.

Manchmal fühlen wir uns zu sehr in andere ein und verlieren uns dabei selbst. Besonders anfällig sind wir hierfür, wenn wir unseren eigenen Vorlieben, Werten, Gefühlen, Meinungen, Hoffnungen und Freuden noch nicht auf die Spur gekommen sind; wenn uns nicht bewusst ist, wie Gott durch unsere Lebensgeschichte, durch unsere einzigartige Persönlichkeit und unser Temperament spricht. Dann vergessen wir, dass wir ein Selbst zu verlieren haben.[18]

Denken Sie daran: Jesus ist unser Vorbild. Er wusste, wer er war und woher er kam. Was ich anderen zu geben habe – und dazu gehört auch meine Art zu sprechen und zuzuhören –, hängt immer direkt mit dem Grad meiner Selbsterkenntnis zusammen. Wenn ich mich selbst nicht kenne, habe ich nur ein falsches Selbst anzubieten. Ein weiser Mentor lehrte mich vor Jahren: *Du kannst andere nur in dem Maß lieben und wertschätzen, in dem du dich selbst liebst und wertschätzt.*

Die folgende wahre Geschichte verdeutlicht, wie es in der Praxis aussieht, sich selbst treu zu bleiben und gleichzeitig in die Welt eines anderen einzutreten:

Zwei befreundete Frauen in unserer Gemeinde merkten, dass es Spannungen in ihrer Beziehung gab. Doris war sauer auf Alena, weil diese scheinbar nie Zeit hatte, wenn Doris sich mit ihr treffen wollte. Doris selbst war immer bereit, wenn Alena eine gemeinsame Unternehmung vorschlug.

Verärgert und wütend stellte Doris Alena schließlich zur Rede.

Alena hätte dies als Angriff verstehen und sich verteidigen können. Sie hatte jedoch gelernt, in die Welt ihres Gegenübers einzutauchen, ohne sich selbst zu verlieren. Früher hatte sie Doris' Einladungen nie ausgeschlagen, weil sie geglaubt hatte, nicht Nein sagen zu dürfen. Mittlerweile hatte sie vor sich selbst mehr Respekt und hatte erkannt, dass sie nicht immer Ja sagen muss. Sie hatte begriffen, dass sie als introvertierte Persönlichkeit viel Zeit für sich brauchte, um aufzutanken. Doris hingegen war extrovertiert und in Gesellschaft ganz in ihrem Element.

Wie also reagierte Alena?

Zunächst hörte sie zu, ohne sich zu verteidigen, als Doris schilderte, wie enttäuscht, traurig und wütend sie sei. Dann sagte Alena: „Doris, ich schätze dich als Freundin sehr und bin gerne mit dir zusammen. Aber ich möchte einfach die Freiheit haben, Nein zu sagen. Weißt du, ich brauche auch viel Zeit für mich."

Damit blieb Alena sich selbst und ihren eigenen Gefühlen und Wünschen treu, ließ sich aber auch ganz auf Doris und ihre Sichtweise ein.

Glücklicherweise reagierte Doris positiv und die beiden fanden einen neuen Rhythmus für ihre Freundschaft. Aber nehmen wir einmal an, Alena hätte sich selbst verloren, als Doris sie zur Rede stellte. Wenn sie geglaubt hätte, dass Nein-Sagen sie zu einem schlechten Menschen mache, hätte sie sich vermutlich entschuldigt und versucht, künftig keine Einladung mehr auszuschlagen. Mit der Zeit wäre sie wahrscheinlich nachtragend geworden, was das Aus für die Beziehung hätte bedeuten können. Weil Alena sowohl an sich selbst als auch an Doris festhielt, bewahrte und vertiefte sie ihre Freundschaft.

Dynamik 3: Im Spannungsfeld zwischen zwei Welten leben

Die Menschwerdung Jesu und die Dynamiken echter Liebe

1. In die Welt des anderen eintreten
2. Sich selbst treu bleiben
3. **Im Spannungsfeld zwischen zwei Welten leben**

Wenn wir uns entscheiden, Jesu Liebe zu verkörpern und in die Welt eines anderen Menschen einzutreten (Dynamik 1), müssen wir uns trotzdem selbst treu bleiben (Dynamik 2). Dies führt uns mitten hinein in das schwierige Spannungsfeld zwischen unserer Welt und der Welt des anderen (Dynamik 3). In diesem Spannungsfeld zu leben heißt, aufmerksam zuzuhören, auch wenn wir vielleicht nicht ganz mit dem übereinstimmen, was der andere sagt. Und es heißt, unser Gegenüber ausreden zu lassen, ohne ungeduldig zu werden oder uns zu verteidigen.

Während seines irdischen Lebens stand Jesus im ständigen Spannungsfeld zwischen zwei Welten. Er verließ den Himmel, um zu uns auf die Erde zu kommen – wo er missverstanden und verfolgt werden würde. In seinem Leiden am Kreuz hing er buchstäblich zwischen Himmel und Erde.

Sie und ich sterben zwar nicht körperlich am Kreuz wie Jesus, aber wir können sein Wesen nicht verkörpern, ohne unser eigenes Kreuz anzunehmen – das heißt, eine Form des Todes an uns selbst zu sterben. Die Entscheidung, zwischen zwei Welten zu „hängen", wird uns auf jeden Fall Zeit und Energie kosten und unsere eigene Welt tiefgreifend verändern.

Wenn wir die Menschwerdung Jesu zum Vorbild echter Liebe nehmen, werden Spannungen nicht ausbleiben – sei es mit dem Ehepartner, einer Freundin, einem Vorgesetzten, unseren Kindern, Geschwistern, Kollegen, Nachbarn, mit Menschen aus einer anderen Kultur oder sozialen Schicht. Und dies ist immer auch mit Schmerzen verbunden. Aber als Diener stehen wir nicht über unserem Herrn und als Schüler nicht über unserem Lehrer (siehe Matthäus 10,24). Auch wir müssen dem Vorbild des gekreuzigten Jesus folgen und sterben, damit andere leben können.

Ein ganz neuer Maßstab für Reife

Jesus ließ es nicht gelten, wenn sich eine wachsende Liebe zu Gott nicht auch in der Liebe zu den Menschen niederschlug. Auch wir dürfen das nicht akzeptieren. Die religiösen Führer zur Zeit Jesu kannten die Heilige Schrift, praktizierten geistliche Disziplinen und beteten Gott treu an, aber sie waren defensiv, verurteilend und unsicher im Umgang mit anderen. Solche Menschen gibt es auch in unseren Gemeinden.

Die Art, wie Jesus die Liebe zu Gott mit der Liebe zu den Menschen verband, war im ersten Jahrhundert geradezu revolutionär, und das ist sie bis heute. „Wir hören in etwa so auf Gott, wie wir denen zuhören, deren Meinung wir nicht teilen"[19], hätte er gesagt. Seine Priorität war klar: „An eurer Liebe zueinander werden alle erkennen, dass ihr meine Jünger seid" (Johannes 13,35). Wir sollen die besten Menschenliebhaber auf der ganzen Welt sein.

Deshalb ist der Aufbau einer Gemeinschaft mit reifen Beziehungen wirklich eines der größten Geschenke, die wir der Welt machen können – auch wenn wir damit gegen den Strom schwimmen. Es reicht nicht, die Menschen zu lehren, Gott zu lieben. Wir müssen genauso viel Zeit und Energie aufwenden, sie zur Nächstenliebe zu befähigen, gerade gegenüber denjenigen, die anderer Meinung sind oder sie gar in den Wahnsinn treiben. Die beiden Formen der Liebe waren für Jesus untrennbar.

Martin Bubers Ich-Es- und Ich-Du-Modell und Jesu Vorbild einfühlsamer Liebe, das er uns mit seiner Menschwerdung gegeben hat, sind kraftvolle Werkzeuge, um eine grundlegend neue Kultur in unseren Kirchen und Gemeinschaften zu schaffen. Wenn uns das gelingt, eröffnen wir Menschen einen Weg, mehr von Gottes Liebe zu erfahren und sie dann selbst der Welt anzubieten.

Kapitel sieben
Die Macht der Vergangenheit brechen

In den ersten Jahren unserer Ehe fragte Geri mich oft, wie ich aufgewachsen sei. Es fiel ihr zum Beispiel auf, dass Schreien und Brüllen in der alltäglichen Kommunikation meiner Herkunftsfamilie offenbar dazugehörten. Für mich war das völlig normal.

Ich weiß noch, wie Geri drei Jahre nach unserer Hochzeit einmal bemerkte: „Pete, ist dir eigentlich klar, dass ich noch kein einziges richtiges Gespräch mit deiner Mutter geführt habe? Du weißt schon, so etwas wie: ‚Hi, Geri, schön, dich zu sehen.'"

Ich erinnerte sie daran, dass meine Mutter gerade mit dem Verlust ihres jüngsten Sohnes im Alter von nur achtundzwanzig Jahren kämpfte!

Aber auch an meinem Verhalten fand Geri vieles befremdlich. Meine ausgeprägte Begabung als Leiter, der Dinge anpacken konnte, war gepaart mit einer lähmenden Unentschlossenheit. Ich versammelte meine Truppen und startete kühn ein neues Projekt. Aber jede Form von Kritik drückte mich nieder und raubte mir den Schlaf.

Geri sah, wie ich mich verzehrte, um die Gemeinde auf den Weg zu bringen – koste es, was es wolle. Ich ließ meine Frau zum Beispiel mit einer Dreijährigen und einer Einjährigen alleine zu Hause, selbst an Feiertagen, die auf einen Montag fielen, weil dies strategische Zeiten für evangelistische Einsätze waren. Es wäre mir nie in den Sinn gekommen, meinen Terminkalender zuvor mit ihr abzustimmen.

Eine weitere auffällige Ungereimtheit, die sie an mir beobachtete, war meine Reaktion auf selbstbewusste Frauen, die lautstark ihrer Wut über irgendetwas Luft machten. Ich wurde dann ganz kleinlaut und schreckte emotional vor ihnen zurück wie ein Zehnjähriger. Aus Unvernunft ließ ich mich zu Dingen hinreißen, die mir, der Gemeinde und unserer Familie schadeten.

Als Geri einige dieser Probleme mit meiner Familiengeschichte in Zusammenhang brachte, wehrte ich ab: „Durch das Blut Jesu bin ich ein neuer Mensch geworden."

Sie antwortete mit einem ihrer klassischen Einzeiler: „Nein, bist du nicht. Ich lebe schließlich mit dir!"

Der Einfluss meiner Familiengeschichte auf meine Ehe

Christus hatte mein Leben in vielerlei Hinsicht verändert. Wie Paulus im Römer- und im Galaterbrief erklärt, hatte Gott mich, als ich Christ wurde, begnadigt und von Schuld befreit. Durch Gnade war ich nun ein vollwertiges Mitglied seiner Familie.

Natürlich hatte meine Kindheit ihre Höhen und Tiefen gehabt. Aber ist das nicht bei jedem so? Es lag mir also fern, meine Eltern für alle Probleme in meinem Leben verantwortlich zu machen. Meine Einstellung war: „Ich gehöre zur Familie Gottes. Mein Leben ist geprägt von meiner Hingabe an Jesus und meiner Liebe zu ihm. Vieles mache ich anders, als ich es aus meiner Herkunftsfamilie kenne. Ich hege keinen Groll. Ich helfe im Haushalt. Ich wickle meine Kinder. Ich setze mich dafür ein, dass die Welt Jesus kennenlernt."

Die Liste war zwar nicht lang, aber ich sah darin einen Spiegel echter Veränderung. Leider war sie auch ein Spiegel meiner eigenen Blindheit. Ich erkannte nämlich nicht, wie sehr das negative Erbe aus meiner Herkunftsfamilie mein tägliches Leben noch immer bestimmte – besonders in meinen Aufgaben als Leiter. Und leider wehrte ich mich auch vehement, überhaupt nur darüber nachzudenken, wie meine Vergangenheit meine Gegenwart beeinflussen könnte.

Ich werde nie vergessen, wie Geri und ich uns zum ersten Mal auf eine sehr einfache Übung einließen, um unsere Ehe im Licht der Ehen unserer Eltern zu betrachten. Jeder von uns beschrieb seinen Vater und seine Mutter und zählte einige allgemeine Merkmale ihrer Ehen auf, z. B. wie sie Konflikte lösten, Wut ausdrückten, Geschlechterrollen verstanden und miteinander verbunden waren.

Als wir fertig waren, lehnten Geri und ich uns zurück und sahen einander fassungslos an. Unser Stolz darauf, dass wir schon so viel weiter waren als unsere Eltern, schmolz dahin. Bestürzt mussten wir erkennen, wie stark die ungesunden Muster in den Ehen unserer Eltern unsere eigene Ehe nach wie vor prägten. Wo auch immer Christus in unserem Leben war, unsere Beziehung zueinander hatte er nicht verändert, zumindest nicht wesentlich.

Traurig und beschämt mussten wir uns eingestehen, dass das Problem weit über unsere Ehe hinausreichte. Auf einmal ging uns auf, warum Menschen, die wir als Mentoren betreuten, geistlich und emotional immer noch in den Kinderschuhen steckten – und warum weder Bibelstudium noch Gebet, Fasten oder Kleingruppentreffen daran etwas ändern würden.

Dass ich mich so dagegen sträubte, meine Vergangenheit anzuschauen und mit ihren Auswirkungen auf meine Tätigkeit als Leiter zu ringen, belastete unsere ganze Gemeinde schwer. Sie war zwar groß, aber genauso oberflächlich wie ich. Nur wenige von uns sahen auf tieferliegende Probleme und kaum jemandem war der Zusammenhang zwischen früher und heute bewusst. Rückblickend kann ich kaum fassen, wie ich mir selbst vormachen konnte, dass ein unreifer Leiter (ich) mit einer unreifen Ehe (wir) eine reife Gemeinde (unsere) aufbauen könnte.

Gott hat uns in seiner Weisheit zu einem bestimmten Zeitpunkt der Geschichte an einem bestimmten Ort in eine bestimmte Familie hineingestellt. Damit waren Gaben und Chancen verbunden. Gleichzeitig haben uns unsere Familien aber auch festgefahrene, unbiblische Beziehungs- und Lebensmuster mitgegeben. Die Heilige Schrift und das Leben lehren uns, dass zwischen unserer Persönlichkeit heute und unserer Vergangenheit ein vielschichtiger, komplexer Zusammenhang besteht.

Deshalb ist es eine der größten Tragödien in unseren Gemeinden, dass so viele Menschen durch ihre Vergangenheit gelähmt sind. Sie verdrängen oder vernachlässigen die Familiengeschichte, die in ihnen lebt, und geben sich mit einem engen christlichen Leben zufrieden, in dem sie geistlich und emotional feststecken.

Wenn wir Menschen helfen wollen, in Jesus in ihr einzigartiges, von Gott gegebenes Selbst hineinzuwachsen, müssen wir sie befähigen, die Macht der Vergangenheit zu brechen, die sie zurückhält. Zahlreiche äußere Kräfte mögen auf uns einwirken, aber die Familie, in der wir aufgewachsen sind, ist das wichtigste und fast immer das mächtigste System, das uns prägt und beeinflusst, wer wir sind.

Jahrelang wussten Geri und ich einfach nicht, wie wir an die Gebrochenheit und die Wunden tief in unserer eigenen Seele herankommen sollten – geschweige denn in den Seelen derer, für die wir Verantwortung trugen. Um zu verdeutlichen, wie diese Dynamik im Leben eines Gemeindeglieds aussehen könnte, will ich Ihnen eine Geschichte über einen begabten neuen Lobpreisleiter in der Gemeinde eines befreundeten Pastors erzählen.

Ein Lobpreisleiter bringt seine Familiengeschichte mit

Der fünfunddreißigjährige Tom war durch eine christliche Schülerarbeit an seiner Highschool zum Glauben gekommen. Nach Abschluss seines Musikstudiums zog Tom in eine neue Stadt, heiratete und arbeitete als Musiklehrer an einer nahe gelegenen Highschool. Er und seine Frau Julie schlossen sich einer neu gegründeten Gemeinde mit sechzig Mitgliedern an und engagierten sich dort. Sie nahmen an einer Kleingruppe für junge Paare teil und Tom begann, Klavier zu spielen und im Lobpreisteam zu singen. Seine Begabung sowohl in der Musik als auch in der Leitung war von Anfang an offensichtlich. Nach sechs Monaten leitete er schon zwei- bis dreimal im Monat den Lobpreis im Gottesdienst.

Die Gemeinde war begeistert. Immer mehr junge Leute fühlten sich angezogen. Der Pastor war überaus dankbar, dass Gott ihnen ein so großes Talent geschenkt hatte.

Im zweiten Jahr jedoch gab es in Toms Verhalten die ersten Probleme. Es begann damit, dass Julie den Pastor eines Abends unter Tränen anrief und ihm von den Schwierigkeiten in ihrer Ehe erzählte. Wenn Tom zu Hause war – was selten genug vorkam –, war er emotional abwesend. Dann erwähnte eine junge Frau aus dem Lobpreisteam gegenüber der Ehefrau eines Gemeindevorstandsmitglieds, dass Tom sie mehrmals über einen Messengerdienst angeschrieben habe. Dies sei ihr unangenehm und sie wisse nicht recht, wie sie darauf reagieren solle.

Etwa zur selben Zeit geriet Tom mit einem der Ältesten der Gemeinde in den sozialen Medien in einen hitzigen Streit über Politik. Schließlich bat der Pastor Tom zweimal zu klärenden Gesprächen. Daraufhin verkündete Tom plötzlich, er werde aus der Gemeinde austreten. Am nächsten Tag schrieb er in den sozialen Medien einen halbherzigen Abschiedsgruß an die Gemeinde, in dem er der Gemeindeleitung zwischen den Zeilen vorwarf, nicht sensibel genug für den Heiligen Geist zu sein.

„Was ist hier nur passiert?", fragte sich jeder. „Er und Julie waren so wunderbare Menschen, eine echte Bereicherung für unsere Gemeinde."

Das Spektrum unserer Reaktionen auf einen solchen Vorfall mit einem verantwortlichen Mitarbeiter ist im Allgemeinen sehr begrenzt. Entweder wir geben uns selbst die Schuld für unseren offensichtlichen Mangel an Weisheit und Urteilsvermögen. Oder wir legen neue Richtlinien fest, damit neuen Mitarbeitern in Zukunft nicht mehr so schnell größere Verantwortung übertragen wird. Oder aber wir kommen zu dem Schluss, dass solche Vorgänge einfach zum Preis jeder Gemeindearbeit gehören. Jesus hat es erlebt, in anderen Gemeinden kommt es vor; nun hat es eben uns getroffen. In jedem Fall tun wir unser Bestes, um schnell die Scherben aufzusammeln und nach vorne zu blicken.

Es mag zwar in einer oder mehreren der beschriebenen Reaktionen ein Körnchen Wahrheit stecken, doch keine davon widmet sich dem Kernproblem: Hier herrschte eine oberflächliche Form der Nachfolge; die Gemeinde ließ völlig außer Acht, wie stark der Dienst, den jemand heute für Jesus tut, von seiner Vergangenheit beeinflusst sein kann.

Der Schritt zurück, der den Weg nach vorne freimacht – ein biblischer Leitfaden

Die Schrift bietet uns einen dreifachen Leitfaden für die Nachfolge, der uns von der Macht der Vergangenheit befreit:

1. Erkennen, wie tief Segen und Sünde unserer Familien aus drei bis vier Generationen uns heute noch prägen
2. Begreifen, dass wir in eine neue Familie hineingeboren wurden – die Familie Jesu
3. Sündige Muster unserer Herkunftsfamilien und Kultur ablegen und lernen, in der neuen Familie Jesu zu leben

Dieser weitreichendere Ansatz der Nachfolge – in den die Vergangenheit und die Herkunftsfamilie mit einbezogen werden – befreit Menschen, sodass sie Gottes großem Plan für ihre Zukunft folgen können.

1. Erkennen, wie tief Segen und Sünde unserer Familien aus drei bis vier Generationen uns heute noch prägen

Wir werden in Familien hineingeboren, aber die biblischen Autoren verstehen unter dem Wort „Familie“ etwas anderes als wir. Im gesamten Alten und Neuen Testament bezieht sich dieser Begriff nicht nur auf ein Paar und seine Kinder, sondern auf die gesamte Großfamilie über drei oder vier Generationen. Heute angewandt, würde dieses Verständnis von Familie unsere ganze Familiengeschichte seit Ende des 19. Jahrhunderts einschließen.

Die Schrift lehrt auch, dass alles Tun einer Generation und all ihre Entscheidungen die nachfolgenden Generationen beeinflussen.

Im 2. Buch Mose lesen wir:

> *Denn ich bin der HERR, dein Gott. Ich dulde keinen neben mir!* Wer mich verachtet, den werde ich bestrafen. Sogar seine Kinder, Enkel und Urenkel werden die Folgen spüren! *Doch denen, die mich lieben*

und sich an meine Gebote halten, bin ich gnädig. Sie und ihre Nachkommen werden meine Liebe über Tausende von Generationen erfahren.
2. Mose 20,5-6 Hfa, Hervorhebung vom Verf.

Ein alttestamentlicher Gelehrter sagte mir einmal, dass das in dieser Passage verwendete hebräische Wort, das im Deutschen meist mit *strafen* übersetzt wird, besser wiedergegeben werden müsste mit: *immer wieder heimsuchend* oder *sich wiederholt kümmernd.* Das macht deutlich, dass das, was in einer Generation geschieht, sich tendenziell in der nächsten wiederholt, sei es Alkoholismus, Suchtverhalten, Depressionen, Selbstmord, brüchige Ehen, uneheliche Schwangerschaften, Misstrauen gegenüber staatlicher Autorität oder ungelöste Konflikte.

Wissenschaftler und Soziologen debattieren seit Jahrzehnten darüber, ob dies unserer „Natur“ (unserer DNA), unserer „Erziehung“ (unserer Umwelt) oder beidem geschuldet ist. Die Bibel gibt keine Antwort auf diese Frage. Sie legt es lediglich als geheimnisvolles Gesetz von Gottes Universum dar.

Auch wenn jeder Mensch scheinbar ein allein handelndes Individuum ist, so ist er doch auch Teil eines größeren Familiensystems, das, wie die Bibel sagt, drei bis vier Generationen zurückreicht. Und Familienmuster aus der Vergangenheit prägen fast zwangsläufig unsere heutigen Beziehungen und Verhaltensweisen.

Betrachten wir zwei bekannte Familien aus der Heiligen Schrift, die von Abraham und die von David.

Abraham, Isaak und Jakob

Diese Geschichte im ersten Buch Mose zeigt deutlich, wie sowohl Sünde als auch Segen von Generation zu Generation weitergegeben werden. Auf der einen Seite galt der Segen, den Abraham für seinen Gehorsam empfangen hatte, auch seinen Kindern (Isaak), Enkeln (Jakob) und Urenkeln (Josef und seinen Brüdern). Gleichzeitig beobachten wir aber auch über Generationen hinweg ein Muster von Sünde und Gebrochenheit.

Ein paar Beispiele:

Ein Muster der Lüge

- Abraham log zweimal wegen Sara.
- Die Ehe von Isaak und Rebekka war von Lügen geprägt.
- Jakob belog fast jeden; sein Name bedeutet „Betrüger".
- Zehn von Jakobs Kindern logen bezüglich Josefs Tod, täuschten eine Beerdigung vor und bewahrten mehr als zehn Jahre lang ein „Familiengeheimnis".

Bevorzugung durch mindestens einen Elternteil

- Isaak bevorzugte Esau.
- Jakob bevorzugte Josef.
- Später bevorzugte Jakob Benjamin.

Abbruch des Kontakts zwischen Brüdern

- Isaak und Ismael (die Söhne Abrahams) wurden voneinander getrennt.
- Jakob floh vor seinem Bruder Esau und hatte über Jahre hinweg keinerlei Kontakt zu ihm.
- Josef hatte über zehn Jahre lang keinen Kontakt zu seinen Brüdern.

Mangelnde Intimität in den Ehen

- Abraham hatte ein außereheliches Kind mit Hagar.
- Isaak hatte eine gestörte Beziehung zu Rebekka.
- Jakob hatte zwei Ehefrauen und zwei Nebenfrauen.

David, Salomo und Rehabeam

David wird als ein Mann nach Gottes Herzen bezeichnet (siehe Apostelgeschichte 13,22). Er gab seinem Sohn Salomo reichen Segen mit, der über mehrere Generationen reichte. Gleichzeitig gab er aber auch ein Muster von Sünde und Gebrochenheit weiter, das ebenfalls über Generationen hinweg anhielt.

Geistliche und moralische Kompromisse

- David vertuschte seinen Ehebruch und den Mord an Uria.
- Salomo betete neben dem Gott Israels noch andere Götter an.
- Rehabeam, Salomos Sohn, lehnte weisen Rat ab und folgte den Göttern der umliegenden Nationen.

Sexuelle Sünde

- David nahm sich viele Frauen und beging Ehebruch mit Batseba.
- Salomo nahm sich siebenhundert Frauen und dreihundert Nebenfrauen.
- Rehabeam nahm sich achtzehn Frauen und sechzig Nebenfrauen.

Ungelöste Konflikte

- David hatte Spannungen mit seinen sieben älteren Brüdern.
- Salomos Halbbruder Absalom ermordete seinen Bruder und versuchte, seinen Vater David zu töten.
- Rehabeam überwarf sich mit seinem Bruder und spaltete Israel in zwei Teile.

Solche Geschichten wurden aufgeschrieben und in die Bibel aufgenommen, um uns etwas zu lehren. Wir müssen einen tiefen, schonungslosen Blick nach innen werfen (siehe 1. Korinther 10,6). Was das für diejenigen unter uns bedeutet, die Verantwortung für andere tragen und sie in die

Nachfolge rufen, ist klar: Wir können Menschen nicht helfen, sich von ihrer Vergangenheit zu befreien, solange wir nicht die Familien verstehen, in denen sie aufgewachsen sind. Wenn uns nicht klar ist, welche Macht die Vergangenheit auf unsere Gegenwart ausübt, werden wir in unseren Beziehungen innerhalb und außerhalb der Gemeinde unweigerlich immer wieder in die alten Muster zurückfallen.

2. Begreifen, dass wir in eine neue Familie hineingeboren wurden – die Familie Jesu

Die großartige Nachricht des Evangeliums ist, dass unsere Herkunftsfamilie nicht über unsere Zukunft entscheidet. Gott tut es! Uns ist nicht nur vergeben, sondern wir sind auch von der Macht der Sünde befreit, die in unseren Familien über Generationen weitergegeben wurde. Sünde bezieht sich nicht nur auf unsere Verhaltensweisen, sondern auf eine Macht, unter der wir leben (siehe Römer 6–8). Sie versklavt uns und ist so tief in uns verwurzelt, dass es der Kreuzigung des Sohnes Gottes bedurfte, um uns von dieser dämonischen Macht zu befreien. Wir selbst könnten sie nicht durch bloße Willenskraft oder irgendeine andere menschliche Fähigkeit überwinden. Gott selbst – in der Person des Heiligen Geistes – wohnt jetzt in uns. Uns sind ein neues Herz, ein neues Wesen und ein neuer Geist geschenkt (siehe Hesekiel 36,26-27 und 2. Korinther 5,17).

Wenn wir unser Vertrauen auf Christus setzen, werden wir durch den Heiligen Geist wiedergeboren und in die Familie Jesu aufgenommen. Wir werden aus der Finsternis in das Reich des Lichts versetzt. Unsere neue Identität wird nicht mehr durch das Blut unserer biologischen Familie bestimmt, sondern durch das Blut Jesu. Dies ist ein grundlegender Neuanfang.

Am besten drückt im Neuen Testament der Römerbrief aus, was Christsein bedeutet: die Adoption in die Familie Gottes (siehe Römer 8,14-17). Der Apostel Paulus verwendet hier als Bild die vertraute Praxis der römischen Adoption, um diese tiefe Wahrheit zu vermitteln. Er betont, dass wir jetzt in einer neuen, dauerhaften Beziehung zu einem neuen Vater – Gott – stehen. Unsere Schuld (Sünde) ist getilgt. Wir bekommen einen neuen Namen (Christ), ein neues Erbe (Freiheit, Hoffnung, Herrlichkeit, die Reichtümer des Himmels) und neue Geschwister (aus aller Welt).

In der antiken Welt zur Zeit Jesu wurde dem Gebot, Vater und Mutter zu ehren, ein außerordentlich hoher Stellenwert beigemessen. Dennoch rief Jesus, ohne zu zögern, Männer und Frauen wiederholt dazu auf, ihre leiblichen Familien zu verlassen, um ihm zu folgen. Er sagte: „Wer Vater oder Mutter mehr liebt als mich, ist es nicht wert, mein Jünger zu sein" (Matthäus 10,37). Jesus definierte seine neue Familie als diejenigen, die seinen Willen tun und auf ihn hören (siehe Lukas 8,19-21).

Für den Gläubigen ist die Gemeinde nun die „erste Familie". Das Neue Testament kennt zwar sechsundneunzig Metaphern für Gemeinde, am häufigsten jedoch wird die Gemeinde als Familie bezeichnet. Die Gelehrten Ray Anderson und Dennis Guernsey drücken es sehr treffend aus:[1]

> *Die Gemeinde ist die neue Familie Gottes … Durch die geistliche Wiedergeburt wird jeder von uns kraft Adoption in die Familie Gottes Bruder oder Schwester Jesu Christi. Darum sind wir einander Brüder und Schwestern. … Ehemänner und Ehefrauen sind zuallererst Bruder und Schwester in Jesus Christus, dann erst Mann und Frau. Genauso sind Söhne und Töchter zuerst Brüder oder Schwestern ihres Vaters und ihrer Mutter, erst dann Söhne und Töchter.*[2]

Das Neue Testament geht wie selbstverständlich davon aus, dass ein Christ eine gesunde Ortsgemeinde braucht, um in der Nachfolge Jesu zu reifen. Gott möchte, dass wir in unseren Gemeinden langsam, aber sicher lernen, unser Leben nach dem Vorbild Jesu zu führen.

3. Sündige Muster unserer Herkunftsfamilien und Kultur ablegen und lernen, in der neuen Familie Jesu zu leben

Um destruktive Muster zu durchbrechen, müssen wir zunächst zurückschauen. Denn nur wenn wir verstehen, wie unsere Vergangenheit uns geprägt hat, können wir ein positives Erbe weitergeben, uns in Christus verwandeln lassen und mit unserem Leben der Welt dienen.

Warum ist dann in den meisten unserer Gemeinden so wenig davon zu spüren? Warum unterscheiden sich so viele Christen nicht wesentlich von ihren nicht christlichen Nachbarn, auch wenn sie vielleicht beten, die Bibel lesen und den Gottesdienst besuchen?

Die Antwort ist: Wir haben den Aufruf Jesu nicht ernst genommen, die Macht der Vergangenheit zu brechen und den dritten Teil eines biblischen Nachfolgemodells praktisch umzusetzen. Hier geht es darum, die sündigen Muster unserer Herkunftsfamilien und Kultur abzulegen und zu lernen, das Leben in der neuen Familie Jesu auf Gottes Weise zu führen.

Man könnte es auch anders ausdrücken: *Jesus mag in unserem Herzen leben, aber Opa lebt in unseren Knochen.* Das heißt: Diejenigen, die uns im Familienstammbaum vorausgehen – unsere Ahnen –, werfen lange Schatten, sogar noch Generationen nach ihrem Tod. Jeder Nachfolger Jesu muss sich also mit der Gebrochenheit und Sünde seiner Familie und seiner Kultur auseinandersetzen.

Aber dies ist harte Arbeit.

Unsere Gemeinde befreien

In unserem Bemühen, dies in unserer eigenen Gemeinde und dann in Gemeinden auf der ganzen Welt zu verwirklichen, haben wir einen fünfteiligen Ansatz entwickelt. Er soll Menschen helfen, die Macht der Vergangenheit zu brechen, und ihnen den Weg in die Zukunft ebnen – für ihr persönliches Leben und für die Gemeinschaft, der sie angehören.

1. Ein Familien-Genogramm erstellen, um Prägungen zu erkennen
2. Den Preis der Nachfolge nicht scheuen
3. Aus der Vergangenheit lernen und gestärkt in die Zukunft gehen
4. Die Macht der Vergangenheit in jedem Bereich des Lebens brechen, einschließlich unserer Leitungsaufgaben
5. Benennen und Zähmen des negativen Erbes unserer Gemeinde oder Dienstgemeinschaft

1. Ein Familien-Genogramm erstellen und daraus Prägungen erkennen

Vor über zwanzig Jahren entdeckten Geri und ich ein starkes Werkzeug aus der Familiensystemtheorie – das Genogramm. Es bietet eine sehr wirkungsvolle Möglichkeit, Menschen erkennen zu helfen, wie ihre Familie sie geprägt hat. Über die Jahre haben wir es an die Bedürfnisse von Gemeinden angepasst, die in der Nachfolge Jesu wachsen möchten.

Ein Genogramm ist, sehr vereinfacht gesagt, ein visuelles Werkzeug, um die Geschichte und Dynamik unserer Familienbeziehungen und deren Einfluss auf uns über drei bis vier Generationen zu betrachten. Es hilft uns, ungesunde Muster aus der Vergangenheit zu erkennen, die wir in unsere Beziehung zu Christus und zu anderen mitbringen. Bei den allermeisten von uns stellt die Herkunftsfamilie die mächtigste und einflussreichste Gemeinschaft dar, die uns geprägt hat. Sie zu beleuchten und zu verstehen, ist der Schlüssel zu unserer Verwandlung in Jesus.

Das Genogramm befähigt Menschen, aus ihrer gegenwärtigen Situation herauszutreten und ihr Leben als Ganzes zu betrachten – so ähnlich wie wenn Astronauten und Kosmonauten zum ersten Mal aus dem Weltraum auf die Erde blicken. Die Erfahrung, die Erde zum ersten Mal aus dieser Perspektive zu sehen – als einen winzigen, zerbrechlichen Ball, der „im Nichts hängt", abgeschirmt von einer hauchdünnen Atmosphäre –, ist so tiefgreifend und verwandelnd, dass dafür ein neuer Begriff erfunden wurde: der Overview-Effekt.

Eine ähnliche Verwandlung kann mit uns geschehen, wenn wir unsere Familiengeschichte über drei bis vier Generationen mithilfe des Genogramms Revue passieren lassen. Wir erleben den Overview-Effekt und bekommen einen völlig neuen, ganzheitlichen Blick auf unser Leben.

Fragen wie die folgenden können uns helfen, unter die Oberfläche zu gelangen und zu erkennen, wie sich unsere Vergangenheit auf unser Heute auswirken könnte. In unseren Seminaren bitten wir die Teilnehmer, das Genogramm mit den Augen eines acht- bis zwölfjährigen Kindes auszufüllen.

- Wie würden Sie jedes Familienmitglied (Eltern, Betreuer, Großeltern, Geschwister usw.) mit zwei oder drei Adjektiven beschreiben?
- Wie würden Sie die Ehe Ihrer Eltern (oder Betreuer) und Großeltern beschreiben?
- Wie wurde in Ihrem weiteren Familienkreis über zwei bis drei Generationen hinweg mit Konflikten, Wut und Geschlechterrollen umgegangen?
- Gab es Themen, die sich über mehrere Generationen zogen (z. B. Suchtverhalten, Affären, Verluste, Missbrauch, Scheidung, Depressionen, andere psychische Erkrankungen, Abtreibungen, uneheliche Kinder usw.)?
- Wie gut ist es in Ihrer Familie gelungen, über Gefühle zu sprechen?
- Wie wurde über Sexualität gesprochen oder nicht gesprochen? Welche stillschweigenden Botschaften wurden dadurch vermittelt?
- Gab es irgendwelche „Geheimnisse" in der Familie (z. B. eine außereheliche Schwangerschaft, Inzest oder finanzielle Krisen)?
- Was wurde in Ihrer Familie als „Erfolg" angesehen?
- Wie wurde mit Geld umgegangen? Wie mit Spiritualität? Wie mit Beziehungen im erweiterten Familienkreis?
- Wie hat die Herkunft und Kultur Ihrer Familie Sie geprägt?
- Gab es irgendwelche Helden oder Heldinnen in der Familie? Gab es Sündenböcke? „Verlierer"? Und warum?
- Falls es in der Familie Suchtverhalten gab, in welcher Form?
- Welche traumatischen Verluste hat Ihre Familie erlitten? Zum Beispiel einen plötzlichen Sterbefall, längere Krankheit, Totgeburt/Fehlgeburt, Insolvenz, Scheidung oder Flucht/Vertreibung?

- Welche zusätzlichen Verluste oder Wunden zogen diese traumatischen Erlebnisse nach sich? Zum Beispiel den Verlust von Geborgenheit in der Kindheit, den Verlust eines emotional zugänglichen Elternteils, den Verlust von Vertrauen usw.?

Wir verwenden eine Reihe von Symbolen für die Beziehungsdynamik zwischen Menschen (z. B. konflikthafte, abgebrochene, distanzierte/gestörte Beziehungen, Verstrickung und Missbrauch) und bitten die Teilnehmer, die Beziehungen zwischen den in ihrem Genogramm aufgeführten Personen zu beschreiben. Dann laden wir sie ein, einen Schritt zurückzutreten, über das Geschriebene nachzudenken und sich zu fragen, welche Themen über die Generationen hinweg immer wieder auftauchen. Darauf folgt die Frage, ob es in der Familiengeschichte irgendwelche „Erdbebenereignisse" gab, Erfahrungen, die wie Schockwellen noch über Generationen nachwirken (wie Krieg, Selbstmord, Untreue, Einwanderung aus einem anderen Land usw.).[3]

Nachdem die Teilnehmer ihr Genogramm ausgefüllt haben, bitten wir sie, im Gebet über die folgenden beiden Fragen nachzudenken:

- Können Sie ein oder zwei Muster aus Ihrer Herkunftsfamilie benennen, die Sie am stärksten geprägt haben?
- Hat sich für Sie eine Botschaft aus Ihrer Herkunftsfamilie herauskristallisiert, die Gott Ihnen heute offenbart hat und die Sie für sich verändern möchten?

Dann richten wir noch eine dritte Frage speziell an Pastoren und andere Verantwortliche:

Sehen Sie einen oder zwei Ansatzpunkte, wie das, was Sie erkannt haben, Ihren Leitungsstil verändern könnte?

An dieser Stelle sind die Teilnehmer meist so weit, ihre konkreten Probleme in der Nachfolge Jesu als Mitglieder der neuen Familie Jesu anzugehen.

2. Den Preis der Nachfolge nicht scheuen

Jesus hat die Kosten der Nachfolge nie beschönigt. Er sagte klar und deutlich: „Wenn jemand mein Jünger sein will, muss er sich selbst verleugnen, sein Kreuz täglich auf sich nehmen und mir nachfolgen“ (Lukas 9,23). Dies ist eine Einladung, sich selbst zu sterben – und zwar nicht nur einmal, sondern als Lebensweise. Wenn wir diese Einladung annehmen und ernst damit machen, die spezifischen ungesunden Muster unserer eigenen Vergangenheit tatsächlich zu durchbrechen, ist dies unweigerlich mit Schmerz verbunden. Es ist nur natürlich, dass uns der Preis der Nachfolge zu hoch, die Aufgabe als zu schwierig erscheint. Seien wir ehrlich: Wir alle hätten am liebsten Ostern ohne Karfreitag, Licht ohne Dunkelheit, Hoffnung ohne Verzweiflung, Glück ohne Leid. Aber die Macht der Vergangenheit zu brechen, erfordert eine Kreuzigung – und so sträubt sich alles in uns dagegen.

Das entscheidende Wort hier ist *spezifisch*. Wir müssen die Schrift genau auf die eingefleischten, ungesunden Muster anwenden, die wir so tief verinnerlicht haben. Zum Beispiel lebte ich als Erwachsener nie Traurigkeit oder Angst aus, die mir als ein Zeichen der Schwäche erschienen. Solche Gefühle waren in meiner Herkunftsfamilie inakzeptabel, besonders für Männer. Mir also zu erlauben, Traurigkeit zu empfinden und meine Frau Geri daran teilhaben zu lassen, war ein beängstigender Glaubensschritt – zumindest anfangs. Denn dies kollidierte mit den Botschaften zur Rolle der Geschlechter, die seit Generationen in meiner Familie und meiner Kultur verwurzelt waren und die ich schon mit der Muttermilch aufgesogen hatte.

Betrachten Sie die folgenden Beispiele unbiblischer Familiengebote, die Glieder unserer Gemeinde aus ihrer Vergangenheit mitgebracht haben:

Beispiele für unbiblische Familiengebote

1. Geld
- Geld ist der beste Garant für Sicherheit.
- Je mehr Geld du hast, desto wichtiger bist du.
- Wenn du viel verdienst, beweist du damit, dass du es „geschafft" hast.

2. Konflikte
- Vermeide Konflikte um jeden Preis.
- Bringe die Leute bloß nicht gegen dich auf.
- Mit schmutzigen Taktiken zu streiten ist akzeptabel.

3. Sex
- Über Sex spricht man nicht.
- Männer dürfen sich „die Hörner abstoßen", Frauen müssen keusch sein.
- Sex ist schmutzig.

4. Trauer und Verlust
- Traurigkeit ist ein Zeichen von Schwäche.
- Du darfst nicht depressiv sein.
- Sieh zu, dass du schnell über Verluste hinwegkommst und wieder nach vorne schaust.

5. Wut ausdrücken
- Wut ist gefährlich und schlecht.
- Um deinen Standpunkt deutlich zu machen, darfst du ruhig einmal explodieren.
- Sarkasmus ist eine akzeptable Form, deiner Wut Luft zu machen.

6. Familie
- Für das, was deine Eltern für dich getan haben, stehst du für immer in ihrer Pflicht.
- Trage nie an die Öffentlichkeit, welche Leichen deine Familie im Keller hat.
- Du bist zu allererst deiner Familie und deiner Kultur verpflichtet. Alles andere ist zweitrangig.

7. Beziehungen
- Vertraue keinem Menschen. Du wirst unweigerlich verletzt.
- Lass dich niemals von jemandem verletzen.
- Zeige keine Verletzlichkeit.

8. Einstellungen gegenüber anderen Kulturen und Ethnien
- Pflege nur Freundschaften mit Menschen, die so sind wie du.
- Heirate niemanden, der einer anderen Ethnie oder Kultur angehört.
- Bestimmte Kulturen sind schlechter als unsere.

9. Erfolg
- … heißt, die besten Schulen zu besuchen.
- … heißt, viel Geld zu verdienen.
- … heißt, zu heiraten und Kinder zu haben.

10. Gefühle
- Du darfst bestimmte Gefühle nicht haben.
- Deine Gefühle sind nicht so wichtig.
- Impulsiv zu reagieren ist in Ordnung.

So aber hat sich Gott unser Leben als neue Familie Gottes nicht gedacht. Wir haben also auf jeden Fall eine Menge zu verlernen – wie die Israeliten, die vierhundert Jahre in der Sklaverei unter den Ägyptern gelebt hatten. Ihre Sichtweise von Gott und anderen Menschen war von den Werten und dem Lebensstil geprägt, die sie aus der Zeit der Sklaverei mitgebracht hatten. Genauso sind auch wir durch andere Kräfte geprägt als nur durch unseren Status als Kinder Gottes. Ja, Gott hat uns durch Gnade gerettet – das ist unsere Erlösung und Befreiung. Aber täuschen wir uns nicht: Unbiblische Lebensweisen loszulassen, ist harte Arbeit und erfordert unsere ganze Hingabe und Bereitschaft, uns von Jesus verändern zu lassen.

Der Blick auf unsere Familiengeschichte lenkt unser Augenmerk auf bestimmte Bereiche in unserem Leben, die für das verwandelnde Werk des Heiligen Geistes geöffnet werden müssen.

In meinem eigenen Leben gab es viele ungesunde Muster, die ich in meine Leitungsrolle und meine Nachfolge mitbrachte. Ich möchte Ihnen an zwei wesentlichen Punkten schildern, wie Gott die Arbeit am Genogramm gebraucht hat, um mich und unsere Gemeinde zu befreien.

Veränderung 1: Ich habe gelernt, mich klarer abzugrenzen und besser zu leiten. Abgrenzung bezieht sich auf unsere Fähigkeit, unsere Lebensziele unabhängig von den Zwängen der Menschen um uns herum zu definieren. Es geht darum, unserem wahren Selbst treu zu bleiben und uns immer weniger von der Zustimmung oder Missbilligung anderer bestimmen zu lassen. In meiner Herkunftsfamilie herrschte ständig der Druck, gleich zu denken und gleich zu fühlen. Dies ließ uns als Einzelnen wenig Raum, unsere eigenen Ansichten, Werte oder Ziele losgelöst von diesem familiären Druck zu verfolgen.

Diese geringe Abgrenzungsfähigkeit brachte ich auch in meine Leitungsrolle mit. Ich mag zwar leitender Pastor gewesen sein, aber ich fühlte mich nicht so. Wenn ich z. B. eine Richtungsänderung ankündigte oder eine schwierige Entscheidung treffen musste und dabei Gegenwind bekam, zog ich mich zurück. Verzweifelt heischte ich nach Bestätigung und Zustimmung. Ich hatte nicht den Mut, zu meiner Sichtweise zu stehen. Es fehlte mir das Selbstvertrauen, meine Leitungsaufgaben mit meinen Gaben und meiner von Gott geschenkten Persönlichkeit wahrzunehmen.

Es galt also zu lernen, stark und klar zu führen und dabei gleichzeitig mit anderen Menschen verbunden zu bleiben. Aber zuvor musste ich mich noch einigen weiteren Altlasten widmen.

Die Familie meiner Mutter besitzt seit 1923 eine italienische Bäckerei hier in New York City. Sowohl in ihrer Familie als auch im Geschäft waren

Verwirrung und Chaos an der Tagesordnung. Unklare Rollenverteilung, mangelnde Abgrenzung, unausgesprochene Erwartungen und Zornesausbrüche waren normal. Unsere Familie bot ihren Mitarbeitern ganz sicher kein attraktives Arbeitsumfeld. Und so ging ich wie selbstverständlich davon aus, dass ich es auch nicht besser verstand.

Hier lag mein Problem. Ich weigerte mich, Zeit zu investieren, um die Kompetenzen zu erwerben, die ich als Vorgesetzter zahlreicher haupt- und ehrenamtlicher Mitarbeiter dringend gebraucht hätte. In der festen Überzeugung, dass diese Fähigkeiten nicht in mir steckten, versuchte ich immer, mich vor bestimmten Leitungsaufgaben zu drücken, und delegierte sie an andere. Erst als ich meine familiären Muster durchschaute, war ich in der Lage, diese ungesunde Dynamik zu durchbrechen und die notwendigen Führungsqualitäten zu erlernen.

Ein weiser Freund beschrieb das, was mit mir geschah, folgendermaßen: „Pete, früher waren die Leute in unserer Gemeinde so, wie im Buch der Richter beschrieben: ‚Jeder tat, was er für richtig hielt' (siehe Richter 17,6; 21,25). Erst seit du die Führung übernommen hast, herrscht Frieden im Land." Er hatte recht. Das Chaos und die Unruhe in meinem Inneren hatten Chaos und Unruhe in meinem Umfeld erzeugt. Jetzt übertrugen sich der wachsende Friede und die größere Ruhe in meinem Inneren auch auf mein Umfeld, auf Familie und Gemeinde.

Veränderung 2: Ich habe mein Tempo verlangsamt, um der Selbstfürsorge und meiner Ehe Vorrang einzuräumen. Wie die meisten Leiter definierte ich mich über mein Tun. Es bestimmte meinen Platz in der Welt. „Schaffen und leisten" war die klare Botschaft meiner Herkunftsfamilie. Folglich war mein Selbstwertgefühl als junger Pastor eng damit verbunden, wie schnell die Gemeinde wuchs.

Als Geri sich über meine Geschäftigkeit und mangelnde Verfügbarkeit beklagte, hörte ich nicht hin. Nur wenige Männer in meiner Familie waren emotional für ihre Ehefrauen verfügbar und die meisten Ehen waren unglücklich. Anstatt Geris Unzufriedenheit als Warnsignal zu begreifen, empfand ich sie als nichts Außergewöhnliches.

Als ich mein Leben endlich entschleunigte und der Selbstfürsorge und meiner Ehe Priorität einräumte, war die Wirkung bahnbrechend. Zum ersten Mal fragte ich mich: „Wie viel Zeit brauche ich alleine mit Gott, um meiner Leitungsverantwortung gerecht zu werden?“ Dann fragte ich: „Wie muss ich meinen Terminkalender anpassen, damit Geri und ich eine gute Ehe führen können – erfüllt von der Leidenschaft und Liebe Jesu? Was kann uns helfen, in diesem Bereich dazuzulernen?“

Nachdem ich mich mit diesen Fragen auseinandergesetzt hatte, ging ich zu einer Fünf-Tage-Woche über und arbeitete nicht mehr als fünfzig Stunden pro Woche. Geri und ich führten einen wöchentlichen vierundzwanzigstündigen Ruhetag ein. Das brachte nicht nur mich persönlich auf einen gesünderen Weg, sondern führte auch zu mehr Ausgeglichenheit in der Gemeinde.

Jeder, der in der Gemeinde Verantwortung trägt, muss mit dieser schwierigen Frage ringen: Wie viel von meiner Familiengeschichte habe ich in die Gemeinde oder den Dienst, den Gott mir anvertraut hat, mitgebracht? Es ist unabdingbar, sich gründlich damit zu beschäftigen, denn wie sollten Sie etwas ändern können, dessen Sie sich nicht bewusst sind? Die gute Nachricht ist jedoch: Sobald Sie die Altlasten aus Ihrer Vergangenheit erkannt haben, sind Sie bereits auf dem besten Weg, deren Macht über Ihr Leben und Ihre Leitungstätigkeit zu brechen.

3. Aus der Vergangenheit lernen und gestärkt in die Zukunft gehen

Gott möchte, dass wir aus unserer Vergangenheit lernen und gestärkt in die Zukunft gehen. Es gibt dafür kaum ein besseres biblisches Beispiel als Josef. Dem siebzehnjährigen Josef wurde durch seine eigene Familie Schlimmes zugefügt. In der Folge verlor er seine Familie, seine Heimat, seine Sprache und Kultur und seine Freiheit. Dreizehn Jahre lang lebte er erst als Sklave, später als Gefangener.

Niemand hätte es Josef verübelt, wenn er geklagt hätte: „Meine Familie hat mein Leben ruiniert. Sie haben mich meiner besten Jahre beraubt!“ Aber das tat er nie. Stattdessen blieb er im festen Glauben auf Gottes guten Plan auch in großen Schwierigkeiten standhaft. Dies wird besonders deutlich, als er später den Brüdern, die ihn verraten hatten, erklärt: „Nicht ihr habt mich hierhergeschickt, sondern Gott!“ (1. Mose 45,8 Hfa). Er erinnerte sie daran, dass Gott ungeachtet ihrer bösen Absichten Gutes im Sinn hatte (siehe 1. Mose 50,20). Wie der Gelehrte Walter Brueggemann anmerkt, wusste Josef, dass „die bösen Pläne der Menschen Gottes Absicht nicht zunichtemachen. Stattdessen werden sie unwissentlich zu Wegen, auf denen Gottes Plan vorangebracht wird."[4]

Genauso können wir darauf vertrauen, dass Gottes Pläne und Absichten für uns gut sind, auch wenn unsere Umstände dies ganz und gar nicht erkennen lassen. Unsere Familie, unser Umfeld, der Ort, an den Gott uns zu einem bestimmten Zeitpunkt der Geschichte gestellt hat, sind keineswegs zufällig. Diese Gegebenheiten machen uns zu Menschen, die wie Josef ein Segen für die Welt sein können. Gott wirkt in, durch und trotz unserer Familie und Vergangenheit, oft auf verborgene und geheimnisvolle Weise. Josef verleugnete nie seine schmerzliche Vergangenheit und er weinte auch über seine Verluste. Und doch unterstellte er sich trotz seines Kummers Gottes Willen und vertraute auf seine Güte. Darin kann er uns Vorbild sein.

Schon vor unserem ersten Atemzug war Gott in unserem Leben am Werk. Er will aus unserer Geschichte eine große Zukunft bauen. Bei Gott ist nichts vergeblich – auch unser Schmerz und unser Versagen nicht –, wenn wir ihm alles zurückgeben.

In ihrem Buch *Inner Compass* beschreibt die Autorin Margaret Silf in einem kraftvollen „Gebetsbild", wie es aussieht, die Vergangenheit loszulassen, um in Gottes Zukunft für uns zu gehen. Ich habe ihre Geschichte für dieses Buch etwas umgeschrieben:

Stellen Sie sich vor, Sie stehen am Ufer eines breiten, reißenden Flusses. Sie müssen ihn überqueren, aber es gibt weit und breit keine Brücke. Da kommt Jesus mit einem großen Stein und legt ihn direkt vor Sie in den Fluss. Er lädt Sie ein, auf den Stein zu steigen. Jeden Tag bringt er einen neuen Stein, dann noch einen und noch einen. Jeden Tag wagen Sie sich ein Stück weiter hinaus aufs Wasser.

Eines Tages jedoch stehen Sie mitten im Fluss, das Wasser rauscht an Ihnen vorbei und es kommt kein neuer Stein. Als Sie merken, dass Sie nicht mehr weitergehen können, werden Sie von Panik ergriffen. Sie schauen zurück zum Ufer und erkennen auf einmal, woher all die

Steine kommen. Jesus hat die Hütte am Ufer hinter Ihnen – den Ort Ihrer Vergangenheit, an dem Sie Ihr ganzes Leben verbracht haben – abgebaut und verwandelt sie Stein für Stein in Trittsteine für Ihre Zukunft.

Sie holen tief Luft und warten auf Jesus. Als Ihr Herz ganz still ist, legt er leise den nächsten Stein vor Sie hin und lädt Sie ein, einen weiteren Schritt über den reißenden Fluss zu wagen.

Jetzt begreifen Sie, dass er auch weiterhin einen Stein nach dem anderen bringen und Sie sachte anstupsen wird, weiterzugehen. Allmählich fassen Sie Vertrauen, dass er Ihnen mit den Steinen aus Ihrer Vergangenheit den Weg in eine gute Zukunft ebnet.

Gott lädt uns ein, die Vergangenheit hinter uns zu lassen und nach vorne zu sehen. Dies ist ein langsamer Prozess. Doch wenn wir im Glauben hinausgehen und ihm an neue Orte folgen, werden wir entdecken, dass er aus den zerbrochenen Teilen unserer Geschichte etwas Schönes schafft, das wir der Welt schenken können, so wie es Josef erfahren durfte.

4. Die Macht der Vergangenheit brechen – in jedem Bereich des Lebens

Der Entschluss, die Macht der Vergangenheit zu brechen, um Gottes Zukunft zu ergreifen, hat weitreichendere Konsequenzen, als uns zunächst bewusst ist. Kein Lebensbereich ist ausgenommen – vom Umgang mit Geld bis hin zu unseren Beziehungen zu Autoritätspersonen, vom Umgang mit Konflikten bis hin zu unseren Ansichten über Geschlechterrollen und Sexualität; von der Urlaubsgestaltung bis hin zum Umgang mit dem Tod und vieles mehr. Die Palette ist nicht nur umfassend, sie verändert sich auch ständig. Jede neue Lebensphase bringt neue Situationen und Herausforderungen mit sich, die es zu bewältigen gilt.

Ich möchte Ihnen nur ein paar Bereiche nennen, in denen ich selbst daran gearbeitet habe, die Macht der Vergangenheit zu brechen:

Predigen und Lehren. Wenn ich die Schrift studiere, frage ich immer: „Wie unterscheidet sich die Wahrheit, die dieser Abschnitt lehrt, von meiner Prägung, sei es durch meine Herkunftsfamilie oder durch andere Einflüsse?" Für eine Predigtreihe über das Buch Jakobus beschäftigte ich mich zum Beispiel intensiv mit dem Thema Voreingenommenheit (Jakobus 2, 1-13). Dabei rang ich unter anderem damit, wie meine Herkunftsfamilie Menschen einstufte. Wie betrachteten und behandelten wir reiche, gebildete Menschen und im Gegensatz dazu arme, ungebildete? Wie wurden in meiner Kultur Angehörige anderer sozialer Schichten, Kulturen oder Ethnien gesehen? Wie unterschied sich dies vom biblischen Menschenbild? Was muss ich jetzt, da ich zur Familie Christi gehöre, in dieser Hinsicht ändern?

Elternschaft. Kürzlich wurden wir gefragt: „Was ist einer der wichtigsten Ratschläge, den Sie Eltern von Teenagern und jungen Erwachsenen geben können?" Unsere Antwort: „Man erzieht so, wie man selbst erzogen wurde. Deshalb sind *Sie* das größte Problem Ihres Kindes. Da können Sie jeden Jugendpastor fragen!"

Geri und ich haben vier Töchter großgezogen, die heute zwischen fünfundzwanzig und vierunddreißig sind.

Als sie kleine Kinder waren, saßen wir in der Beziehung zu ihnen am längeren Hebel und trafen viele Entscheidungen für sie. Es war ein klares Eltern-Kind-Verhältnis. Mit zunehmendem Alter nahm unser Einfluss auf sie immer mehr ab, bis sie schließlich erwachsen wurden und eigene Familien gründeten. Heute haben wir zu ihnen eine Beziehung auf Augenhöhe. Wir halten uns mit Ratschlägen zurück, solange wir nicht gefragt werden. Wenn wir einmal älter und pflegebedürftig werden, wird sich die Beziehungsdynamik erneut verändern. Vielleicht werden unsere Töchter dann für uns eine Art Elternrolle einnehmen und Entscheidungen für uns treffen.

Dies war für mich in der Nachfolge anfangs ein ebenso wichtiges wie schwieriges Thema, weil meine Eltern bis zu ihrem Tod an der klassischen Eltern-Kind-Beziehung zu uns festhielten. Noch mit über achtzig versuchten sie uns vorzuschreiben, was wir zu tun und zu lassen hatten! Als ich meine Erziehungsverantwortung bei meinen eigenen Kindern bewusst allmählich abgab und mein Augenmerk mehr auf eine sichere emotionale Verbindung zu ihnen legte, war die Wirkung unbeschreiblich.

Älter werden. Ich begann, ernsthaft mit dem Älterwerden zu ringen, als ich mich mit Ende fünfzig langsam aus meiner Rolle als leitender Pastor zurückzog. In meiner Familie und in der westlichen Kultur im Allgemeinen wird das Älterwerden als etwas Negatives gesehen – als eine Zeit des körperlichen und geistigen Verfalls, die mit Verlust eines produktiven und sinnvollen Lebens einhergeht. Ich erkannte, dass ich lernen musste, in der neuen Familie Jesu älter zu werden.[5] Also las ich Bücher zu diesem Thema und wandte mich an drei meiner Mentoren, die mir halfen, die Heilige Schrift auf diesen neuen Lebensabschnitt anzuwenden.

Was habe ich dabei gelernt? Ich entdeckte, dass die Bibel den Begriff Ruhestand nicht kennt. Jeder Christ ist von Gott und für Gott berufen, und diese Berufung geht über bezahlte Arbeit und Karriere weit hinaus. Also begann ich, das Wort *Übergang* statt Ruhestand zu verwenden, um den Ausstieg aus meiner Rolle zu beschreiben. Ich fand auch heraus, dass ältere Menschen in der Bibel von Gott oft eine neue Aufgabe bekommen. Abraham war zum Beispiel schon fünfundsiebzig, als Gott ihn rief, sein Zuhause zu verlassen. Die Prophetin Hanna war vierundachtzig, als sie in Jesus bei seiner Beschneidung im Tempel den verheißenen Messias erkannte. Mose war achtzig, als er berufen wurde, mehr als zwei bis drei Millionen Menschen aus der Sklaverei zu führen. Selbst im Alter von 120 Jahren, als er sich auf seinen eigenen Tod vorbereitete, hatte er sich noch nicht zur Ruhe gesetzt, sondern richtete drei kraftvolle Botschaften über das verheißene Land an die nächste Generation (nachzulesen im 5. Buch Mose).

Als ich etwa Mitte fünfzig war (mittlerweile bin ich über sechzig), sagte mir einmal ein älterer Mentor: Wenn wir treu seien, könne die Zeit zwischen sechzig und siebzig das fruchtbarste Jahrzehnt unseres Lebens sein. Die Jahre zwischen siebzig und achtzig, so fuhr er fort, das zweitbeste, und vielleicht stelle sich dann die Zeit zwischen fünfzig und sechzig im Nachhinein als das drittbeste Jahrzehnt heraus. Ich entdecke gerade, dass da tatsächlich etwas Wahres dran ist. Älterwerden ist keineswegs eine Krise. Denn wenn wir auf Gottes Weise damit umgehen, bietet es uns eine einzigartige Gelegenheit, unser Selbstbild nicht mehr von der eigenen Wichtigkeit abhängig zu machen. Wir dürfen aus Gottes tiefer Weisheit schöpfen, um zu lernen, wie wir unser Leben – und unseren Tod – zum Wohl der Welt aus der Hand geben können.

Gesunde Teamentwicklung. Seitdem ich begriffen habe, dass jeder von uns emotionales und zwischenmenschliches Gepäck aus seiner Familiengeschichte mit sich herumträgt, gehe ich das Thema Teamentwicklung anders an. Denn wenn wir das Problem nicht erkennen und die „unsichtbaren Gäste“ am Tisch nicht ansprechen, kommt es oft zu Verunsicherung.

Was können Sie tun, um die Reife und Verantwortung der Mitarbeiter Ihres Leitungsteams zu stärken? Ich möchte Ihnen drei Dinge vorschlagen:

- Überdenken Sie Ihre eigenen Motivationen, Ziele und Ihre Familiendynamik. Machen Sie sich Ihre Gefühle und Gedanken bewusst und bringen Sie sie ehrlich und respektvoll gegenüber dem Team zum Ausdruck.
- Sorgen Sie bei Zusammenkünften für eine geschützte Atmosphäre, in der Anliegen ehrlich und ohne Zeitdruck geäußert werden können. Seien Sie neugierig. Hören Sie zu. Stellen Sie Fragen. Geben Sie Richtlinien für den Umgang mit Meinungsverschiedenheiten vor, wie z. B. „Ich“-Aussagen, kein Fixieren auf bestimmte Punkte, kein In-Schutz-Nehmen oder Richtigstellen anderer. Hinterfragen Sie, aber verurteilen Sie nicht.
- Investieren Sie in die geistliche/emotionale Entwicklung des Teams. Verantwortliche Mitarbeiter brauchen Begleitung in puncto Pflege von Beziehungen, Aufarbeitung der Vergangenheit (Genogramm) und eine faire Lösung von Konflikten (durch Ausdiskutieren von Meinungsverschiedenheiten).[6]

Ich hoffe, Sie fühlen sich von meinen Tipps nicht erschlagen. Diese durchaus realistische Beschreibung hilft uns jedoch zu verstehen, wie komplex die Anforderungen an die Leitung eines jeden Teams sind – erst recht in einer Gemeinde – und warum es so wichtig ist, dafür gut gerüstet zu sein.

5. Benennen und Zähmen des negativen Erbes unserer Gemeinde oder christlichen Arbeit

Nicht nur Familien geben über mehrere Generationen hinweg Verhaltens- und Denkmuster weiter. Dasselbe trifft auch auf Ortsgemeinden, Gemeindeverbände, Konfessionen, überkonfessionelle Bewegungen und gemeinnützige Organisationen zu. Und auch hier gilt: Was man nicht weiß, das kann man auch nicht ändern. Sobald wir jedoch den Finger auf die Ursachen und Erscheinungsformen unseres negativen Erbes legen, wird seine Macht über uns begrenzt oder gar ganz gebrochen.

Bei einer Tagung mit mehreren Hundert Pastoren und Pastorinnen aus demselben Gemeindebund bat ich die Teilnehmer, ein Genogramm ihres Gemeindebunds zu erstellen und es auf ihr persönliches Leben und ihre Leitungsrolle anzuwenden. Durch diese Übung erkannte der Präses dieser Vereinigung von mehr als 450 Gemeinden, dass eine Reihe von Altlasten aus der gemeinsamen Geschichte die Gesundheit und missionarische Wirkung der Gemeinden beeinträchtigte. Er fragte mich, ob ich zu diesem Thema einen offenen Austausch mit allen Anwesenden leiten könne.

Ich stimmte zu und wir verbrachten eine dreistündige Sitzung damit, das positive und negative Erbe dieses Gemeindebunds seit seiner Gründung Mitte der 1970er-Jahre aufzulisten. Das Ergebnis sah in etwa so aus:

Positives Erbe	Negatives Erbe
großzügig gegenüber anderen Bewegungen	misstrauisch gegenüber externen Institutionen/Schulungen
Gemeindeleitung generell auf mehrere Schultern verteilt	misstrauisch gegenüber starken, visionären Leitern
loyal	Gesunde Kritik wird als Illoyalität betrachtet.
leidenschaftlich für den Missionsbefehl	übermäßig beschäftigt und schnelllebig
freundlich und sanft	unwillig, Konflikte anzusprechen
geprägt von Demut	übermäßig stolz darauf, anders zu sein als andere Gemeinden
Jeder Einzelne ist engagiert in der Nachfolge.	Bestimmte Bereiche werden aus der Nachfolge ausgeklammert: z. B. Ausländerfeindlichkeit, Arme und Ausgegrenzte, Umwelt und Bewahrung der Schöpfung usw.

Dies war eine mutige Übung. Beachten Sie, dass jede positive Prägung auch eine Schattenseite hat. Ruht die Gemeindeleitung zum Beispiel generell auf mehreren Schultern, bekommen begabte Menschen oft nicht die Möglichkeit, ihre Leitungskompetenz auszuleben. Diese Gemeinden waren zwar innovativ, aber nur solange neue Ideen aus dem eigenen Verband kamen; ansonsten waren sie Neuem gegenüber wenig aufgeschlossen.

Schon allein den Kontext zu benennen und zu beschreiben, in dem ihr Gemeindebund entstanden war, war erhellend für sie. Die Ursprünge lagen an Hochschulen in den 1970er-Jahren mit Menschen, die nach den Fiaskos des Vietnamkriegs und des Watergate-Skandals desillusioniert waren. Die Teilnehmer erkannten, dass ihr Zynismus gegenüber Institutionen wie theologischen Seminaren und Bibelschulen und ihre Abneigung gegen das Hervortreten einzelner visionärer Leiter mehr in ihrer Geschichte als in der Heiligen Schrift verwurzelt war.

Auf der Grundlage dessen, was sie durch die Bewertung ihres positiven und negativen Erbes gelernt hatten, konnte das übergeordnete Leitungsteam in den nächsten zwei Jahren das negative Erbe ihres Gemeindebunds angehen. Gleichzeitig konnten diese Gemeinden auch ihr einzigartiges Charisma und ihre Berufung besser ausleben.

Um diesen Gedanken auf eine weitere Ebene zu heben: Wir dürfen auch das negative und positive Erbe des Landes, in dem unsere Gemeinden angesiedelt sind, nicht außer Acht lassen. Darüber hinaus lohnt es sich, über das weltweite Erbe nachzudenken, dessen Auswirkungen auch wir spüren, z. B. Patriarchat, Sexismus, Benachteiligung bestimmter Volksgruppen usw.

Ich möchte Sie einladen, die folgenden fünf Punkte für sich und Ihre Gemeinde im Auge zu behalten und mindestens einen davon als ersten Schritt umzusetzen:

- Verpflichten Sie sich selbst dazu, Nachfolge ernsthaft mit allen Konsequenzen zu leben.
- Ermutigen Sie andere, ein Genogramm ihrer Familie zu erstellen.
- Helfen Sie anderen, aus der Vergangenheit zu lernen und gestärkt in die Zukunft zu gehen.
- Brechen Sie die Macht der Vergangenheit in jedem Bereich Ihres Lebens.
- Benennen und zähmen Sie das negative Erbe Ihrer Gemeinde oder christlichen Arbeit.

Dies wird Sie in den kommenden Jahren auf einen guten Weg bringen. Aber am wichtigsten ist, dass Sie dabei auf Jesus hören. Er hilft Ihnen, Ihr Schiff durch schwierige Gewässer zu steuern.

Bei uns selbst beginnen

Jedes Mal, wenn Sie beschließen, die Macht der Vergangenheit zu brechen, anstatt sie zu ignorieren, nehmen Sie Ihr Kreuz auf sich, um Jesus zu folgen. Oft beginnt es mit einer Erfahrung von Schmerz, Angst und Dunkelheit, die Sie in einen bodenlosen Abgrund zu werfen scheint. Doch ich kann Ihnen versichern: Sie und Ihre Gemeinde werden Christus danach auf eine neue, reifere Weise dienen. Die Auferstehung ist eine Gewissheit, wenn wir in Jesus bleiben und uns von ihm halten lassen.

Aber verlieren Sie das Kernprinzip der emotional gesunden Nachfolge nicht aus dem Blick: Wir müssen immer bei uns selbst beginnen. Gemeinden können nie reifer werden, als ihre Leiter es sind. Es ist an uns, den Balken aus unserem eigenen Auge zu ziehen, bevor wir andere auf die Splitter in ihrem Auge hinweisen.

Im Laufe der Jahre habe ich die folgenden Worte eines alten chassidischen Rabbiners auf seinem Sterbebett sehr zu schätzen gelernt:

> *Als ich jung war, machte ich mich auf, um die Welt zu verändern. Als ich etwas älter wurde, merkte ich, dass dieses Ziel zu ehrgeizig war, also machte ich mich daran, mein Land zu verändern. Mit zunehmendem Alter erkannte ich, dass auch das zu hoch gegriffen war, und ging daran, meine Stadt zu verändern. Als ich erkannte, dass ich nicht einmal das schaffen konnte, versuchte ich, meine Familie zu verändern. Jetzt, als alter Mann, weiß ich, dass ich damit hätte anfangen sollen, mich selbst zu verändern. Wenn ich bei mir selbst angefangen hätte, dann wäre es mir vielleicht gelungen, meine Familie, die Stadt oder sogar mein Land zu verändern – und wer weiß, vielleicht sogar die Welt!*[7]

Gott hat diese Worte gebraucht, um mich geerdet zu halten. Ich bete, dass sie Ihnen genauso wichtig werden.

Kapitel acht Aus Schwachheit und Verletzlichkeit heraus leben und leiten

Jeder Mensch in unserer gefallenen Welt hat in seinem Leben Verletzungen erfahren.

Ich war da keine Ausnahme.

Mein Zuhause war kein sicherer Ort. Meine Mutter litt an schweren Depressionen, die nie sorgfältig diagnostiziert wurden, aber immer wieder Krankenhausaufenthalte erforderten. Mein Vater verteilte regelmäßig Ohrfeigen und Schläge, die mir seine Liebe fragwürdig erscheinen ließen. Ich konnte mir nie ganz sicher sein, was ein neuer Tag bringen würde.

Es war gelinde gesagt verwirrend. Aber die Botschaft war klar: *Sei so, wie wir dich haben wollen, und tu, was wir dir sagen, damit deine Familie stolz auf dich sein kann – sonst ...!*

Bei meinem Eintritt in die Grundschule und später in die Highschool hoffte ich, dass der Rest der Welt mir mehr Sicherheit bieten würde. Aber wegen meiner emotionalen und entwicklungsbedingten Defizite fühlte ich mich im Umgang mit anderen Kindern immer irgendwie verunsichert, so als gehörte ich nicht richtig dazu. Von zu Hause trug ich schreckliche Geheimnisse mit mir herum und meinte immer, mit den anderen nicht mithalten zu können. Ich war zwar extrovertiert und stand auf Partys gerne im Mittelpunkt, aber die Kränkungen und Zurückweisungen während der Pubertät trafen mich schwer und vertieften meine offenen Wunden noch.

Und so verschanzte ich mich innerlich immer mehr.

Als ich zum Glauben an Jesus kam, nahm ich mir oft herausragende Redner zum Vorbild. Ihre Lehre basierte auf einer gründlichen Bibelkenntnis, sie besaßen kraftvolle Geistesgaben und hatten bedeutende Ämter inne. Sie strahlten das Selbstvertrauen und die Selbstsicherheit aus, die mir fehlten. Dies war mir nur zu deutlich bewusst. Mehr als einmal fragte ich mich, ob ich ein Hochstapler sei – vor allem, als ich anfing, öffentlich für Jesus zu sprechen.

Bevor ich leitender Pastor wurde, bekam ich den Rat, in jeder Predigt mindestens ein Beispiel für Gebrochenheit zu erzählen, um meine Zuhörer anzusprechen, aber das war nur ein Mittel zum Zweck. Meine Predigten über Transparenz änderten nichts daran, dass ich selbst einen undurchdringlichen Schutzpanzer trug. Ich hatte keine Vorstellung davon, wie echte Verletzlichkeit bei einem Christen aussehen könnte, schon gar nicht bei einem christlichen Leiter.

Dass ich mir nicht erlaubte, schwach oder verwundbar zu sein, wirkte sich auf jeden Bereich meines Lebens aus. Meine Fähigkeit, tiefe Bindungen mit Menschen einzugehen, einschließlich Geri, war stark eingeschränkt. Ich kannte mich selbst nicht, wie also sollte ich mich vor ihr zu erkennen geben? Da ich Gefühle wie Traurigkeit und Angst unterdrückte, konnte ich sie auch mit niemandem teilen. Kämpfe und Schwächen, die ich an anderen sah, schrieb ich vor allem ihrem mangelnden Glauben zu und sah sie als Probleme an, die behoben werden mussten. Es galt, aus der Kraft Gottes zu leben.

Ist es da verwunderlich, dass ich alles – und ich meine wirklich alles – tat, um Scheitern zu vermeiden?

Wie bereits erwähnt, bedurfte es einer tiefen Krise, um den schweren Panzer zu durchbrechen, hinter dem ich mein wahres Ich verbarg. Ich war wie Isaac Cline, der namhafte Meteorologe im Jahr 1900. Er hatte es für unnötig gehalten, die texanische Insel Galveston zu evakuieren, bevor sie von einem der tödlichsten Hurrikane heimgesucht wurde, die die Vereinigten Staaten je erlebt hatten. Isaac Cline hatte die Befürchtung, dass ein Hurrikan eine ernsthafte Gefahr für die aufstrebende Stadt darstellen könnte, als „verrückte Idee“ bezeichnet. In seiner Selbstüberschätzung hatte er weder mit drei Meter hohen und fünfzehn Meter langen Wellen noch mit Windböen von über dreihundert Stundenkilometern gerechnet.

Wegen seiner Arroganz und seiner Weigerung, Schutzmaßnahmen zu ergreifen, ertranken so viele Menschen, dass noch Monate später immer wieder Leichen an die Küste gespült wurden.[1]

Ich war genauso übermütig und unbelehrbar wie Issac Cline. Wie einen Schatz häufte ich Wissen, Fähigkeiten und Erfahrungen an, um mich so gut wie möglich darauf vorzubereiten, ein „erfolgreicher" Leiter zu werden. Nichts sollte dem in die Quere kommen, was Gott durch mich tun wollte. Ich sagte mir immer wieder, dass der, der in mir lebt, größer ist als der, der in der Welt ist (siehe 1. Johannes 4,4). Und ich hielt mich an dem Bibelwort fest: „… mit dir kann ich Wälle erstürmen und mit meinem Gott über Mauern springen" (2. Samuel 22,30 LUT).

Ich war entschlossen, stark und treu zu bleiben. Gott hatte mir Eifer, Talente und gute Erfahrungen in meiner Arbeit für ihn geschenkt. Ich wollte ein Kämpfer und vorbildlicher Diener für Gott und seine Gemeinde sein. Dabei rühmte ich mich vor mir selbst: *Andere mögen müde werden, unter Druck zusammenbrechen oder gar aufgeben. Aber ich? Niemals!*

In meiner äußeren und inneren Vorbereitung auf meinen Dienst blieb einer der wichtigsten biblischen Wege, wie ein Leiter wachsen und anderen zum geistlichen Vorbild werden kann, außen vor: Schwäche und Verletzlichkeit. Für die wirklich großen Stürme war ich deshalb nicht gerüstet.

Ich war genauso töricht wie Isaac Cline aus Galveston in Texas.

Weder die – ohnehin nur oberflächliche – Behandlung des Themas Zerbrochenheit in Bibelstudien, Predigten und Seminaren noch präzise und gründliche Exegese der griechischen und hebräischen Texte konnten meinen Panzer durchdringen, mit dem ich mich vor Verletzungen schützte.[2]

Traurig, aber wahr: Bei mir brauchte Gott so etwas wie einen zerstörerischen Wirbelsturm, um mich auf sich aufmerksam zu machen. Es hätte nicht so kommen müssen. Ich habe im Laufe der Jahre zahllose Menschen beobachtet, die schon früh erfahren haben, dass Schwäche und Verletzlichkeit Gottes Weg zu einer fruchtbaren Nachfolge sind. Auf diesem stabilen biblischen Fundament haben sie gelernt, sich Gott zu überlassen und inmitten der Wirbelstürme des Lebens standhaft zu bleiben.

Wenn wir Gemeinden bauen, in denen Schwäche und Verwundbarkeit ihren Platz haben, geschieht etwas Unerklärliches. Die Menschen schmecken etwas von Gottes Schönheit und Gegenwart in Christus. Ein

Schimmer der Wahrheit und Güte des Himmels leuchtet auf. Gottes sanfte Kraft fließt. Die Menschen werden barmherziger.

Aber Schwäche und Verwundbarkeit sind in unserer Welt – und leider auch in unseren Kirchen – selten anzutreffen.

Gottes Gegenbewegung zu Macht und Stärke

Die westliche Kultur misst Macht und Einfluss einen hohen Stellenwert bei. Wir lassen uns von Stars, berühmten Künstlern und Menschen mit Tausenden von Followern in den sozialen Medien blenden. Wohlhabende und Erfolgreiche, intellektuell und sportlich Begabte genießen große Macht. Wir schätzen geniale Erfinder und innovative Unternehmer, die neue Wege in die Zukunft einschlagen.

Leider spielen Macht und Einfluss auch in der Kirche des 21. Jahrhunderts eine große Rolle. Manche Gemeinden oder christliche Organisation ziehen große Menschenmengen an, haben eine breite Außenwirkung und können mit beeindruckenden Gebäuden und Mitarbeitern aufwarten. Auch im christlichen Umfeld haben wir unsere Stars; Leute, zu denen wir aufschauen und die uns mit ihren unübersehbaren Gaben in ihren Bann ziehen.

Weil ich nicht wusste, dass es eine Alternative gab, ließ auch ich mich und unsere Gemeinde von der gängigen Definition von Macht verführen. Mit aller Kraft versuchte ich, Schwäche und Verwundbarkeit zu vermeiden. Und das kam mich und viele andere teuer zu stehen.

Das biblische Verständnis von Macht und Stärke, das sich radikal von der geschilderten landläufigen Vorstellung unterscheidet, fehlte mir völlig. Was ich brauchte, war eine Offenbarung darüber, wer Gott ist und wie er wirkt. Ich brauchte eine Theologie der Schwäche.

Im Laufe der Jahre habe ich vier Hauptmerkmale einer emotional gesunden Nachfolge erkannt, in der Schwäche und Verwundbarkeit zentral sind:

1. Eine Theologie der Schwäche entwickeln
2. Unseren Stachel als Geschenk annehmen
3. Zu einer Kirche werden, die auf Schwäche gebaut ist
4. Täglich Verletzlichkeit praktizieren

Jedes dieser vier Merkmale hat sich aus vielen schmerzhaften Fehltritten und jahrelangen Versuchen und Irrtümern herauskristallisiert. In jedem dieser vier Aspekte musste ich meine verschlossene, unnahbare Haltung aufgeben und offen werden für Veränderung. Sehen wir uns jedes dieser Merkmale genauer an, beginnend mit dem Fundament, auf dem alle anderen aufbauen – der Entwicklung einer Theologie der Schwäche.

1. Eine Theologie der Schwäche entwickeln

Gottes Verwundbarkeit zeigt sich in seinem unablässigen Bemühen um die Menschen. Dies wird schon auf den ersten Seiten der Heiligen Schrift deutlich, als er Adam und Eva die Freiheit der Wahl lässt. Immer wieder wirkt Gott in der Bibel bewusst durch schwache, fehlerhafte und unvollkommene Menschen. Wir sehen dies etwa im Leben von Abraham, Sara, Rahab, Rut und dem Anführer Mose, von dem es heißt: „Er war ein zurückhaltender Mann, demütiger als alle anderen Menschen auf der Welt" (4. Mose 12,3 Hfa).

Für mich persönlich haben drei biblische Personen – Jesus, Paulus und David – mein Verständnis von Leitung und echter Nachfolge völlig verändert.

Jesus

Stolz und Unnahbarkeit sind mit der Nachfolge Jesu (erst recht bei einem Leiter oder einer ganzen Gemeinde) absolut unvereinbar. Noch immer kann ich kaum glauben, dass weder ich selbst noch die Gemeinden, in denen ich Pastor war, dies erkannten – immerhin hatte ich Tausende von Stunden in meine Ausbildung als Pastor und Leiter investiert!

Machen wir uns bewusst: Gott kam nicht mit Glanz und Gloria auf die Erde, sondern als ein Kind, in Armut und Abgeschiedenheit. Eine Zeit lang lebte er als Flüchtling in Ägypten, dann kehrte er zurück und wuchs in Nazareth, einem abgelegenen Provinznest, auf.

Erst mit dreißig Jahren trat er an die Öffentlichkeit, aber auch dann weigerte er sich, auf Kommando Wunder zu vollbringen oder die Menschen mit seinem brillanten Intellekt zu erschlagen. Sein Auftreten war nach den Maßstäben der Welt völlig unscheinbar. Während seines gesamten Wirkens ging Jesus mit seiner Macht vorsichtig um, um die Menschen nicht zu manipulieren oder zu zwingen, ihm zu folgen. Er gab gerade genug von sich preis, um Glauben zu wecken, aber nicht so viel, dass es keines Glaubens mehr bedurft hätte.

Bei seinem triumphalen Einzug in Jerusalem ritt er nicht auf einem prächtigen Schlachtross wie Alexander der Große, sondern auf einem bescheidenen Esel. Und er ließ sich verhaften und wie ein gewöhnlicher Verbrecher behandeln.

Als er dann im schlimmsten Augenblick seines irdischen Lebens am Kreuz hing, war sein letztes Gebet ein Psalmwort: „Mein Gott, mein Gott, warum hast du mich verlassen?" (Matthäus 27,46; Psalm 22,1 LUT). Soll er damit Menschen, die Verantwortung tragen, wirklich ein Vorbild sein? Hätte er nicht mit einem anderen Psalm seinen Glauben und seine Gelassenheit demonstrieren können, z. B. „Der Herr ist mein Hirte, mir wird nichts mangeln" (Psalm 23,1 LUT)?

Sehen wir uns die Szene im Garten Gethsemane einmal genauer an. Ich lade Sie ein, den Abschnitt langsam zu lesen und sich vorzustellen, dass Sie mit Jesus dort im Garten sind. Jesus wird hier als Mensch in aller Schwachheit beschrieben – so ungeschönt, dass Gelehrte und Prediger im Laufe der Geschichte viel Tinte vergossen haben, um das Bild des schwachen, gebrochenen Jesus, dem wir hier begegnen, zurechtzurücken!

Jesus kam nun mit seinen Jüngern an eine Stelle am Ölberg, die Getsemane genannt wird. Dort sagte er zu ihnen: „Setzt euch hier und wartet! Ich gehe noch ein Stück weiter, um zu beten." Petrus jedoch und die beiden Söhne des Zebedäus nahm er mit. Traurigkeit und Angst wollten ihn überwältigen, und er sagte zu ihnen: „Meine Seele ist zu Tode betrübt. Bleibt hier und wacht mit mir!"

Er selbst ging noch ein paar Schritte weiter, warf sich zu Boden, mit dem Gesicht zur Erde, und betete: „Mein Vater, wenn es möglich ist, lass diesen bitteren Kelch an mir vorübergehen! Aber nicht wie ich will, sondern wie du willst."

Jesus ging ein zweites Mal weg und betete: „Mein Vater, wenn es nicht anders sein kann und ich diesen Kelch trinken muss, dann soll dein Wille geschehen."

Er ließ sie schlafen, ging wieder weg und betete ein drittes Mal dasselbe Gebet.

Matthäus 26,36-39.42.44

Jesus trat dem, was ihm bevorstand, nicht wie ein Superheld entgegen. Seine Gefühle im Angesicht des nahen Todes stehen sogar in krassem Gegensatz zu Berichten über spätere Märtyrer wie Bischof Polykarp. Der sagte im Jahr 155 n. Chr. kurz vor seiner Verbrennung auf dem Scheiterhaufen: „Sechsundachtzig Jahre habe ich ihm gedient … Worauf wartet ihr noch? Kommt und tut, was ihr wollt."[3]

Origenes von Alexandria (ca. 185–ca. 253), dem namhaftesten Theologen seiner Generation, war das Verhalten Jesu in Gethsemane ein solcher Dorn im Auge, dass er versuchte, es wegzuerklären: „Jesus war nur *ansatzweise* traurig und beunruhigt. Seine Göttlichkeit hat ihn davor bewahrt, diese Emotionen voll auszuleben."[4]

Nelson, ein junger Pastor einer einflussreichen Gemeinde, schrieb mir, nachdem er sich in unserem Kurs über *emotional gesunde Spiritualität* mit diesem Abschnitt beschäftigt hatte: „Pete, im Studium habe ich so manches Buch über weltliche und kirchliche Führungskompetenz gelesen. Ich habe schon unzählige Vorträge über Gemeindeleitung gehört. Aber ganz ehrlich: Ich glaube, wenn ich mich so geben würde wie Jesus in diesem Abschnitt, würde ich mich wie ein Versager fühlen und müsste um meinen Job als Gemeindeleiter fürchten."

Als ich seine E-Mail gelesen hatte, setzte ich mich hin und entwarf ein einfaches Diagramm. Ich stellte darin Jesu Art des Lebens und Leitens aus Schwachheit und Verletzlichkeit heraus, wie er sie in Gethsemane vorlebte, der stolzen und unnahbaren Art gegenüber, in der wir heute oft leben und leiten. Mit welcher Spalte können Sie sich stärker identifizieren?

schwach und verletzlich	stolz und unnahbar
Ich erlaube mir, mich vor anderen traurig und besorgt zu zeigen.	Ich verberge es vor meinem Team, wenn ich traurig oder verunsichert bin.
Ich gebe meinem Team gegenüber zu, wenn ich mich überfordert fühle.	Ich weigere mich zusammenzubrechen und zeige immer einen starken Glauben und eine Vision, vor allem vor meinem Team.
Es fällt mir leicht, mich an andere zu wenden, wenn ich Hilfe oder Fürbitte brauche.	Ich gebe mich vor anderen selten bedürftig. Zwar bin ich für andere da, erwarte dies aber umgekehrt nicht.
Ich weiß im Gebet um meine völlige Abhängigkeit von Gott und unterstelle meinen Willen dem Willen Gottes.	Ich bete um strategische Lösungen für schwierige Situationen und um Gemeindewachstum.
Ich habe kein Problem damit, vor anderen wie Jesus im Garten meine Schwäche zu zeigen, wenn ich mit dem unergründlichen Willen des Vaters ringe.	Ich versuche, aufrecht zu stehen und in Krisen entschlossen und unerschütterlich zu bleiben, um anderen in ihrem Glauben Stütze und Kraftquelle zu sein.

Die rechte Seite ist nicht nur das blanke Gegenteil dessen, was Jesus vorgelebt hat, sie läuft auch unserer Berufung und der Art von Kirche, die wir bauen sollen, völlig zuwider. Ist es ein Wunder, dass die Heilige Schrift uns sagt: „Gottes vermeintliche Ohnmacht stellt alle menschliche Stärke in den Schatten" und „was nach dem Urteil der Welt schwach ist, das hat Gott erwählt, um die Stärke der Starken zunichte zu machen" (1. Korinther 1,25.27 Hfa)? Wahrheit, Zerbrochenheit und Demut setzen die Liebe und Kraft Gottes frei. Lügen, Prahlerei und Stolz hingegen hemmen sie.

Der Apostel Paulus verstand dies vielleicht besser als jeder andere.

Paulus

Paulus ist wohl der einflussreichste Christ, der je gelebt hat. Fast die Hälfte des Neuen Testaments stammt aus seiner Feder und er hat die Botschaft des Christentums in einer bis heute unübertroffenen Weise verbreitet. Dennoch wurden Paulus' Vollmacht und Stellung als Apostel mehrmals ernsthaft infrage gestellt. Dies lag zu einem guten Teil an seinem Verständnis von Schwäche und Verwundbarkeit. Ein Beispiel dafür ist die Gemeinde in Korinth.

„Superapostel" waren in die Gemeinde gekommen und hatten Zeichen und Wunder gewirkt, die Paulus' Werk in den Schatten zu stellen schienen. Diese außerordentlich begabten Redner sprachen von Offenbarungen und Erfahrungen mit Gott. Mit ihrer Behauptung, von Gott gesalbt zu sein, zogen sie die Korinther mehr und mehr in ihren Bann und säten Misstrauen gegenüber Paulus.

Als er sie von seiner Glaubwürdigkeit als ihr geistlicher Vater zu überzeugen versucht, beruft sich Paulus weder auf seine Visionen und Offenbarungen von Gott noch auf seine Erfolge und Gaben. Nein, er verweist auf seine Schwächen. Ihm sei ein Leiden auferlegt worden, bei dem sein Körper wie von einem Stachel durchbohrt werde, schreibt er, damit er sich nicht überhebe (siehe 2. Korinther 12,7). Genaueres wissen wir darüber nicht, aber wir können mit Sicherheit sagen, dass dieser Stachel für ihn eine ständige quälende Belastung darstellte. Dennoch bezeichnete er ihn als ein Geschenk:

> *Dreimal schon habe ich den Herrn angefleht, mich davon zu befreien. Aber er hat zu mir gesagt: „Meine Gnade ist alles, was du brauchst! Denn gerade wenn du schwach bist, wirkt meine Kraft ganz besonders an dir." Und so trage ich für Christus alles mit Freude – die Schwachheiten, Misshandlungen und Entbehrungen, die Verfolgungen und Ängste. Denn ich weiß: Gerade wenn ich schwach bin, bin ich stark.*
> *2. Korinther 12,8-10 Hfa*

Paulus betrachtete seine große Schwäche als Gütesiegel seines Apostelamtes und der Vollmacht, die er von Gott bekommen hatte. Er ging sogar so weit, sich damit zu rühmen und zu behaupten, genau dadurch fließe die Kraft Jesu durch ihn.

Würde Paulus heute auf einer Konferenz für Gemeindeleiter predigen, dann vermutlich nicht zum Thema „Erfolgreiche Gemeindegründung in Kleinasien". Und seine Eröffnungsbotschaft würde nicht lauten: „Sechs Schritte, um Starpastoren hervorzubringen". Vielleicht würde er zuerst darüber sprechen, wie Gott seine Gebete um persönliche Heilung *nicht* erhört hat. Er würde beschreiben, wie schwach, verletzlich und zerbrochen er sei. „Darin liegt eine Botschaft, meine Freunde", könnte er hinzufügen. „Wenn Gott mich gebrauchen kann, dann kann er jeden gebrauchen!"

Paulus *wollte* nicht aus seiner Schwäche heraus leiten, aber vielleicht wusste Gott, dass Paulus ohne diesen Stachel überheblich geworden wäre. Er war brillant, ehrgeizig, tatkräftig und genoss durch seine Herkunft zahlreiche Privilegien. Vor seiner Bekehrung kannten sein Fanatismus und selbstgerechter Eifer keine Grenzen. Wer weiß, welchen Schaden Paulus angerichtet hätte, wäre ihm sein Eigenwille nicht ständig gebrochen worden. Ich kenne das nur zu gut aus meinem eigenen Leben. In seiner Liebe gebot Gott auch mir Einhalt, bevor ich mich selbst zerstört hätte.

Einige Jahre lang reiste ich viel und sprach auf christlichen Leitungskonferenzen über die Erfolge unserer Gemeinde. Immer legte ich mein Augenmerk auf das, was wir richtig machten. Ich vermittelte das Gefühl, die Gemeindeleitung im Griff zu haben, und gab auch in den Pausen und bei den Mahlzeiten freimütig mein Fachwissen zum Besten.

Die Enttäuschungen und Rückschläge, die ich erlebt hatte, sowohl persönlich als auch in der Kirche, blendete ich aus. Oberflächlich betrachtet schien ich im Erfolg zu baden. Ich griff zwar nicht offen zur Lüge, übertrieb aber doch so stark, dass es mir heute noch peinlich ist. Erst später begriff ich, dass dies für mich eine Art Bewältigungsstrategie war – ein Weg, mir nicht ehrlich eingestehen zu müssen, wie beschädigt, unvollkommen und begrenzt ich tatsächlich war.

Ich erzählte von unseren florierenden Kleingruppen und nicht von denen, die mangels Teilnehmern aufgelöst wurden. Ich sprach über die Menschen, die neu in unsere Gemeinde kamen, und nicht über die, die sich abwandten. Ich erwähnte meine ein oder zwei besten Predigten und nicht die oberflächlichen oder langweiligen. Ich sprach über meine besten Entscheidungen, nicht über meine schlechtesten.

Während dieser Zeit erhielt ich in letzter Minute eine Einladung zu einer Konferenz über Gemeindewachstum. Ich hätte dort für einen erkrankten Kollegen als Referent einspringen sollen. Aber dazu fühlte ich mich nicht mehr in der Lage. Denn ich hatte mittlerweile erkannt, dass etwas in meiner Seele starb, wenn ich auf solchen Konferenzen sprach. Ich musste mir schmerzlich eingestehen, dass ich dort nicht die ganze Wahrheit sagte. Gott hatte in unserer Gemeinde viele großartige Dinge getan, aber es gab noch die andere Seite der Medaille – in der Gemeinde und in mir.

Deshalb lehnte ich die Einladung ab und sprach fast zehn Jahre lang nicht mehr außerhalb der eigenen Gemeinde. Ich wusste, dass Gott versuchte, tief in meinem Inneren etwas anzurühren – auch wenn ich es zu diesem Zeitpunkt noch nicht benennen konnte – und mir klarzumachen, dass an unserer Art, Gemeinde zu bauen, etwas nicht stimmte.

Ganz allmählich öffnete Gott mir die Augen dafür, was es bedeutet, aus Schwäche und Verletzlichkeit heraus zu leben. An David, einem meiner Lieblingscharaktere in der Bibel, sah ich schließlich eine Vision von Führungsqualität, die mein ganzes Leben veränderte.

David

Am häufigsten wird David als „ein Mann nach dem Herzen Gottes" beschrieben. Wir sehen dieses Herz natürlich in den vielen Psalmen, die er schrieb, und in den vielen Siegen, die er errang. Aber eines der eindrucksvollsten Bilder, die wir von Davids Herz haben, zeigt sich nicht in einem Triumph, sondern in einem kolossalen moralischen Versagen – als er mit Batseba Ehebruch begeht und dann ihren Mann Uria ermordet.

Vom Propheten Nathan zur Rede gestellt, leugnet David seine Taten nicht. Er versucht auch nicht, sie zu vertuschen oder aus der Geschichte Israels zu tilgen. Nein – er bereut sie und kehrt um. Und er sorgt dafür, dass sein Versagen in allen Einzelheiten festgehalten wird, damit künftige Generationen daraus lernen können (siehe 2. Samuel 12). Er schreibt sogar ein Lied darüber, das in Gottesdiensten gesungen und in Israels Gottesdienstbuch veröffentlicht wird (Psalm 51)!

Wie viele von uns würden heute nach einer solch gravierenden Verfehlung so etwas tun?

David hatte etwas Wichtiges darüber verstanden, wer Gott ist und wie er wirkt. Er schreibt:

Dir liegt nichts daran, dass ich dir Tiere als Schlachtopfer darbringe – ich würde es sonst bereitwillig tun. Nein, nach Brandopfern hast du kein Verlangen. Ein Opfer, das Gott gefällt, ist tiefe Reue; ein zerbrochenes und verzweifeltes Herz wirst du, o Gott, nicht zurückweisen.
Psalm 51,18-19

Von David habe ich gelernt, wie wichtig es ist, über mein Versagen und meine Schwierigkeiten zu sprechen – in Predigten, Bibelstudien, beim Mentoring, beim Schreiben und in Leitungssitzungen. David wusste, dass das Eingestehen von Unvollkommenheit nicht nur für seine eigene geistliche Gesundheit wichtig war, sondern auch für die Gesundheit derer, die er führte.

Sein Leben verkörperte die Botschaft, dass die Existenz Israels als Volk nicht auf der eigenen Leistung, sondern allein auf der Liebe und Barmherzigkeit Gottes beruhte. Und wenn Gott einen Menschen wie David gebrauchen und ihm eine solch große Schuld vergeben konnte, dann kann er jeden gebrauchen – auch Sie und mich!

Es ist ganz entscheidend, dass wir eine Theologie der Schwäche entwickeln. Denn der Wandel hin zu einer Kultur der Nachfolge aus Schwachheit und Verwundbarkeit heraus ist so umwälzend und weitreichend, dass er eine tragfähige biblische Vision erfordert.

2. Unseren Stachel als Geschenk annehmen

Ich bin zu der Überzeugung gelangt, dass Paulus nicht der Einzige ist, dem Gott eine Bürde mitgegeben hat, einen „Stachel im Fleisch“, wie es die *Neue Genfer Übersetzung* nennt. Früher oder später hat jeder Gläubige etwas, was ihn Tag für Tag in die Knie zwingt. Was ist es bei Ihnen? Ein Kind mit besonderem Förderbedarf, das Ihre ganze Geduld fordert? Eine Suchterkrankung? Eine emotionale Labilität mit der Neigung zu Depressionen, Angstzuständen oder Einsamkeit? Narben auf Ihrer Seele aus einer Missbrauchserfahrung? Verhaltensmuster aus Ihrer Kindheit, die Beziehungen erschweren und die Sie nur zu gerne verändern würden? Eine körperliche Behinderung? Krebs? Die chronische Neigung zu Wut, Hass, Groll oder Verurteilung?

Was auch immer es ist, Sie befinden sich in guter Gesellschaft.

Verletzlichkeit ist etwas, das wir als Menschen alle teilen. Laut dem Theologen Jürgen Moltmann gibt es keine Unterscheidung zwischen Gesunden und Behinderten. Denn jedes menschliche Leben sei „begrenzt, verletzlich und schwach. Hilfsbedürftig werden wir geboren, und hilflos sterben wir."[5] Und je älter wir werden, desto mehr Einschränkungen und Beeinträchtigungen sind wir unweigerlich unterworfen.

Seit dem Sündenfall gehören Gebrochenheit und Schwäche zur Natur allen Lebens (siehe 1. Mose 3,16-19). Von diesem Zeitpunkt an, erklärte Gott, werde es selbst in den besten Gemeinschaften keine Beziehungen mehr ohne Schmerz und Missverständnisse geben und alle Arbeit werde von einem frustrierenden Gefühl der Unzulänglichkeit begleitet sein. Durch unsere Schwäche möchte Gott uns dazu bringen, ihn zu suchen und zu erkennen, dass wir ihn als Retter brauchen (siehe Galater 3,21-25). Diesseits des Himmels wird es nichts Vollkommenes geben.

Was die Welt als Last ansieht, betrachtet Gott als Geschenk und fordert uns auf, es als solches anzunehmen: „Entspann dich. Schwachheit, Verwundbarkeit und Versagen ziehen sich durch alle Altersgruppen, Kulturen, Ethnien und sozialen Schichten. Ich habe darin Gaben verborgen, damit ihr anderen eine zerbrochene Liebe wie die meine schenken könnt."

Zu Beginn meines christlichen Lebens und Dienstes glaubte ich, Gott wolle meine Schwächen und meine Gebrochenheit vollständig heilen. Es wäre mir nie in den Sinn gekommen, dass sie einen Platz in Gottes Plan und Willen für mich haben könnten, wie es bei Paulus der Fall war.

Vor Jahren war es für mich eine faszinierende Entdeckung, dass Paulus' Wachstum in Christus mit einem zunehmenden Bewusstsein seiner eigenen Schwäche und Sündhaftigkeit einherging.

- In seinem Brief an die Gemeinde in Galatien äußert er sich über andere Apostel, die in der Gemeinde Verantwortung trugen. Es sei ihm „ganz unwichtig, was sie früher einmal waren. Denn Gott schaut nicht auf Rang und Namen" (Galater 2,6 Hfa). In dieser Aussage zeigt sich ein gewisses Konkurrenzdenken gegenüber den Zwölfen. Man geht davon aus, dass der Brief 49 n. Chr. geschrieben wurde, als Paulus seit etwa vierzehn Jahren Christ war.

- Sechs Jahre später, im Jahr 55 n. Chr., schlägt er gegenüber den Korinthern schon bescheidenere Töne an: „Ich bin der unbedeutendste unter den Aposteln und eigentlich nicht wert, Apostel genannt zu werden" (1. Korinther 15,9 Hfa).
- Fünf Jahre später (um 60 n. Chr.), fünfundzwanzig Jahre nach seiner Bekehrung, bezeichnet er sich als den „Allergeringsten von allen, die zu Gottes heiligem Volk gehören" (Epheser 3,8).
- Zwei Jahre vor seinem Tod und nachdem er vielleicht dreißig Jahre mit Christus gelebt hat, sagt er klar und deutlich: „Und einen größeren Sünder als mich gibt es nicht!" (1. Timotheus 1,15).[6]

Was war geschehen? Mit der Zeit hatte Paulus ein tieferes Verständnis von Gottes Liebe gewonnen. Weil er Ja zu seinen Schwächen sagte, konnte sich die Kraft Christi in ihm mehr und mehr entfalten.

Der Welt wird die seltsame Weisheit von Jesu Reich immer gegen den Strich gehen – von einem Reich, in dem die Letzten die Ersten sind, die Schwachen gesegnet, die Demütigen erhöht, die Leeren gefüllt und die Armen reich werden und in dem das Unmögliche zum Anlass für Wunder wird.

Unsere grundlegende Bedürftigkeit als Menschen ist also nicht etwas, was geheilt oder überwunden werden müsste, sondern was wir als Quelle unserer größten Stärke annehmen sollten.

Ganz besonders anschaulich lässt sich an der Kunst des Kintsugi sehen, wie Gott unsere Zerbrochenheit gebraucht. Bei dieser im vierzehnten Jahrhundert in Japan entwickelten Kunst werden zerbrochene Keramikgefäße mit einem wunderschönen Lack, der echten Goldstaub enthält, wieder zusammengesetzt. Das Wort „kintsugi" bedeutet wörtlich „mit Gold verbinden". Das Besondere an dieser Kunst ist, dass sie die zerbrochenen Stücke hervorhebt, anstatt den Gegenstand möglichst unsichtbar zu reparieren oder gar wegzuwerfen.

Die Kunst des Kintsugi spiegelt die japanische Philosophie des Wabi-Sabi wider. Sie ruft dazu auf, die Schönheit im Fehlerhaften, im Beschädigten, im Unvollkommenen zu sehen. Es geht darum, die gesamte

Geschichte des Tongefäßes zu würdigen, einschließlich seiner Zerbrochenheit. Nach dem Wiederzusammensetzen wird das Kunstwerk als schöner und edler als das Original angesehen, da es nun mit Adern aus echtem Gold durchzogen ist. Es ist auch stabiler und kostbarer, weil die reparierten Bruchstellen seinen Wert steigern.

Gott hat seine eigene Wabi-Sabi-Philosophie – er macht ständig Kintsugi mit seinem Volk. Wir alle haben Stellen, an denen wir zerbrochen sind. Ganz gleich, ob andere uns etwas angetan oder wir selbst Irrwege eingeschlagen haben: Wenn wir Gott unsere Zerbrochenheit zurückgeben, setzt er uns sorgfältig wieder zusammen, sodass wir schöner und strahlender sind als zuvor. Unsere Risse bleiben, aber sie wurden vom Meister selbst mit Gold versiegelt.

So hat Gott schon immer gewirkt. Denken Sie daran, wie schwach und unvollkommen die Helden der Heiligen Schrift waren:

- Petrus war ein jähzorniges Großmaul.
- Johannes Markus ließ Paulus im Stich.
- Timotheus hatte Magengeschwüre und kämpfte mit Angst.
- Mose stotterte.
- Rahab war Prostituierte.
- Jakob war ein Lügner.
- Die samaritanische Frau war mehrfach geschieden.
- Samson war ein Frauenheld.
- Naomi war eine arme Witwe.
- Jona lief vor Gottes Willen davon.
- Gideon und Thomas haben gezweifelt.
- Jeremia war depressiv und selbstmordgefährdet.
- Elia war ausgebrannt.
- Johannes der Täufer war laut und harsch.
- Martha jammerte gern.
- Noah war betrunken.

Gott hat schon immer zerbrochene Gefäße benutzt, um zu zeigen, „dass die außerordentliche Kraft, die in uns wirkt, von Gott kommt und nicht von uns selbst“ (2. Korinther 4,7 Hfa).

Für mich zumindest war diese Erkenntnis ein theologischer Paradigmenwechsel. Ich fragte mich: *Was soll ich jetzt tun? Werden die Menschen meiner Führung überhaupt noch vertrauen, wenn sie sehen, wie viele Risse ich habe? Ist das nicht zu gefährlich? Wird die Gemeinde mich noch akzeptieren, wenn eine solche Schwäche von mir ausgeht?*

3. Zu einer Kirche werden, die auf Schwäche gebaut ist

Bisher hatte ich meine Leitungsrolle auf Stärken und Erfolge gegründet. Als ich nach fast acht Jahren der Gemeinde gegenüber eingestand, dass mein Privatleben und meine Ehe aus den Fugen geraten waren, setzte dies einen tiefgreifenden Wandel in Gang. Geri und ich beschlossen damals, unsere Schwierigkeiten und unseren Weg der Heilung und Erneuerung öffentlich zu machen.

Es fing bei mir an

Ich begann, offen über meine Fehler, meine Verletzlichkeit und mein Versagen zu sprechen.

Wenn ich in einer Sitzung ratlos war, wagte ich es zuzugeben und über meine Unsicherheiten und Ängste zu reden.

Es wurde mir wichtig, Menschen zuzuhören und in Begegnungen ganz präsent zu sein.

Ich fing an, Geri meine Gefühle mitzuteilen, für die ich mich früher eher geschämt hatte – Wut, Eifersucht, Traurigkeit, Verzweiflung.

Wenn ich Geri verletzt hatte, bat ich anders um Vergebung. Nun fragte ich: „Verzeihst du mir?" und wartete auf ihre Antwort, anstatt die Sache mit einem schnellen „Es tut mir leid" abzuhaken.

Als Geri und ich unsere ersten Ehe-Exerzitien leiteten und schmerzhafte Einzelheiten unserer Geschichte als Ehepaar erzählten, lief Julia, eine junge Frau Anfang dreißig, in Tränen aufgelöst aus dem Raum. Sie erklärte später: „Ich hätte nie erwartet, irgendjemanden, geschweige denn meinen Pastor, so nackt zu sehen!" Die Welle der Liebe Gottes, die wir in unseren Schwächen erlebten, hatte uns so überwältigt, dass wir nichts mehr zu verbergen hatten.

Meine anfängliche Befürchtung, dass mich das niederdrücken könnte, war völlig unbegründet gewesen. Ich fühlte mich so lebendig und rein wie seit Jahren nicht mehr. Meine Selbsttäuschung und meine Schutzmechanismen lösten sich auf und ich erfuhr Gottes Liebe und die Kraft des Heiligen Geistes auf ganz neue Weise.

Wenn Sie sich meine Predigten vor und nach 1996 anhören, werden Sie einen deutlichen Unterschied feststellen.

Nach 1996 begann ich konsequent, über meine Fehler, Schwächen und Kämpfe zu predigen – nicht mehr über meine Erfolge. Anfangs empfand ich es als sehr unangenehm und beängstigend, mich so verwundbar zu zeigen. Ich machte es mir zur Gewohnheit, zuerst selbst mit schwierigen Bibeltexten und ihrer Bedeutung für mein Leben zu ringen, bevor ich sie auf andere anwandte.

Natürlich beschäftigte ich mich weiterhin mit Exegese, suchte nach anschaulichen Beispielen und bemühte mich um einen roten Faden für meine Predigten. Aber ich ließ meinen Perfektionismus dabei los. Denn ich hatte endlich erkannt, dass das Mächtigste an meiner Botschaft die Kraft Jesu war, die in meinem eigenen Ringen mit den Texten offenbar wurde. Paulus hatte recht (siehe 2. Korinther 12,7-12)! Und obwohl dieser Teil der Predigt vielleicht nur zwei bis zehn Minuten dauerte, erforderte er sorgfältige Vorbereitung.

Wir begegneten uns in der Gemeinde nun alle auf Augenhöhe und rangen darum, Gottes Wort in unserem Leben zu befolgen.

Wohlgemerkt: Eine Gemeindekultur zu schaffen, in der gesunde Nachfolge gelebt werden kann, beginnt immer bei uns als Leitern und verantwortlichen Mitarbeitern. Unsere Glaubwürdigkeit zeigt sich vor allem dann, wenn unsere Fehler und Schwächen offen zutage treten. Und solche Momente kennt jeder von uns.

Woran ich merke, dass ich stolz und unnahbar bin:

____ Ich achte genau darauf, meine Schwächen und Fehler zu verbergen, und bin verschlossen.

____ Mir nahestehende Menschen würden mich als abweisend und schnell gekränkt beschreiben.
____ Ich bemerke leicht die Schwächen, Fehler und Unvollkommenheiten anderer.
____ Ich sage oft ungefragt meine Meinung.
____ Ich bin schnell dabei, Ratschläge zu erteilen oder zu versuchen, Dinge zurechtzurücken, bevor etwas schiefgeht.
____ Ich bin eher nachtragend und es fällt mir schwer, um Verzeihung zu bitten.
____ Ich bitte andere selten um Rückmeldung, wie ich mich verbessern oder verändern kann.
____ Es fällt mir schwer, um Hilfe zu bitten.
____ Es fällt mir schwer zu sagen: „Ich weiß es nicht."

Es wirkte sich auf die gesamte Leitung aus

Was die New Life Fellowship Church auszeichnet, ist die Bereitschaft aller verantwortlichen Mitarbeiter, ihre Schwächen offen zuzugeben. Wie einer unserer Pastoren kürzlich sagte: „Solange du zu deiner Gebrochenheit stehst, kannst du praktisch nicht entlassen werden." Es wird einfach erwartet, dass man verwundbar ist, bereit zu lernen und an sich zu arbeiten. Bei uns gibt es keine christlichen Helden. Nur Menschen.

Wir ermutigen alle unsere Leiter von Dienstbereichen und Kleingruppen, Gemeindevorstandsmitglieder und Ehrenamtlichen, ihre Schwächen und ihr Versagen gegenüber denen, die ihnen anvertraut sind, nicht zu verschweigen. Dies ist vielleicht tatsächlich die einzige unabdingbare Eigenschaft für die Mitarbeit bei New Life.

Doch das war nicht immer so. Wir begannen allmählich, die Menschen in vielen Einzelgesprächen darin zu bestärken, auf Gottes Wege zu vertrauen, auch und gerade wenn dies bedeutet, gegen den Strom zu schwimmen.

Ein junger Mann namens Daniel bietet dafür ein gutes Beispiel. Daniel, ein junger und begabter Pastor, zog vor Jahren nach New York City. Im Folgenden schildert er in eigenen Worten den kulturellen Konflikt, den er bei New Life erlebte, und wie er gelernt hat, Schwäche anzunehmen.

Ich hatte mein Leben voll im Griff, einschließlich meines Pastorenamts. In meinem übersteigerten Selbstbewusstsein hielt ich mich für unbesiegbar. Ich war seit gut zehn Jahren Christ. In meiner Vorstellung war keine Frage zu komplex; kein äußerer Umstand konnte mich in die Knie zwingen. Andere lobten meine vielseitige Begabung und natürliche Führungskompetenz.

Aber all dies hatte auch eine Kehrseite. Ich war ein abweisender, eigensinniger und oft unbelehrbarer Christ, der sich als demütiger Held ausgab. Wenn ich jemandem zuhörte, dann nur oberflächlich. Oft war ich ungeduldig mit anderen und neigte dazu, jedem und jeder Ratschläge zu erteilen. Stärke achtete ich höher als Schwäche, Vollkommenheit höher als Zerbrochenheit. Ich hatte Vertrauen in die Fähigkeiten, die Gott mir gegeben hatte.

Von Verletzlichkeit und Schwäche zu hören, erschütterte mich. Es klang ja schön und gut; aber mich so angreifbar zu machen, erschien mir zu riskant, zu gefährlich. Um ehrlich zu sein, fand ich es ein wenig beängstigend.

Aber es war andererseits auch befreiend. Es gab mir einen völlig neuen Blick auf das Evangelium und ein neues Verständnis von der Gnade. Ich lernte, Gott zu vertrauen, auch wenn ich nicht auf alles eine Antwort hatte, und ich lernte zuzuhören. Wenn ich etwas nicht wusste, dann durfte ich es zugeben.

Kurz gesagt: Ich erkannte, dass ich nicht so heil war, wie ich gedacht hatte. Auf eine seltsame, geheimnisvolle Weise ging mir auf, dass ich als Leiter und als Freund nur heil werden konnte, wenn ich vor Gott zerbrochen, schwach und verletzlich war … und, ja, auch vor anderen.

Auch das war befreiend.

Daniels Geschichte lehrt uns eine wichtige Lektion. Aus Schwäche und Verletzlichkeit heraus zu leben und zu führen, lernt niemand von heute auf morgen. Am Ende seines zweijährigen Dienstes bei uns hatte Daniel in diesem Punkt bereits eine spürbare Reife erlangt. Diese Entwicklung setzte sich fort, als er seine eigene Gemeinde gründete, aus der später mehrere weitere Gemeinden hervorgingen.

Wir können diesen allmählichen Prozess auch bei Jesus und den Zwölfen beobachten. Während Jesus vollkommene Demut und Verwundbarkeit vorlebte, kämpften die Jünger mit Stolz, Macht und Status – noch bis zu dem Punkt, als ihr Herr gekreuzigt wurde!

Es braucht zwar Zeit, sich auf diese neue, ganzheitliche Art der Nachfolge einzulassen, vor allem bei unseren Leitungsteams, aber die Auswirkungen sind weitreichend. Denn der Ausgangspunkt für Veränderungen in einer Gemeinde, einem Dienstbereich oder einer Organisation war schon immer die Leitung. So wie es den Leitern geht, so geht es auch der Gemeinde.

Es wirkte sich auf die Gemeinde aus

Nachdem bereits eine deutliche Veränderung durch unser Leitungsteam gegangen war, begannen wir damit, diese neue, auf Schwäche gegründete Kultur der ganzen Gemeinde zu vermitteln. Wie Sie sich vielleicht vorstellen können, ging dieser Wandel nicht schnell vonstatten.

Zunächst luden wir die Menschen bei jeder passenden Gelegenheit – sei es im Gottesdienst, bei Einkehrtagen für Ehepaare und Singles, in Jüngerschaftskursen, Kleingruppen, bei Taufen und anderen Veranstaltungen – dazu ein, darüber zu reden, wie Gott ihnen in ihren Fehlern und Schwächen begegnet. Damit wollten wir die Leute ermutigen, zu den Rissen in ihrer Seele zu stehen – ganz gleich, ob sie durch eigene Sünde entstanden oder ihnen von anderen zugefügt worden waren. Anfänglich war dies für viele beängstigend. Aber wir stellten fest, dass unser Angebot der geistlichen Begleitung und viele Einzelgespräche ein sicheres Umfeld schufen, in dem die Menschen sich im Glauben öffnen konnten und ehrlich von sich erzählten.

Das hat unsere Gemeindekultur verändert und tut es immer noch.

Heute ist es bei uns nichts Ungewöhnliches, wenn ein ehemaliger Drogenabhängiger durch den Gottesdienst führt oder ein angesehener Vater von drei Kindern zugibt, dass er mit Pornografie zu kämpfen hat. Schwäche und Verwundbarkeit ziehen sich durch die Geschichte eines jeden Menschen. Und so versuchen wir immer wieder, sichere Räume zu schaffen, in denen unsere Leute aus einer gegenseitigen Verwundbarkeit heraus in Verbindung kommen können.

4. Täglich Verletzlichkeit praktizieren

Verletzlichkeit als Lebensstil ist nicht einfach – das weiß ich nur zu gut. Hier ein paar Punkte, an denen ich persönlich heute noch immer versucht bin, nicht zu meiner Verwundbarkeit zu stehen:

- wenn ich mich dagegen sträube, von jungen Leitern zu lernen, die mit Träumen und Einsichten von Gott Neuland betreten. Es ist einfacher, von oben herab zu sagen: „Das habe ich alles schon erlebt!"
- wenn ich kein Umfeld schaffe, in dem Menschen die Freiheit haben, mich konstruktiv zu kritisieren und andere Standpunkte zu vertreten. Es ist einfacher zu sagen: „Ich jedenfalls fand es toll!"
- wenn ich altersbedingte Grenzen nicht akzeptieren will. Es ist einfacher, so zu tun, als gäbe es keinen Grund, mit zunehmendem Alter körperlich und emotional langsamer zu treten.
- wenn ich meine vier Töchter nicht als Erwachsene behandle und nicht bereit bin, von ihrer Weisheit und ihren Wegen zu lernen. Es ist einfacher, ihnen Antworten auf Fragen zu geben, die sie gar nicht gestellt haben.
- wenn ich mir keine Zeit nehme, um in meiner Ehe mit Geri weiterzuwachsen. Es ist einfacher zu sagen: „Wir haben schon viel erreicht und es geht uns gut. Ich will mich nicht noch weiter verändern."

Was mir hilft, nicht den einfacheren Weg zu wählen, ist eine gesunde Angst. Ich möchte nie mit einem verhärteten Herzen enden – und dagegen ist niemand gefeit.

Deshalb ist die geistliche Übung der Hingabe die Grundlage für ein Leben aus Verwundbarkeit und Schwäche. Ein sehr anschauliches Beispiel finden wir im Gleichnis vom verlorenen Sohn in Lukas 15,11-32. Mir gefällt besonders gut, wie Rembrandt die Wiedersehensszene in seinem Gemälde *Die Rückkehr des verlorenen Sohnes* eingefangen hat. Es kann uns auf sehr eindrückliche Weise ermutigen, den Weg der Zerbrochenheit, Schwäche, Demut und Verletzlichkeit zu wählen.

Wie auf dem Gemälde zu sehen ist, kniet der jüngere Sohn, den Kopf an die Brust des Vaters gelehnt. Der Sohn hat eine Glatze, wirkt erschöpft und ausgezehrt. Er trägt keinen Mantel, nur einen zerschlissenen Schuh

und ist völlig verwahrlost – der Inbegriff eines zerrütteten Lebens.

Der jüngere Sohn hat seinen Anteil am Erbe eingefordert und ist von zu Hause weggelaufen. Er bringt tiefe Schande über seinen Vater und über seine Familie. Schließlich geht es ihm so schlecht, dass er nur noch Schweine hüten kann. Für einen jüdischen Zuhörer zur Zeit Jesu konnte man nicht tiefer fallen. Juden, die Schweine auch nur berührten, galten als ebenso unrein wie diejenigen, die Prostituierte aufsuchten.

Endlich kommt der Sohn zur Vernunft und beschließt, nach Hause zurückzukehren. Als er sich schuldbewusst dem Haus seines Vaters nähert, sieht ihn der Vater schon von Weitem und läuft auf ihn zu. Er eilt zu seinem Sohn und umarmt ihn, noch bevor der Sohn aussprechen kann, was er sich zurechtgelegt hat.

Dann geschieht das Unvorstellbare.

Der Vater küsst ihn mehrmals. „Wiederholt", heißt es im griechischen Originaltext. Die Liebe des Vaters ist extravagant und exzessiv. Er tauscht die zerrissene Kleidung des Sohnes gegen das beste Gewand, schenkt ihm einen Siegelring als Zeichen seiner Sohnschaft und stattet ihn mit den Schuhen eines freien Mannes aus, der ins Haus gehört. So stellt er die Würde des Sohnes vollständig wieder her und gibt sogar zu dessen Ehren ein großes Fest mit Musik und Tanz.

Das Gemälde von Rembrandt ist für mich seit vielen Jahren ein eindrückliches Bild dafür, wie es aussehen kann, täglich meine Verwundbarkeit zu leben.

Der jüngere Sohn: Ein Bild der Zerrissenheit

Nehmen Sie sich einen Moment Zeit, um das Gemälde noch einmal zu betrachten, insbesondere den jüngeren Sohn. Die Gebrochenheit des jüngeren Sohnes ist ein treffendes Bild für das christliche Leben. Wir knien nicht nur bei unserer Errettung in Reue nieder. Sondern wir bemühen uns um eine ständige Haltung der Zerbrochenheit und Verletzlichkeit Gott gegenüber. Wir beugen uns vor ihm und lassen uns von seiner überschwänglichen Liebe umfangen. Dies erfordert einen bewussten Akt. Sonst gleichen wir eher dem älteren Bruder, der auf dem Gemälde direkt hinter dem Vater steht.

Der Schlüssel ist die Freiwilligkeit.

Der Sohn wurde nicht in die Knie gezwungen, sondern er hat sich entschieden zu knien. Er kniet, weil er seinen egoistischen Lebensstil und seine Bedürftigkeit erkannt hat. Und bedürftig sind wir alle.

Henri Nouwen vergleicht in seinem klassischen Buch über Rembrandts Gemälde, *Nimm sein Bild in dein Herz: Geistliche Deutung eines Gemäldes von Rembrandt,* das Verlassen des Vaterhauses mit Zeiten in seinem eigenen Leben. Auch er hat schon oft den Ort der Liebe des Vaters verlassen – den Ort, an dem er im Zentrum seines Seins hörte: „Du bist mein lieber Sohn, du gefällst mir." Nouwen schreibt:

> *Und doch bin ich wieder und wieder von Zuhause weggegangen. Ich habe die Segenshände geflohen und bin weggelaufen zu fernen Orten auf der Suche nach Liebe. Das ist die große Tragödie meines Lebens und des Lebens so vieler, die ich auf meinem Weg getroffen habe. Irgendwie bin ich taub geworden für die Stimme, die mich den Geliebten nennt … Aber es gibt viele andere Stimmen … Die dunklen Stimmen der Welt um mich herum versuchen, mich zu überzeugen, dass ich nicht gut bin und dass ich nur dann gut werde, wenn ich mir mein Gutsein verdiene, wenn ich es mir auf der Leiter der Leistung und des Erfolgs erarbeite.*[7]

Es ist eine Geschichte, die viele von uns zweifellos nachempfinden können. Wir bemühen uns sehr, anderen zu gefallen, Erfolg zu haben und anerkannt zu werden. Und doch verletzen wir unsere gottgegebenen Grenzen, verlassen unser Zuhause – den Ort der Liebe des Vaters – und gehen am Ende verloren.

Wenn ich deprimiert bin, nachdem jemand eine Bemerkung aus meiner Predigt wohlwollend korrigiert hat; wenn ich andere um ihre Erfolge beneide oder nicht Nein sagen kann, ohne mich schuldig zu fühlen, dann bin ich verloren. Denn ich habe mein Zuhause verlassen, in dem ich in der Liebe Gottes ruhen kann.

Wenn ich jemanden, der mich beleidigt hat, absichtlich nicht grüße, um damit Kontrolle und Macht über ihn auszuüben, habe ich mein Zuhause verlassen. Ich habe mich verirrt und muss mich auf den langen Weg zurück machen.

Ich möchte dort leben, wo der jüngere Bruder lebt – möchte kniend, den Kopf an die Brust des Vaters gelehnt, die warme Umarmung des Vaters empfangen. Wenn ich das tue, wenn ich mir meiner Gebrochenheit bewusst bin, fange ich an, „die Liebe Christi in allen ihren Dimensionen zu erfassen – in ihrer Breite, in ihrer Länge, in ihrer Höhe und in ihrer Tiefe" (Epheser 3,18).

Der ältere Sohn: Ein Bild der Verlorenheit

Wie sieht es aus, wenn man sich von Schwäche und Gebrochenheit abwendet? Der ältere Sohn zeigt es uns. Auf Rembrandts Gemälde ist er in ein goldbesticktes Gewand gekleidet wie sein Vater. Im Gegensatz zu seinem Vater ist er über die Rückkehr seines Bruders allerdings ganz und gar nicht erfreut. Er macht offensichtlich keinen Hehl aus seinem Unmut darüber, dass sein Vater den jüngeren Sohn so großzügig empfängt – den, der Schande über die Familie gebracht und das Familienvermögen verprasst hat.

Der ältere Sohn hat zwar nichts Unrechtes getan, doch sein Herz ist alles andere als heil. Er ist sogar noch verlorener als sein jüngerer Bruder, weil er nicht erkennt, wie verloren er wirklich ist. Sein Streben nach Anstand, seine Selbstgerechtigkeit und sein Pflichtbewusstsein haben ihn für seinen eigenen Zustand blind gemacht.

Er lebt im Haus des Vaters, aber auch er hat sein Zuhause verlassen und ist weit von der Liebe des Vaters entfernt. Der ältere Bruder dient mir als Warnung. Es ist möglich, Gottes Gebote zu befolgen, in Gottes Haus zu dienen und trotzdem verloren zu sein. Ich kann den Anschein erwecken, Gott nahe zu sein, und mich doch in Wirklichkeit sehr weit von ihm entfernt haben. Wenn ich meine Schwäche und Verwundbarkeit nicht jeden Tag bewusst annehme, werde ich zum älteren Sohn.

Dies merke ich zum Beispiel dann, wenn ich an meinem Ärger festhalte, anstatt ihn zu verarbeiten, wenn ich an allem etwas auszusetzen finde und wenn es mir schwerfällt, Verletzungen loszulassen. Das alles sind sichere Anzeichen dafür, dass ich der verlorene ältere Sohn bin.

Die Kirche ist voll von jüngeren Söhnen, die weglaufen, und von älteren Söhnen, die wütend und mürrisch sind. Ich kenne das. Denn in mir stecken beide. Deshalb ist es so wichtig, eine geerdete Spiritualität zu leben und mir meiner Verwundbarkeit tagtäglich bewusst zu sein. Das Gleichnis Jesu vom verlorenen Sohn und das Gemälde von Rembrandt haben mir dabei geholfen, besonders in meinen Zeiten der Stille, in der Gemeinschaft mit ihm.

Dranbleiben

Sie werden sich ganz sicher mit zahlreichen Ängsten und Fragen auseinandersetzen müssen, wenn Sie es wagen möchten, Verletzlichkeit und Schwäche zu leben. Vielleicht malen Sie sich die schlimmstmöglichen Szenarien aus (was ich gut verstehen kann). Wenn das passiert, möchte ich Sie ermutigen: Bleiben Sie dran!

In diesem Kapitel haben wir vier Kernmerkmale von Gemeinden untersucht, die Schwäche und Verwundbarkeit verkörpern: Sie entwickeln eine Theologie der Schwäche, nehmen Schwächen als Geschenk an, wandeln sich zu einer Kirche, die auf Schwäche gebaut ist, und leben Verwundbarkeit täglich.

Ein solcher Wandel ist natürlich nicht einfach. Aber ich kann Ihnen versichern: Nach dieser Reise werden Sie und Ihre Gemeinde zu ganz neuem Leben auferstehen. Sie können ruhen und entspannen in dem Wissen um die zentrale Wahrheit des christlichen Glaubens: Das Leben kommt aus dem Tod, die Demütigen werden erhöht, die Letzten werden die Ersten sein und die Armen im Geist erben das Himmelreich.

Emotional gesunde Nachfolge umsetzen

Nachfolge so zu leben, dass Menschen – wie in diesem Buch beschrieben – tiefe Veränderung erfahren, erfordert mehr als nur ein paar kleine Anpassungen in unserem Dienstverständnis. Es lässt sich eher mit einem ganz neuen Betriebssystem vergleichen.

Nachfolge als Betriebssystem

Jeder PC braucht ein Betriebssystem. Das ist das Programm, ohne das die einzelnen Komponenten und Anwendungen gar nicht laufen könnten. Ohne Betriebssystem wäre ein Computer also zu nichts nütze.

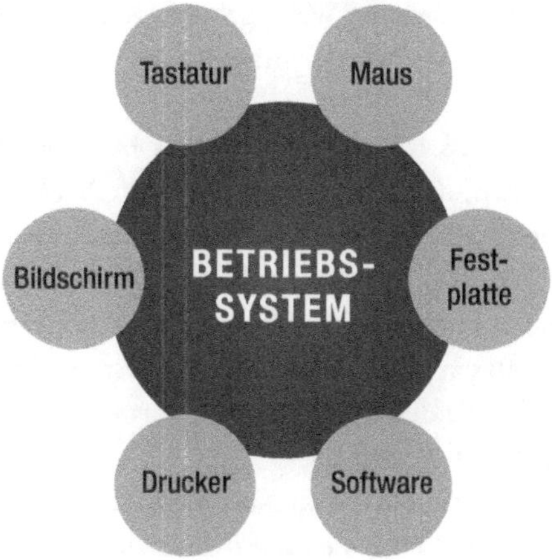

Die beiden gängigsten Betriebssysteme für PCs sind Microsoft Windows und Apple MacOS. Bei beiden wird in unterschiedlichen Prozessen gesteuert, wie die einzelnen Programme mit der Hardware, d. h. den Gerätekomponenten, zusammenarbeiten. Und jeder dieser Prozesse hat bestimmte Regeln und Grenzen. Wenn Sie zum Beispiel ein Softwareprogramm oder eine Anwendung für Windows auf einen Apple-Computer herunterladen, funktioniert das Programm nicht. Und das liegt ganz einfach daran, dass es nicht mit dem Betriebssystem kompatibel ist. Denn jedes Betriebssystem steuert auf seine Weise die Kernprozesse, über die Programme und Anwendungen ausgeführt werden können.

Viel weiter reicht mein technisches Verständnis nicht, aber ich verwende das Betriebssystem gerne als Metapher für die Nachfolge Jesu. Machen wir uns bewusst: Genauso wie Betriebssysteme für uns unsichtbar die Anwendungen zum Laufen bringen, auf die wir jeden Tag routinemäßig zugreifen – zum Beispiel E-Mail, Tabellenkalkulation und Textverarbeitungsprogramme –, hat auch jedes Verständnis von Nachfolge ein Betriebssystem, das für uns weitgehend unsichtbar bleibt.

Wir meinen, dass wir einfach nur beten, einen Konflikt ansprechen und unseren Glauben weitergeben, ohne zu erkennen, dass es da eine Art Betriebssystem gibt, das bestimmt, *wie* wir diese Dinge angehen. Zu diesem System gehören alle möglichen Annahmen, die unserem Verständnis von Nachfolge und geistlichem Wachstum zugrunde liegen. Viele von uns haben jahrzehntelang auf dieselbe Weise gebetet, Konflikte ausgetragen und Glauben weitergegeben – egal wie wirksam oder unwirksam dies gewesen sein mag.

Das liegt daran, dass wir ein traditionelles Betriebssystem für unsere Nachfolge verwenden, das nicht geeignet ist, tiefe Veränderungen im Leben der Menschen zu bewirken. Und wie das bei einem Betriebssystem nun einmal ist: Es läuft unsichtbar im Hintergrund. Das ist ein Problem. Denn was wir nicht sehen, das können wir auch nicht verstehen. Wir stecken sozusagen in einem geschlossenen System fest, das uns daran hindert, auf die Breite und Tiefe dessen zuzugreifen, was Gott für uns bereithält – und was wir dringend brauchen.

Das traditionelle Verständnis von Nachfolge basiert auf einer Reihe von Kernüberzeugungen und Prozessen mit dem Ziel, Jünger zu gewinnen, die

die Welt für Christus verändern. Dazu gehören Gewohnheiten wie der Besuch des Gottesdienstes und einer Kleingruppe sowie der Einsatz von Zeit, Gaben und Geld für andere.

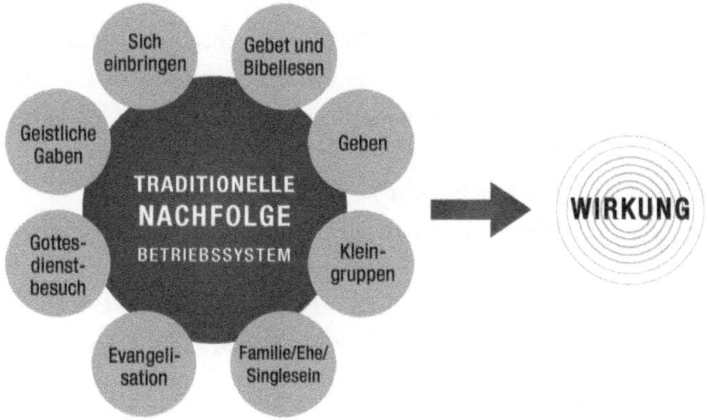

Wir mögen vielleicht ein paar besondere Komponenten hinzufügen, wie neue Programme, neue Konzepte für Gottesdienste und Evangelisationseinsätze sowie eine neue Beschäftigung mit bestimmten biblischen Wahrheiten. Aber die Grundannahmen und -prozesse des traditionellen Nachfolgeverständnisses bleiben unverändert: Wenn Menschen sich uns anschließen, sich in der Gemeinde einbringen und sich finanziell beteiligen, glauben wir, unser Ziel zu erreichen: dass sie dabei tief verändert werden und ihrerseits die Welt verändern.

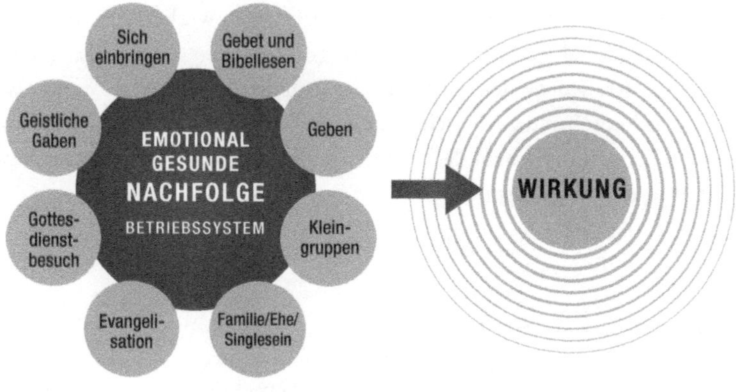

Genau hier liegt das Problem: Wir machen uns die Grenzen des traditionellen „Nachfolge-Betriebssystems" selten bewusst. Emotional gesunde Nachfolge ist wie ein neues Betriebssystem mit drei Besonderheiten:

- Es schließt eine biblisch fundierte Lebensweise ein, deren Kennzeichen im traditionellen Nachfolgeverständnis fehlen: Grenzen als Geschenk annehmen, Trauer und Verlust annehmen, die Macht der Vergangenheit brechen, die Liebe zum Maßstab geistlicher Reife machen und in Schwachheit und Verletzlichkeit leben.
- Es verbindet die Liebe zu Gott, zu uns selbst und zu anderen so, dass bloßes Wissen zu einer gelebten Erfahrung wird.
- Es entschleunigt uns, damit wir unsere Nachfolge auf die Person Jesu gründen und unser Augenmerk mehr auf unser Sein als unser Tun lenken.

Die entscheidende Frage ist also: „Wie kann ich emotional gesunde Nachfolge in unserer Gemeinde dauerhaft umsetzen?" Bevor wir uns die konkreten Schritte ansehen, sollten wir uns drei Elemente emotional gesunder Nachfolge bewusst machen. 1) Emotional gesunde Nachfolge hat eine große, langfristige Vision für die Gemeinde. 2) Sie ist ein biblischer Paradigmenwechsel, der sieben bis zehn Jahre erfordern wird. 3) Sie entfaltet sich von innen nach außen – angefangen bei Ihnen über Ihr Team bis hin zur gesamten Gemeinde.

Diese Elemente zu verstehen, ist in zweifacher Hinsicht wichtig. Erstens, damit Sie keine unrealistischen Erwartungen wecken. Denn die Begeisterung, die oft zu beobachten ist, wenn Menschen aus ihrer geistlichen Lethargie gerissen werden, kann nur der Anfang eines längeren Weges sein. Zweitens brauchen die Menschen eine langfristige Vision von Gottes langsamem Prozess der Nachfolge, damit sie geduldig dem neu eingeschlagenen Weg mit Jesus folgen.

Drei Elemente zur Umsetzung emotional gesunder Nachfolge

Der Aufbau einer Gemeinde, eines Arbeitsbereichs oder einer gemeinnützigen Organisation auf dem Fundament der emotional gesunden Nachfolge ist vergleichbar mit dem Aufbau eines neuen Betriebssystems. Zuerst müssen Sie Ihre Kernkomponenten (wie eine Hauptplatine, einen Datenspeicher und einen Prozessor) zusammenstellen und verbinden. In der emotional gesunden Nachfolge gibt es drei solcher Elemente, die feststehen müssen, bevor Sie beginnen, das neue Betriebssystem zu entwickeln.

Element 1: Emotional gesunde Nachfolge hat eine große, langfristige Vision für die Gemeinde.

Normalerweise ist es unser Ziel, eine Gemeinde zu bauen, in der Menschen Gottesdienste besuchen, an Kleingruppen teilnehmen, sich finanziell beteiligen und sich einbringen. Wir gehen davon aus, dass die aktive Teilnahme an alldem darauf hindeutet, dass die Menschen in einer lebendigen, persönlichen Beziehung zu Jesus stehen und in der Liebe zu ihm reifen.

Dies ist leider ein Irrtum.

Ich wundere mich, wie viele herausragende Redner so tun, als ob Menschen in erster Linie durch Predigten in die Nachfolge gerufen und darin begleitet werden. Das ist ungefähr so, als ob man ins Kinderzimmer geht, die Babys mit Milch bespritzt und dann behauptet, sie gefüttert zu haben.[1]

Emotional gesunde Nachfolge beruht auf dem festen Entschluss, die Menschen aufzurufen, ernsthaft den Weg mit Jesus zu gehen und ihren Glauben in die Welt zu tragen. Wir messen unseren Erfolg dann nicht mehr an bloßen Zahlen (wie viele den Gottesdienst oder eine Kleingruppe besuchen, sich finanziell beteiligen und aktiv einbringen), sondern an einer erkennbaren, tiefen Veränderung und einer langfristigen Vision, in der engagierte Christen ihrerseits Menschen in die Nachfolge rufen. Die Unterschiede zum traditionellen Modell der Nachfolge werden in den folgenden Grafiken deutlich.

Unser Konzept der emotional gesunden Nachfolge verbindet biblische Inhalte mit einer Struktur, die christliche Leiter befähigt, nicht unüberlegt oder planlos, sondern weise und bewusst Gemeinde zu bauen.

Jesus wusste, dass das sorgfältige Schulen der Zwölf von zentraler Bedeutung war, denn sie waren dazu beauftragt, in Zukunft sein Reich zu bauen. Das Gleiche gilt auch für uns heute. Dietrich Bonhoeffer bringt es auf den Punkt: „Ein Christentum ohne den lebendigen Jesus Christus bleibt notwendig ein Christentum ohne Nachfolge, und ein Christentum ohne Nachfolge ist immer ein Christentum ohne Jesus Christus."[2] Mit anderen Worten: Wenn wir uns dem langen, allmählichen Prozess der umgestaltenden Nachfolge widersetzen und der Versuchung erliegen, mit schnellen Programmen Gemeindewachstum erreichen zu wollen, wird dies weder die Menschen noch unsere Gemeinden tiefgreifend verändern. Es wirkt nur nach außen hin echt.

Element 2: Emotional gesunde Nachfolge ist ein biblischer Paradigmenwechsel, dessen Umsetzung in einer Gemeinde sieben bis zehn Jahre erfordert.

Ja, Sie haben richtig gelesen. Sieben bis zehn Jahre.

Dies kann nicht überstürzt werden. Das Reich Gottes ist und bleibt ein Senfkorn, das langsam und fast unmerklich wächst (siehe Markus 4,26-32). Es braucht Zeit, bis die Wahrheit vom Kopf ins Herz rutscht, bis sie zu einer ganzheitlichen Erfahrung wird, die wir konsequent Tag für Tag leben.

Die Menschen in unseren Kirchen sind durch drei Hauptkräfte zutiefst fehlgeleitet worden: durch das Motto unserer westlichen Kultur – „mehr ist mehr" –, durch ihre Herkunftsfamilien und durch die Werte, die mit ihrer ethnischen Zugehörigkeit verbunden sind. All dies verlangt nach Veränderung. Es gibt vieles zu verlernen und vieles neu zu lernen über das Leben in der neuen Familie Jesu.

Wir können diesen langsamen Prozess der Verwandlung bei Jesu Arbeit mit seinen zwölf Jüngern beobachten: Er hatte sie fast drei Jahre lang rund um die Uhr bei sich. Emotional gesunde Nachfolge bedeutet, Menschen in ein neues Paradigma der Nachfolge einzuführen, das so weitreichend ist, dass kein einziger Lebensbereich davon unberührt bleibt.

Manchmal vergleiche ich das Ausmaß des Wandels, den die Umsetzung emotional gesunder Nachfolge erfordert, mit der kopernikanischen Wende. Erinnern Sie sich an die Geschichte? Nikolaus Kopernikus, ein polnischer Wissenschaftler aus dem 16. Jahrhundert, stellte infrage, dass die Erde das Zentrum des Universums sei – eine Ansicht, die mehr als 1400 Jahre lang als unumstößlich galt. Die Erkenntnis, dass die Erde nur einer von vielen Planeten ist, die in einem riesigen Universum um die Sonne kreisen, erschütterte die Gesellschaft in ihren Grundfesten und war für viele zutiefst beunruhigend. Von diesem Zeitpunkt an begannen die Menschen, das Universum und ihren Platz darin aus einem völlig neuen Blickwinkel zu sehen. Alle möglichen vorhandenen Informationen und Daten konnten nun auf eine ganz neue Weise betrachtet und analysiert werden.

Auch heute noch verwenden wir den Begriff Kopernikanische Wende, um einen bedeutenden Paradigmenwechsel zu beschreiben – eine Idee, die eine völlig neue Sichtweise auf das Leben bietet und die Grundlagen unseres Verständnisses der Welt und unseres Platzes in ihr erschüttert. Viele Menschen in Ihrer Gemeinde werden die Einführung von emotional gesunder Nachfolge als eine kopernikanische Wende erleben.

Darüber hinaus wird über einen Zeitraum von sieben bis zehn Jahren nicht nur die Theologie, auf der Ihr Modell der Nachfolge basiert, sondern Ihre Gemeindekultur im weiteren Sinne grundlegend verändert. Dazu gehört auch ein neues Verständnis von gesunder Gemeinschaft, Integrität in der Leitung, gesunden Ehen und Familien und vielem mehr. (Unter www.glaubensriesen.de → Für Mitarbeiter ist eine sechsteilige Vision einer lebensverändernden Gemeindekultur ausführlich beschrieben.)

Element 3: Emotional gesunde Nachfolge entfaltet sich von innen nach außen – angefangen bei Ihnen über Ihr Team bis hin zur gesamten Gemeinde.

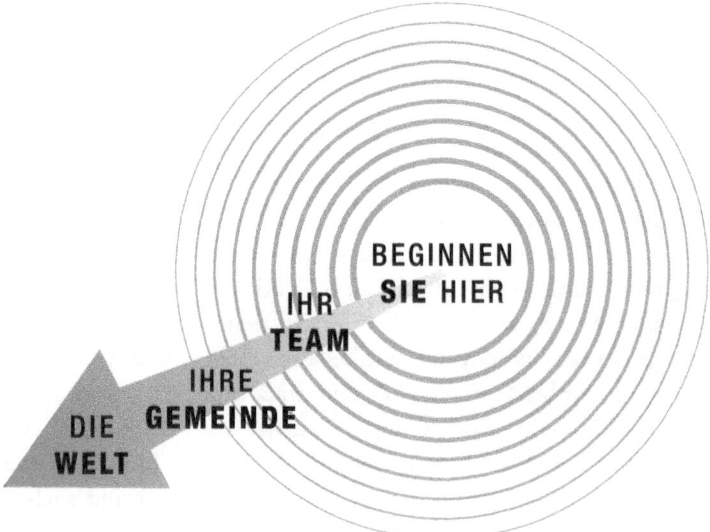

Sie

Emotional gesunde Nachfolge ist intellektuell nicht schwer zu verstehen. Die biblischen Wahrheiten in diesem Buch bieten genügend Stoff für Predigten und Kurse. Gott möchte jedoch, dass wir uns durch das Material tief verändern lassen.

Geri vergleicht diese Dynamik gerne mit dem Erlernen des Fahrradfahrens. Ich kann Ihnen aus einem Buch vorlesen, wie man Fahrrad fährt. Ich kann Ihnen ein Video zeigen, wie man Fahrrad fährt. Ich kann mich auf ein Fahrrad setzen und es Ihnen vorführen. Aber solange Sie nicht selbst aufsteigen, werden Sie das Fahrradfahren nie lernen. Genauso müssen Sie jedes der sieben Kennzeichen emotional gesunder Nachfolge, die ich Ihnen in diesem Buch vorgestellt habe, in Ihrem Umfeld, auf Ihrem Weg mit Jesus, aus Ihrem eigenen Temperament und Ihrer Berufung heraus leben.

Denken Sie daran: Was wir tun, ist zwar wichtig; noch wichtiger aber ist, wer wir sind. Wir können nichts geben, was wir nicht besitzen. Deshalb erweisen wir anderen Menschen den besten Dienst, wenn wir langsam vorgehen und uns zuerst selbst von Gott verändern lassen, bevor wir andere lehren.

Ihr Team

Es reicht nicht, in die Kompetenzen Ihrer Mitarbeiter für ihren Dienst zu investieren. Sie müssen auch ihre persönliche Entwicklung in den Blick nehmen. Als Leitungsteam vertreten Sie gemeinsam die Werte Ihrer Gemeindekultur. Fälschlicherweise habe ich erwartet, meine Mitarbeiter würden automatisch „alles richtig machen“. Ich war überrascht und oft verärgert, wenn sie immer wieder ihre ungesunden Verhaltensweisen mit in die Gemeinde brachten.

Was habe ich mir nur dabei gedacht? Es war doch kein Wunder, dass sie ihre unreifen Muster und alle ihre Ecken und Kanten mitbrachten. Denn etwas anderes kannten sie nicht. Sosehr wir uns alle auch wünschen, dass alle unsere Mitarbeiter als reife, verwandelte Menschen zu uns kommen – selten ist dies tatsächlich der Fall.

Jesus investierte sehr viel Zeit in sein zwölfköpfiges Kernteam, das später seinerseits die Kultur der entstehenden Kirche prägen sollte.

Als christliche Leiter müssen auch wir einen beträchtlichen Teil unserer Energie auf die gezielte Begleitung eines jeden Einzelnen aus unserem Kernteam verwenden.

Unsere Teams müssen die Theologie verkörpern, die wir den Menschen nahebringen möchten. Sie brauchen auch eine neue Beziehungskompetenz, um selbst unter Druck Konflikte konstruktiv lösen zu können. Und unsere Mitarbeiter müssen in der Lage sein, unser Material zu emotional gesunder Nachfolge auf die verschiedensten Lebenssituationen anzuwenden. Nur dann können sie andere Christen darin schulen. Die Formel ist einfach:

Klare Theologie + neue Fähigkeiten + neue Sprache
+ gezielte Begleitung = veränderte Gemeinschaft

Jedes Mal, wenn wir jemanden gezielt und mit Bedacht anleiten, vor allem inmitten von Stress und Konflikten, tragen wir zur Reife der Gemeinde als Ganzes bei.

Ihre Gemeinde

Emotional gesunde Nachfolge ist zwar kein Programm, aber aus Erfahrung können wir sagen: Langfristige, systemische Veränderungen in einer Gemeinde benötigen ein gewisses programmatisches Element, um Menschen von einem kraftlosen Christsein zu einer tiefen Veränderung in Jesus zu bewegen. Wir dürfen nie Ziel und Zentrum unseres Auftrags aus dem Blick verlieren: die Menschen in eine echte, ernsthafte Nachfolge zu führen. Um die ganze Gemeinde dabei mitzunehmen, brauchen wir ein tragfähiges biblisches Modell.

Dies ist wichtig, weil unsere heutige Gemeindekultur oft auf eine schnelle, oberflächliche Art der Nachfolge setzt, anstatt in einem langsamen Prozess Menschen zu begleiten. Nur so aber können sie selbst zu Müttern und Vätern des Glaubens nach dem Vorbild Jesu werden. Wir müssen den Menschen vermitteln, dass Nachfolge nicht bedeutet, eine Liste geistlicher Übungen abzuleisten. Es geht vielmehr um einen ganz neuen, auf Jesus ausgerichteten Lebensstil.

Um Sie auf diesem Weg zu unterstützen, bieten wir eine Reihe von Büchern an, zum Teil mit Begleitmaterial.

Emotional gesunde Nachfolge lernen und lehren

Die Inhalte bringen Menschen in Berührung mit ihrem innersten Wesen. Sie lernen Gott und sich selbst auf eine ganz neue Weise kennen. Ein wesentliches Ziel ist es, Christen auszurüsten, ihre persönliche Beziehung zu Jesus zu pflegen.

Leitern empfehlen wir das Buch *Emotional gesund leiten*, zu dem auch kostenloses Onlinematerial verfügbar ist.

Für die ganze Gemeinde eignet sich das Buch *Glaubensriesen – Seelenzwerge?* mit einem Begleitbuch für Gruppen und zum Selbststudium.

Frauen sei das Buch *Ich geb auf mich acht: Eigene Bedürfnisse wahrnehmen, Nein sagen lernen* von meiner Frau Geri empfohlen, zu dem es ebenfalls ein Begleitbuch für Gruppen und zum Selbststudium gibt.

Liebe redet Klartext ist ein Praxisbuch für Kleingruppen, das in acht Wochen acht Basiskompetenzen für ein gelingendes Miteinander vermittelt. Sie mögen auf den ersten Blick einfach klingen, aber jede von ihnen ist theologisch fundiert und vielschichtig. Bei jeder dieser Kompetenzen geht es darum, die Schrift im täglichen Leben und in allen Beziehungen anzuwenden. Die Teilnehmer werden zum Beispiel darin geschult, klar, respektvoll und ehrlich zu reden, zuzuhören wie Jesus, ihre Erwartungen und Annahmen verständlich zu äußern und konstruktiv zu streiten.

Wenn Sie erwägen, in Ihrer Gemeinde mit unserem Material zu arbeiten, möchten wir Ihnen zwei Dinge ans Herz legen: Tun Sie es erst, nachdem Sie sich gründlich damit auseinandergesetzt haben. (Nutzen Sie dazu auch gern den Begleitkurs für Kleingruppen, den es zu diesem Buch gibt.) Und fangen Sie bei sich selbst an. Leben Sie also emotional gesunde Nachfolge, *bevor* Sie andere dazu anleiten.

Wenn Sie in Gruppen mit unserem Material arbeiten möchten, dann empfiehlt sich auf jeden Fall ein verbindlicher Rahmen. Jeder Teilnehmer ist aufgerufen, das neu Gelernte in seinem Leben umzusetzen.

Nur so werden Menschen tiefe Veränderung in Jesus erleben.

Tausende von Leitern weltweit haben von einem grundlegenden Wandel in ihren Gemeinden berichtet, wenn sie nach gründlicher Schulung und Umsetzung im eigenen Leben ihre Gemeinde mitgenommen haben. Überstürzen Sie also nichts. Das Problem kraftlosen Christseins ist nicht über Nacht entstanden. Deshalb lässt es sich auch nicht über Nacht lösen.

Immer wenn ich unsere Kurse zu emotional gesunder Nachfolge in unserer Gemeinde oder für andere Pastoren und Leiter halte, begegne ich selbst Gott ganz neu. Denn die Wahrheiten und Bibeltexte sind unerschöpflich. Jedes Mal, wenn ich mich damit beschäftige, führt Gott mich zu einem tieferen Verständnis, sodass ich sie immer wieder neu anzuwenden lerne – an dem Punkt, an dem ich mich auf den Weg mit Jesus gerade befinde.

Ein Gebet für Sie

Menschen auf dem Weg zu einer tief veränderten Nachfolge zu begleiten und auszurüsten, ist eine Herausforderung. Sie werden mit einer Reihe von wichtigen biblischen Texten und Wahrheiten ringen müssen. Es wird viel Zeit brauchen und es wird Sie auch etwas kosten. Aber wenn Sie es nicht tun, zahlen Sie mit Sicherheit einen noch höheren Preis.

Jesus verspricht uns, dass sein Joch sanft und seine Last leicht ist (siehe Matthäus 11,28-30). Dies gilt umso mehr, wenn wir ihm folgen und mit langem Atem Menschen für ihn gewinnen und sie begleiten.

Der Weg der emotional gesunden Nachfolge stellt Menschen vor Gott, sodass der Heilige Geist sie grundlegend verändern kann. Er hat die Macht, vielfältige Frucht hervorzubringen, die über das irdische Leben hinaus in die Ewigkeit hineinreicht.

Möge die Schönheit dieser Vision Ihnen Ansporn sein, den Preis der Nachfolge nicht zu scheuen.

Ich möchte mit einem wunderschönen keltischen Segen schließen, der bei uns zu Hause im Flur hängt. Geri und ich beten ihn oft über Gästen, selbst wenn wir sie vielleicht erst in der Ewigkeit wiedersehen werden. Ich lade Sie ein, beim Lesen des Gebets diesen Segen zu empfangen, wenn Sie sich aufmachen, um mit Jesus diesen neuen, noch unbekannten Weg der Nachfolge zu beschreiten.

Möge der Friede des Herrn mit dir sein,
wohin immer er dich sendet.
Möge er dich durch die Wüste hindurchbegleiten
und dich im Sturm beschützen.
Möge er dich nach Hause bringen, voll Freude
über die Wunder, die er dir gezeigt hat.
Möge er dich noch einmal frohen Herzens
über unsere Schwelle führen.[3]

Anmerkungen

Der schwierige Weg von kraftlosem Christsein zu tiefer Veränderung

1 Geri beschreibt ihre Geschichte und das, was sie über die nächsten fünfzehn Jahre gelernt hat, in ihrem Buch *Ich geb auf mich acht. Eigene Bedürfnisse wahrnehmen – Nein sagen lernen* (Gießen: Brunnen Verlag, 5. Aufl. 2019), S. 21.

2 Peter Scazzero, *Emotional gesunde Nachfolge. Begleitkurs für Kleingruppen* (Gießen: Brunnen Verlag, 2022).

Kapitel 1: Vier Irrtümer, die echte Nachfolge verhindern

1 Oliver Sacks, *Der Mann, der seine Frau mit einem Hut verwechselte* (Reinbek bei Hamburg: Rowohlt, 1995), S. 83–91.

2 Richard Foster schreibt in seinem Buch *Nachfolge feiern: Geistliche Übungen neu entdeckt* (Witten: SCM R. Brockhaus, 2017), S. 13: „Oberflächlichkeit ist der Fluch unserer Zeit. … Was wir heute am nötigsten brauchen, sind nicht mehr intelligente und begabte Leute, sondern mehr Menschen, die aus der Tiefe heraus leben."

3 Ich habe ein ganzes Buch, *Emotional gesund leiten* (Gießen: Brunnen Verlag, 2017), über den Missstand geschrieben, dass viele von uns andere Menschen leiten, ohne selbst eine tiefe Beziehung zu Jesus zu haben.

4 Siehe Richard J. Foster, *Viele Quellen hat der Strom* (Wuppertal: R. Brockhaus, 2006).

5 Übersetzt nach Dr. Dan B. Allender and Dr. Tremper Longman III, *The Cry of the Soul: How Our Emotions Reveal Our Deepest Questions about God* (Colorado Springs: NavPress, 1994), S. 24–25.

6 Dies ist eine Zusammenfassung aus: David Bebbington, *Evangelicalism in Modern Britain: A History from the 1730s to the 1980s.*

7 Eine hervorragende Darstellung der verschiedenen christlichen Traditionen oder Strömungen der Kirche im Laufe der Geschichte finden Sie in: Richard Foster, *Viele Quellen hat der Strom* (Wuppertal: R. Brockhaus, 2006). Foster geht darin auf sechs Hauptströmungen ein: die Tradition der Kontemplation, die Tradition der Heiligung, die charismatische, die soziale und die evangelische Tradition sowie die Tradition der Inkarnation.

Kapitel 2: Erst sein, dann tun

1 „Und was ist mit den Frauen?“, mögen Sie fragen. Leider herrschte in der antiken Welt das Patriarchat so vor, dass Frauen nicht dieselben Möglichkeiten hatten wie Männer. Ihre Beiträge wurden oft nicht erkannt oder nicht dokumentiert. Wir wissen jedoch von einigen wenigen. Zum Beispiel wurde Makrina die Jüngere (324–379), die Schwester von Basilius dem Großen und Gregor von Nyssa, in ihrer Familie als größte Theologin angesehen. Einige Gemeinden in Ägypten hatten bis zu 5000 Frauen und wurden sogar von Frauen geleitet.

2 In meinem Buch *Glaubensriesen – Seelenzwerge?* (Gießen: Brunnen Verlag, 2008), Kapitel 4, habe ich das Thema „Erkenne dich selbst, damit du Gott erkennst“ näher ausgeführt.

3 Übersetzt nach David Benner, *The Gift of Being Yourself: The Sacred Call to Self-Discovery* (Downers Grove, IL: InterVarsity Press, 2004), S. 91.

4 Nachzulesen in: Thomas Merton, *Die Weisheit der Wüste* (Frankfurt am Main: Fischer-Taschenbuch-Verlag, 1999).

5 Siehe Anselm Grün, *Der Himmel beginnt in dir* (Freiburg, Br.: Herder, 2012). Ich bin Anselm Grün sehr dankbar für die Einblicke in die Spiritualität der Wüstenväter und -mütter und den Begriff „geerdete Spiritualität“.

6 Näheres zum Thema „Sich dem eigenen Schatten stellen“ finden Sie in meinem Buch *Emotional gesund leiten,* Kapitel 2.

7 Übersetzt nach Thomas Keating, *Intimacy with God: An Introduction to Centering Prayer* (New York: Crossroads, 1996), S. 82–84, 54–55.

8 Eine einfache Übung kann uns helfen, unseren Emotionen auf die Spur zu kommen. Versuchen Sie einmal, in stressigen Situationen auf Ihre körperlichen Reaktionen zu achten – einen Knoten im Magen, Spannungskopfschmerzen, Zähneknirschen, verkrampfte Hände oder Arme, schwitzige Handflächen, Nackenverspannungen, Klopfen mit dem Fuß oder Schlaflosigkeit. Fragen Sie sich: „Was könnte mein Körper mir gerade über meine Gefühle sagen?“ Für manche ist es ein großer Schritt in die richtige Richtung, sich bewusst zu machen, was sie in ihrem Körper erleben.

9 Eine ausführliche Erläuterung, wie Sie beginnen können, einen wöchentlichen Ruhetag zu feiern, finden Sie in Kapitel 5 meines Buchs *Emotional gesund leiten,* „Den Ruhetag feiern.“

10 Mehr über das Stundengebet finden Sie in meinem Buch *Glaubensriesen – Seelenzwerge?,* S. 175–179.

11 Mehr darüber, wie Sie eine Lebensregel entwickeln können, finden Sie in Kapitel 4 meines Buches *Emotional gesund leiten,* unter dem Punkt „Entwickeln Sie für sich eine Lebensregel“, S. 127 ff.

Kapitel 3: Dem gekreuzigten – nicht dem verwestlichten – Jesus folgen

1 Ich bin sehr dankbar für Lamin Sannehs Werk über die Übertragbarkeit des Evangeliums. Lamin ist ein brillanter Missiologe und Theologe aus Ghana, der fünfundzwanzig Jahre an der Universität Yale lehrte. Er hat ein verständliches Buch zu diesem Thema geschrieben, das ich sehr empfehlen möchte: Lamin Sanneh, *Kontinentalverschiebung des Glaubens: Die Entdeckung des Christentums in Afrika* (Göttingen: Edition Ruprecht, 2013).

2 Dies wird in der Bergpredigt sehr deutlich, wo Jesu erklärt, wie töricht dieses „Zurschaustellen" (Heuchelei) geistlicher Praktiken wie Geben, Beten und Fasten ist (siehe Matthäus 6,1-16).

3 Siehe Kapitel 1, „Schluss mit: Was denken die anderen von mir", in Geri Scazzero, *Ich geb auf mich acht. Eigene Bedürfnisse wahrnehmen, Nein sagen lernen.*

4 Siehe Josef Pieper, *Glück und Kontemplation* (Kevelaer: Butzon & Bercker, 2012). Anhand des Werks von Thomas von Aquin stellt Pieper fest, wie – fast schon erschreckend – grenzenlos die menschliche Sehnsucht nach Glück ist. Seine Botschaft ist, dass dieses Verlangen nur von Gott gestillt werden kann.

5 Übersetzt nach Frederick Dale Bruner, *Matthew: A Commentary, Volume 2: The Churchbook, Matthew 13–28* (Grand Rapids, MI: Eerdmans, 2004), S. 814.

6 Übersetzt nach Frederick Dale Bruner, *Matthew: A Commentary, Volume 1: The Christbook, Matthew 1–12* (Grand Rapids, MI: Eerdmans, 2004) S. 112.

7 Siehe Gordon D. Fee, *The First Epistle to the Corinthians: The New International Commentary of the New Testament* (Grand Rapids, MI: Eerdmans, 1987), S. 3.

8 Siehe Kolosser 1,24 (NGÜ), wo Paulus schreibt: „Angesichts von all dem freue ich mich auch über die Nöte, die ich durchmachen muss, denn sie kommen euch zugute. Sie gehören zu den Bedrängnissen um Christi willen, die nach Gottes Plan noch ausstehen, und was ich davon an meinem eigenen Körper erleide, nehme ich damit dem Leib von Christus ab, der Gemeinde." In Philipper 1,29 (Hfa) schreibt er: „Ihr habt nicht nur das Vorrecht, an Christus zu glauben, ihr dürft sogar für ihn leiden." Paulus' grundlegendes Selbstverständnis als Nachfolger und Leiter wird auch in 1. Korinther 4,8-13 und 2. Korinther 4,7-12 deutlich.

9 Fleming Rutledge, *The Crucifixion: Understanding the Death of Jesus Christ* (Grand Rapids, MI: Eerdmans, 2015), S. 69–70.

10 Ich erkläre dies ausführlicher in Kapitel 6 meines Buchs *Emotional gesund leiten*, „Planen und Entscheiden".

11 Er verwendet dafür den Begriff „Abgeschiedenheit", was aber nicht als Aufruf

zu einem zurückgezogenen, den Menschen abgewandten Leben missverstanden werden darf, Anm. d. Übers.

12 Siehe Edmund Colledge, O.S.A. and Bernard McGinn, trans., *Meister Eckhart: The Essential Sermons, Commentaries, Treatises, and Defense* (Mahwah, NJ: Paulist Press, 1981), S. 288. Zitat aus: Meister Eckharts mystische Schriften (Berlin: Karl Schnabel, 1903), S. 169.

13 Eine ausführlichere Abhandlung zu unserem Nachfolgeprozess, einschließlich meiner inneren Kämpfe, finden Sie in *Emotional gesund leiten* in Kapitel 9, „Abschied und Neuanfang“, S. 259–271.

Kapitel 4: Grenzen als Gottes Geschenk annehmen

1 Übersetzt nach der amerikanischen Originalausgabe dieses Buches, dort basierend auf Edwin H. Friedman, *Friedman's Fables* (New York: Guilford Press, 1990), S. 9–13. Abdruck in der amerikanischen Originalausgabe mit freundlicher Genehmigung von Guilford Press.

2 Eugene Peterson, *Der verlorene Hirte: Wie Gott geistliche Leiter aus der Wüste führt* (Wuppertal: SCM R. Brockhaus, 2000).

3 Diese Geschichte ist in 2. Samuel 7,1-29 ausführlich nachzulesen.

4 Mehr zum Thema Grenzen in Ehe und Singlesein finden Sie in Kapitel 3, „Führen aus einer guten Ehe oder einem erfüllten Singleleben“ meines Buches *Emotional gesund leiten.*

5 Übersetzt nach Parker Palmer, *Let Your Life Speak* (San Francisco: Jossey-Bass, 1999), S. 30–31.

6 Eine ausgezeichnete Geschichte über das Einfangen von aufdringlichen „Tigern“ in einer Gemeinde finden Sie in Kapitel 6, „Gemeindekultur und Teamentwicklung“, in meinem Buch *Emotional gesund leiten.*

7 Siehe Geri Scazzero, „Schluss mit Überengagement“, Kapitel 6 in: *Ich geb auf mich acht.*

8 Siehe Henry Cloud, *Vier Schritte in eine gesunde Zukunft: Heilung von seelischen Schmerzen* (Holzgerlingen: Hänssler, 2005), S. 142–145.

Kapitel 5: Die Schätze entdecken, die in Trauer und Verlust verborgen sind

1 Gerald L. Sittser, *Trotzdem will ich das Leben lieben: Wie ein großer Verlust zum Segen werden kann. Eine Lebensgeschichte* (Gießen; Basel: Brunnen Verlag 2006), S. 21.

2 Ebd., S. 42–43, 45, 46.

3 Siehe John O'Donohue, *Echo der Seele: Von der Sehnsucht nach Geborgenheit* (München: Dt. Taschenbuch-Verlag, 1999).

4 Mehr über dunkle Nächte der Seele – die ich als „Mauer" bezeichne – finden Sie in meinem Buch *Glaubensriesen – Seelenzwerge?*, Kapitel 6, „Der Weg durch die Mauer".

5 Siehe Elisabeth Kübler-Ross, *Reif werden zum Tode* (München: Knaur-Taschenbuch, 2004, vollständige Taschenbuchausgabe).

6 Siehe Elisabeth Kübler-Ross und David Kessler, *Dem Leben neu vertrauen* (Stuttgart: Kreuz Verlag, 2006).

7 Übersetzt nach Bernhard W. Anderson, *Out of the Depths: The Psalms Speak for Us Today* (Philadelphia: Westminster, 1970), S. 47. Siehe auch Eugene H. Peterson, *Wer den Himmel sucht, muss die Erde lieben: Gott im Alltag finden* (Gießen, Basel: Brunnen Verlag, 2002), S. 140.

8 Victor Frankl hat sehr treffend gesagt, dass „man dem Menschen im Konzentrationslager alles nehmen kann, nur nicht die letzte menschliche Freiheit, sich zu den gegebenen Verhältnissen so oder so einzustellen". Viktor E. Frankl, *… trotzdem Ja zum Leben sagen. Ein Psychologe erlebt das Konzentrationslager* (München: Kösel, 1977/2012), S. 102.

9 Siehe Woche 4, „Den Eisberg entdecken", in Peter und Geri Scazzero, *Liebe redet Klartext* (Gießen: Brunnen Verlag, 2017).

10 Eine Einführung in die dunkle Nacht der Seele finden Sie in meinem Buch *Glaubensriesen – Seelenzwerge?*, Kapitel 6, „Der Weg durch die Mauer".

11 Johannes vom Kreuz, *Die Dunkle Nacht: Vollständige Neuübersetzung.* (HERDER Spektrum, Taschenbuch, 1995).

12 Tertullian, *Über die Geduld,* übersetzt von Dr. K. A. Heinrich Kellner, aus https://www.tertullian.org/articles/kempten_bkv/bkv07_10_de_patientia.htm, zuletzt aufgerufen am 15.06.2021.

13 Übersetzt nach Barbara Brown Taylor, *Learning to Walk in the Dark* (San Francisco: HarperOne, 2014), S. 5.

14 Übersetzt nach Lewis B. Smedes, *The Art of Forgiving: When You Need to Forgive and Don't Know How* (New York: Ballantine, 1996), S. 137.

15 Dr. Edith Eger, *In der Hölle tanzen* (München: btb, 2019, 1. Auflage, genehmigte Taschenbuchausgabe). Edith Eger, Psychologin und KZ-Überlebende, schrieb dieses Buch, als sie schon über neunzig war. Sie beschreibt darin ihren Weg aus dem Holocaust und die reichen Erkenntnisse, die sie über die Jahrzehnte daraus gewonnen hat.

16 Siehe Cyprian Smith, *The Way of Paradox: Spiritual Life as Taught by Meister Eckhart* (London: Darton, Longman and Todd Ltd, 2004), S. 29–42.

17 Henri J. M. Nouwen, *Nimm sein Bild in dein Herz: Geistliche Deutung eines Gemäldes von Rembrandt* (Freiburg: Herder, 2016), S. 152–153.

Kapitel 6: Die Liebe zum Maß der Reife machen

1 Martin Buber, *Das dialogische Prinzip: Ich und Du.* (Darmstadt: Wissenschaftliche Buchgesellschaft, 1984), S. 158.

2 Siehe William E. Kaufman, *Contemporary Jewish Philosophies* (Detroit: Wayne State University Press, 1976), S. 62–63.

3 Siehe Martin Buber und Bernhard Casper, *Ich und Du* (Reclams Universal-Bibliothek, 1995).

4 Peter Scazzero/Geri Scazzero, *Liebe redet Klartext* (Gießen: Brunnen Verlag, 2017).

5 Martin Buber, *Ich und Du* (Gütersloh: Gütersloher Verlagshaus, 1999), S. 17.

6 Übersetzt nach Kenneth Paul Kramer mit Mechthild Gawlick, *Martin Buber's I and Thou: Practicing Living Dialogue* (Mahwah, N.J.: Paulist Press, 2003), S. 32.

7 Übersetzt nach David G. Benner, *Soulful Spirituality: Becoming Fully Alive and Deeply Human* (Grand Rapids, MI: Brazos, 2011), S. 127. Siehe auch David G. Benner, *Presence and Encounter: The Sacramental Possibilities of Everyday Life* (Grand Rapids, MI: Brazos, 2014).

8 Henri J. M. Nouwen, *Aus der Einsamkeit leben* (München: Claudius, 2010).

9 Karl Barth, *Church Dogmatics, Volume 3, The Doctrine of Reconciliation: Part One* (Edinburgh: T&T Clark, 1956), S. 231–234. Auf Deutsch erschienen unter: Karl Barth, *Die kirchliche Dogmatik / Bd. 3:* (Zürich: Theologischer Verlag, 1989).

10 Martin Buber, *Begegnung. Autobiographische Fragmente* (Stuttgart: W. Kohlhammer GmbH, 1961), S. 6.

11 Übersetzt nach Kenneth Paul Kramer mit Mechthild Gawlick, *Martin Buber's I and Thou, Practicing Living Dialogue* (Mahwah, N.J.: Paulist Press, 2003), S. 46, 101. Ein interessantes Anwendungsgebiet dieser Wahrheit ist die Erziehung. Der Sohn oder die Tochter eines introvertierten Elternteils ist vielleicht ausgesprochen extrovertiert. Diese Ungleichheit kann zu lebenslanger Frustration und Verärgerung bei dem Elternteil führen, bis dahin, dass er sein Kind wie ein Es behandelt.

12 John Calvin, *Unterricht in der christlichen Religion* (Neukirchen-Vluyn: Neukirchener Theologie, 3. Auflage 2012), S. 143.

13 Siehe Richard J. Mouw, *Restless Faith: Holding Evangelical Belief in a World of Contested Labels* (Grand Rapids, MI: Brazos, 2019), S. 131–132.

14 Frei übersetzt nach: Ronald Rolheiser, *The Holy Longing: The Search for a Christian Spirituality* (New York: Doubleday, 1999), S. 76–77.

15 Übersetzt nach David Augsburger, *Caring Enough to Hear and Be Heard: How to Hear and How to Be Heard in Equal Communication* (Scottdale, PA: Herald, 1982), S. 12.

16 Mehr über Einstimmung, worüber auf dem Gebiet der interpersonellen Neurobiologie viel geschrieben worden ist, siehe Daniel J. Siegel, *Mindsight: Die neue Wissenschaft der persönlichen Transformation,* mit einem Vorwort von Daniel Goleman (München: Goldmann, 2012).
17 Siehe Woche 5: „Einfühlsam zuhören" in Peter Scazzero/Geri Scazzero, *Liebe redet Klartext.*
18 Mehr über das Entwickeln eines gesunden Selbstbildes siehe Geri Scazzero, *Ich geb auf mich acht,* Kapitel 3.
19 Übersetzt nach John Paul Lederach, „Advent Manifesto: Does My Soul Still Sing?", *On Being,* 11. Dezember 2018, https://onbeing.org/blog/advent-manifesto-does-my-soul-still-sing/ (zuletzt aufgerufen am 11.08.2021).

Kapitel 7: Die Macht der Vergangenheit brechen

1 Siehe Paul Minear, Paul Sevier, *Bilder der Gemeinde* (Kassel: Oncken Verlag, 1964).
2 Übersetzt nach Ray S. Anderson und Dennis B. Guernsey, *On Being Family: A Social Theology of the Family* (Grand Rapids, MI: Eerdmans, 1985), S. 158.
3 Eine Anleitung zum Erstellen eines Genogramms finden Sie in Peter Scazzero/Geri Scazzero, *Liebe redet Klartext,* Woche 3: „Familienmuster erkennen", S. 30 ff.
4 Übersetzt nach Walter Brueggemann, *Genesis: Interpretation: A Bible Commentary for Teaching and Preaching* (Atlanta: John Knox Press, 1982), S. 376.
5 Siehe *The Emotionally Healthy Leader*; Podcast in englischer Sprache zum Thema „Growing Older in the New Family of Jesus: Part 1 and 2", zu finden unter www.emotionallyhealthy.org/podcast.
6 Siehe Peter Scazzero/Geri Scazzero, *Liebe redet Klartext* (Gießen: Brunnen Verlag, 2017).
7 Übersetzt nach Zitat aus Dr. Ronald W. Richardson, *Family Ties that Bind* (Vancouver: Self-Counsel Press, 2011), S. 35.

Kapitel 8: Aus Schwachheit und Verletzlichkeit heraus leben und leiten

1 Siehe Erik Larson, *Isaacs Sturm* (Frankfurt am Main: Fischer Taschenbuch Verlag, 2001).
2 Brené Brown, eine der führenden Forscherinnen auf dem Gebiet der Verletzlichkeit und Unvollkommenheit, sprach von einem Zwanzig-Tonnen-Schild, mit dem sie sich schützte. Siehe Brené Brown, *Die Gaben der Unvollkommenheit* (Bielefeld: Kamphausen, 2012).
3 Übersetzt nach Polycarp, zitiert in *Early Christian Fathers,* herausgegeben und übersetzt von Cyril C. Richardson (New York: Macmillan, 1970), S. 152–153.

4 Übersetzt nach Frederick Dale Bruner, *Matthew: A Commentary, Volume 2: The Churchbook, Matthew 13–28,* S. 649.
5 Jürgen Moltmann, *Diakonie im Horizont des Reiches Gottes* (Neukirchen-Vluyn: Neukirchener Verlag, 1984), S. 59.
6 Diese Beobachtung über Paulus' geistliche Entwicklung verdanke ich dem Pastor und Theologen Jack Deere, der vor vielen Jahren auf einer Konferenz darüber sprach.
7 Henri J. M. Nouwen, *Nimm sein Bild in dein Herz: Geistliche Deutung eines Gemäldes von Rembrandt* (Freiburg: Herder, 2016), S. 53–54, 67.

Emotional gesunde Nachfolge umsetzen

1 Dieser Vergleich stammt aus dem Buch von Bill Hull, *Conversion and Discipleship: You Can't Have One without the Other* (Grand Rapids, MI: Zondervan, 2016), S. 184.
2 Dietrich Bonhoeffer, *Nachfolge* (Gießen: Brunnen Verlag, 2016), S. 56–57.
3 Übersetzt nach *Celtic Daily Prayer: Prayers and Readings from the Northumbria Community* (New York: HarperCollins, 2002), S. 19.